Meine Erfahrungen in Nan Shan und Port Arthur mit den Fifth East Siberian Rifles

Nikolai Alexandrowitsch Tretjakow

(Herausgeber: F. Nolan Baker)

(Übersetzer: AC Alford)

Writat

Diese Ausgabe erschien im Jahr 2024

ISBN: 9789359947518

Herausgegeben von
Writat
E-Mail: info@writat.com

Inhalt

VORWORT

Im Jahr 1909 erschien in der russischen Militärzeitschrift „ Woenny „ Sbornik ", zwölf Artikel aus der Feder eines hervorragenden russischen Offiziers.

Der Autor – Generalleutnant (damals Oberst) Tretjakow – hatte als Kommandeur des westlichen Abschnitts der Verteidigung eine herausragende und tapfere Rolle im historischen Kampf um den Besitz von Port Arthur gespielt.

Seine Erzählung – von der dieses Werk eine Übersetzung ist – schilderte seinen Landsleuten in einfacher und vertrauter Sprache seine Erlebnisse in Nan Shan und in der belagerten Festung. Der Eindruck, den er in ganz Russland hinterließ, war tief und unmittelbar.

Niemals wurde eine Nation so rührend und direkt aufgefordert, ihre geschlagenen Helden mitfühlend und gerecht zu beurteilen. Sechstausend Meilen vom Vaterland entfernt kämpfte das Regiment des Autors, das 5. Sibirische Schützenregiment – und viele andere – bis zum Tod für Gott und den Zaren. Diese einfache Geschichte ist ein passender Bericht über ihre soldatische Hingabe. Als solche bieten wir sie englischen Lesern an, in der Gewissheit, dass jede Seite die Überzeugung vermitteln muss, dass wir hier die wahre Geschichte der Kampflinie haben – wie sie vielleicht sonst nichts in unserer Sprache vermittelt.

Wir verfolgen das Schicksal der Einheit des Generals, wir leben mit seinen Männern inmitten der blutbefleckten Trümmer ihrer Schützengräben auf dem 203 Meter hohen Hügel und vergessen dabei jeden Gedanken an die allgemeine Durchführung des Angriffs und der Verteidigung der Festung – mit einem Wort, wir werden aus den trockenen Knochen der Militärgeschichte in die lebendige Realität des Schlachtfelds versetzt.

Für den Soldaten liefern diese Annalen ein zutiefst interessantes und lehrreiches Beispiel nach dem anderen für militärische Ursachen und Wirkungen. Theoretisch eine Spezialsache, wird hier das Fundament freigelegt, auf dem die wissenschaftliche Belagerungskriegsführung beruht. Die Todesbereitschaft des Infanteristen ermöglicht die Rolle des Kanonenschützen und des Pioniers – sein Blut zementiert ihre Arbeit.

Aus historischer Sicht veranschaulichen diese Seiten den seltenen Fall, dass ein Autor der unterlegenen Seite der Welt die Gelegenheit gibt, seinen Bericht mit dem des Siegers zu vergleichen – nicht erst Jahre nach dem Kampf, sondern noch, als das Schwert kaum in der Scheide steckt. Der

Kriegswissenschaftler wird den Wert einer solchen zeitgenössischen Geschichte zweifellos voll und ganz zu schätzen wissen.

In Semjonows „ Rasplata " finden wir eine bittere Klage über „das, was hätte sein können". Jetzt haben wir den psychologischen Kontrast vor uns – ein Kommandant, der kaum Kritik übt, sondern uns stattdessen zeigt, wie jeder fröhlich sein Bestes tut, um Ziegel ohne Stroh herzustellen.

Der britische Soldat wird in ihm einen Waffenbruder erkennen, dessen bescheidener Charakter und heitere Selbstbeherrschung inmitten der Not seine nationalen Instinkte ansprechen müssen.

Dies ist vielleicht kaum der Ort, um eine kritische Diskussion über die Strategie und Taktik des Konflikts zu führen, aber wir können es nicht unterlassen, den Leser daran zu erinnern, dass wir bei dieser großen Belagerung das bemerkenswerte Schauspiel einer Armee erlebten, die sich selbst opferte, um ihrer Flotte die Herrschaft über das Meer zu sichern. Es wurde nie ein beredteres Zeugnis dafür gegeben, wie wertvoll diese Herrschaft für eine Inselmacht war.

Abschließend fügen wir eine kurze biografische Skizze des Autors hinzu und möchten diese Gelegenheit nutzen, um ihm für seine freundliche und unschätzbare Unterstützung bei der Übersetzung und Illustration des Werks zu danken.

* * * * *

Generalleutnant Nikolai Alexandrowitsch Tretjakow wurde 1856 in der Simbirsk-Regierung geboren. Er wurde in Moskau ausgebildet und besuchte die Konstantinische Militärschule und die Ingenieurakademie, bevor er 1875 als Leutnant in das 6. Pionierbataillon berufen wurde.

Bei Ausbruch des Russisch-Türkischen Krieges begleitete er dieses Bataillon an die Front und meldete sich freiwillig zum Dienst im 4. Bataillon vor Plewna, nahm an dieser berühmten Belagerung teil und war der erste, der die türkische Festung über die Grivitza- Straße betrat, was er an der Spitze einer Kompanie von Pionieren tat. Für seine Verdienste wurde er mit der 3. Klasse des Stanislawordens und der 3. Klasse des Anna-Ordens sowie dem Rang eines Stabskapitäns belohnt.

Nach Kriegsende absolvierte Stabskapitän Tretjakow die Nikolaus-Pionier-Akademie und wurde dann zum Kompaniechef eines in Kiew stationierten Pionierbataillons ernannt. Er behielt diesen Posten acht Jahre lang, erreichte 1893 den Rang eines Oberstleutnants und wurde im selben Jahr an die Spitze eines ostsibirischen Pionierbataillons in den Fernen Osten geschickt. Während des Boxeraufstands half er bei der Befestigung der Nan-Shan-Stellung, war bei der Einnahme der Taku-Forts dabei und beteiligte sich anschließend am Vormarsch auf Peking. General Lineivitch brachte seine Anerkennung für die gute Arbeit zum Ausdruck, die Oberstleutnant Tretjakow in diesem Feldzug geleistet hatte, indem er ihn für das „Goldene Schwert" vorschlug. Dieser Ehre folgte die Ernennung zum Kommandeur des 5. Ostsibirischen Schützenregiments. In den folgenden zwei Jahren war er damit beschäftigt, die Eisenbahn von Peking gegen die Angriffe der Hunhutzen zu schützen , und wurde erneut ausgezeichnet, diesmal mit der 3. Klasse des Wladimir-Ordens.

Nach Abschluss des Russisch-Japanischen Krieges verlieh ihm der Zar das begehrte „Georgskreuz", die 1. Klasse des Stanislawordens, die 1. Klasse des Anna-Ordens und den Rang eines Generalmajors. Nach seiner Rückkehr nach Russland kommandierte er die 3. Pionierbrigade in Kiew, bis er nach seiner Beförderung zum Generalleutnant Generalinspekteur der Pioniertruppen im Kiewer Bezirk wurde.

FNB

HINWEIS: Die Anmerkungen und Erklärungen in diesem Werk stammen vom Übersetzer oder Herausgeber.

KAPITEL I

Ankunft des 5. Regiments in Chin-chou – Kriegsgerüchte – Kriegserklärung – Wiederherstellung der Befestigungen der Nan-Shan-Stellung – Beobachtung der Japaner – Erste Anzeichen des Feindes – Eine Aufklärungsgruppe in voller Stärke – Kämpfe nördlich von Chin-chou, 16. Mai.

Der Stab des 5. Ostsibirischen Schützenregiments mit der 2., 3. und 4. Kompanie traf am 1. April 1903 in Chin-chou ein. Das Regiment war in den vergangenen drei Jahren an verschiedenen Punkten am Gelben Meer stationiert und damit beschäftigt, die von unserem Eisenbahnbataillon zusammen mit dem 1. Ostsibirischen Pionierregiment, der Einheit, die ich während des Boxerfeldzugs befehligte, wiederaufgebauten Eisenbahnstrecken vor den Angriffen der Hunhutzen zu schützen .

Das Regiment begann sich in Tschintschou niederzulassen und sein Gepäck von Nowokiewsk dorthin zu bringen . Danach wurden, nachdem die Mannschaften untergebracht worden waren, einige große Gebäude zur Unterbringung der Pferde und Transportfahrzeuge errichtet, die sich beide in einem hervorragenden Zustand befanden, trotz der Abnutzung durch den gerade hinter uns liegenden Feldzug. Unsere zweirädrigen Karren waren alle in gutem Zustand; die Pferde hatte ich von den Deutschen in Tientsin gekauft, als sie eine prächtige Partie Tiere zum Verkauf anboten, die ich zu enormen Kosten aus Österreich und Amerika hergebracht hatte, und obwohl sie uns nur etwa 80 Rubel [1] pro Stück kosteten, kann man nicht genug von ihnen sagen. Unsere früheren Kleinpferde übergab ich unserer berittenen Kundschafterabteilung [2] , die aufgrund eines Missverständnisses keine hatte. So verbrachten wir als am besten ausgerüstete Einheit aller unserer Streitkräfte in China den ganzen Sommer 1903 in Tschintschou.

Den ganzen Sommer über wurden wir von den Hunhutzen geplagt , und nicht nur waren die Kundschafter ständig in Begegnungen mit diesen Räubern verwickelt, sondern wir waren auch gezwungen, starke Abteilungen auszusenden, da die Polizei und die Kundschafter zusammen nicht ausreichten, um mit ihnen fertig zu werden. Die Behörden zu Hause wussten sehr wenig über all das, da die örtlichen Kommandeure davon absahen, Berichte über die Hunhutzen- Banden zu schicken. Als ich sah, dass die Polizei ihnen nicht gewachsen war, ergriff ich persönlich alle in meiner Macht stehenden Maßnahmen gegen sie; aber als ich mit dem Kommandanten über weitere Schritte sprach und sagte, ich könne nicht verstehen, warum er nicht die regulären Truppen zu Hilfe rief, war die Antwort immer dieselbe: „Mein lieber Oberst, die Behörden glauben, dass wir überhaupt nichts tun, oder sie verdächtigen uns der Kleinmütigkeit; es hat bereits einige

Unannehmlichkeiten gegeben, und der Zivilgouverneur hat sich rundweg geweigert, dem Vizekönig Bericht zu erstatten." So musste das Volk immer mehr Tribut pro Kopf zahlen, und die Hunhutzen bedrohten unsere Militärposten ebenso wie die der chinesischen Polizei. Schließlich kam es zu regelrechten Feldschlachten mit ihnen, und die Kundschafter und verschiedenen Regimenter auf der Halbinsel Kuan-tung sowie das 5. Regiment verloren eine beträchtliche Zahl an Toten und Verwundeten.

„Was ist ihr kleines Spiel?", fragten wir.

„Ah!" sagten einige, „die Chinesen sagen, dass Japaner unter ihnen sind."

„Aber was wollen die Japaner?"

„Sie sagen, sie werden gegen *uns kämpfen* . Unsere Leute aus Shanghai erzählen uns, dass die japanischen Offiziere mit unseren nur über Politik sprechen: ‚Sie', sagen sie, ‚müssen Persien unter Ihren Schutz nehmen; aber wir werden Korea haben, das wir seit Jahrhunderten zu bekommen versuchen.'"

Am Ende des Sommers erhielten wir den Befehl, Quartiere für alle Kompanien unseres Regiments vorzubereiten (außer für die 6., die in Pi-tzu-wo war), und im August trafen sie alle ein. Vom ersten Moment der Konzentration des Regiments an wurde uns klar, dass die Beziehungen zu Japan gespannt waren und ein Bruch zu erwarten war. Bald darauf hörten wir Gerüchte, dass sich das 3. Bataillon uns anschließen würde, und dann hörten wir, dass sie in Port Arthur eine 7. Schützendivision bildeten. Die Offiziere sprachen von Krieg, aber da die Japaner nach Aussage derjenigen, die es wissen mussten, nur 300.000 Mann ins Feld schicken konnten, waren wir alle ziemlich zuversichtlich. Als jedoch bekannt wurde, dass General Kashtalinskis Division nach Yalu ging, waren wir nicht mehr ganz so zuversichtlich, da es sehr schwierig sein würde, Port Arthur mit nur zwei Divisionen zu verteidigen. Französische Offiziere, so hörten wir, waren sehr überrascht, dass wir nicht ernsthaft an Krieg dachten, obwohl wir tatsächlich kurz davor standen. Wir müssen zugeben, dass wir beim Betrachten der friedlichen Seite von Port Arthur tatsächlich vergaßen, dass wir am Rande eines Vulkans lebten.

Das Erwachen kam in der Nacht vom 8. auf den 9. Februar, als man mich aufweckte und mir ein Telegramm von General Glinski überreichte. Als ich es öffnete, rieb ich mir die Augen und las:

„Die japanische Flotte ist fünfzig Meilen von der Küste entfernt und steuert auf Port Arthur zu. Seien Sie auf der Hut."

„Nun", dachte ich bei mir, „es gibt nichts zu befürchten; unsere Flotte wird der ihren bald den Garaus machen."

Ich weiß nicht warum, aber wir haben immer an die Unverwundbarkeit unserer Flotte geglaubt, insbesondere seit wir hörten, dass die Admiralität sich geweigert hatte, die beiden großartigen Panzerkreuzer Nisshin *und* Kasuga *von Argentinien zu kaufen* , mit der Begründung, dass wir auch ohne sie stark genug seien. (Das mag ein Missverständnis sein, aber ich spreche von dem, was wir damals hörten.)

Nachdem ich nach dem Kommandeur der 1. Aufklärungsabteilung geschickt hatte, sagte ich ihm, er solle zur Kerr-Bucht und zur Taku Shan-Halbinsel weiterfahren und dort am Ufer Ausschau halten. Dann legte ich mich hin und döste gerade ein, als sie mich wieder riefen. Ein weiteres Telegramm von General Glinski; es enthielt nur drei Worte: „Krieg erklärt. Glinski." Das beunruhigte mich nicht sehr. „Lass sie erst kommen und unsere Flotte zerstören, und dann können sie in Südkorea landen", dachte ich mir.

Ich schickte jedoch die Abteilung und mit ihr zehn berittene Kundschafter als Ordonnanzen los. Früh am Morgen marschierte ich zur Nan Shan-Stellung, wo, wie ich erwartet hatte, alle Schützengräben und Batterien in einem zerstörten Zustand waren, und im Winter, wenn der Boden hart wie Stein war, würde es äußerst schwierig sein, die Befestigungen wiederherzustellen. Als ich von der Stellung zurückkehrte, traf ich einen Offizier, der aus Port Arthur kam und mir erzählte, dass drei unserer Schlachtschiffe plötzlich von japanischen Zerstörern in die Luft gesprengt worden waren. [3]

Diese Nachricht war für mich ein großer Schock. Eine Landung war jetzt nicht nur in Südkorea, sondern sogar in unserem Rücken möglich, und es war unbedingt erforderlich, die Verstärkung der Stellung voranzutreiben. Aber jetzt hatten wir überhaupt nichts mehr, womit wir arbeiten konnten, und so musste ich alle in der Stadt verfügbaren Werkzeuge zusammensuchen, was dank der Hilfe von Hauptmann Preegorovski , einem sehr klugen und energischen Offizier, bemerkenswert schnell ging. Ich rief Arbeitstrupps ab, die sich an die Arbeit machten, die vordersten Schützengräben wiederherzustellen, aber die gefrorene Erde wollte nicht nachgeben, und die Schaufeln dienten nur dazu, die von den Spitzhacken gelockerten Erdklumpen hochzuheben.

Unsere ersten Rekruten und Reservisten trafen am 16. Februar ein und mussten alle gründlich gedrillt werden. Gemäß unseren Mobilisierungsplänen sollten alle Kompanien des Regiments, mit Ausnahme der 1. [4], dem kommandierenden Offizier zur Verfügung stehen, und es wurden entsprechende Befehle erteilt, und die 5. und 6. Kompanie wurden sofort einberufen, wobei letztere die ganze Zeit mit den Hunhutzes im Kampf war . Die Stadt Chin-chou war so überfüllt, dass ich etwa die Hälfte der Kompanien in Kasernen hinter der Nan Shan-Stellung einquartierte und das Regimentsgepäck nach Port Arthur überführen ließ, wo ich ein Privathaus zur Lagerung gemietet hatte, da die Behörden sich geweigert hatten, uns Regierungsgebäude zu überlassen.

Einige berittene Kundschafter wurden zur Beobachtung der Küste ausgesandt unter dem Kommando von Major Pavlovski, dem Kommandanten des Gandzalinski Distrikts, und ihm wurde auch eine Abteilung Gewehre unter dem Kommando des stellvertretenden Fähnrichs zugeteilt [5] Shiskin vom Reservat, da er sich beschwert hatte, dass die Hunhutzen so dreist geworden seien, dass sie sein Quartier bedrohten. Wir selbst beobachteten Kerr Bay und die angrenzenden Buchten, indem wir Posten und eine Kette berittener Späher errichteten, da wir die Praxis, die Hunhutzen zu jagen, aufgegeben hatten.

Nun begann eine Zeit der Aktivität, wie ich sie während meiner gesamten Dienstzeit noch nie erlebt hatte. Wir befestigten die Stellungen, brachten Vorräte heran, unterrichteten die Rekruten und Reservisten, aus denen inzwischen mehr als die Hälfte des Regiments bestand, und hielten schließlich nach dem Feind Ausschau, wofür wir täglich zweihundert Mann benötigten. All dies machte die Lage des Regiments sehr schwierig, umso mehr, als der Feind ungehindert zwischen Chin-chou und Port Arthur landen und uns den Weg zur Festung abschneiden konnte . Aus diesen Gründen hielt ich unsere Lage nicht nur für schwierig, sondern für gefährlich.

Das 3. Bataillon traf am 2. April ein. Es war eine schlagkräftige Truppe. Ich brachte sie in der Stadt unter und verteilte die alten Kompanien in den Dörfern vor der Stellung.

Major [6] Schwartz, ein Pionieroffizier, wurde uns zugeteilt, um uns bei den Befestigungen zu helfen, und hatte Geld für die Anstellung von Arbeitern mitgebracht. Von dieser Zeit an begannen wir auch zu üben Wir manövrierten auf der Position, während uns der Feind eine kurze Atempause gewährte, die wir zu nutzen versuchten .

Sechzig Werst [7] von Port Arthur entfernt, auf der Landenge, die den südlichen Teil von Kuan-tung mit dem dahinterliegenden Festland verbindet, und die Hälfte der Breite der Landenge einnehmend, befindet sich eine Anhöhe, die der Länge und der Breite nach von einer Anzahl tiefer Schluchten durchschnitten wird, welche die bekannte Nan Shan-Position kennzeichnen.

Im letzten Chinafeldzug [8] bestand die Gefahr, dass chinesische Truppen von Norden her auf Port Arthur vorrücken könnten. Daher wurde diese Stellung von Oberst - heute General - Kholodovski in eine große Reihe befestigter Batterien umgewandelt . Als das Pionierbataillon, dessen Befehlshaber ich damals war, an die Stellung kam, um die Befestigungen zu vervollständigen, stellte sich heraus, dass alle wichtigen Punkte von Batterien mit schweren Geschützen besetzt waren. Wir begannen damals damit, Schützengräben für die Infanterie zu bauen. Diese Arbeit war auf der rechten Flanke bereits teilweise abgeschlossen. Daraufhin errichteten wir zwei Schanzen vor den Batterien in vorgeschobenen Stellungen und eine in der Mitte in der Nähe der Batterie Nr. 13.

Alle diese Befestigungen, die heute fast vollständig in Trümmern liegen, mussten Teil unserer gegenwärtigen Verteidigungslinie sein . Ich wurde zum Kommandeur ernannt und Schwartz und ich begannen mit der Wiederherstellung der Forts. Man sagte mir, dass das 5. Regiment die Stellung gegen die Japaner verteidigen müsse, und ich erkannte sofort, dass wir nicht genügend Leute hatten. Nachdem ich die Mindeststärke, die zur Verteidigung dieser Werke erforderlich war, sorgfältig berechnet hatte, kam ich zu dem Schluss, dass für eine mehr oder weniger erfolgreiche Verteidigung mindestens drei Regimenter erforderlich waren. (Die Halbinsel war 3 Werst breit, [9] mit 2 Werst seichtem Wasser auf beiden Seiten, das bei Ebbe auf 8 Werst anstieg.)

Geschützstellungen.

Vor der Stellung und 2 Werst davon entfernt lag Chin-chou, eine Stadt, die von einer alten chinesischen Mauer umgeben war, die 3½ Werst lang und gegen Feldartilleriefeuer geschützt war. Es wäre äußerst schwierig gewesen, die Mauer angesichts des Artilleriefeuers aus der Hauptstellung zu stürmen, und da sie außerdem guten Schutz vor dem Gewehr- und Kanonenfeuer des Feindes bot, wurde beschlossen, die Stadt als vorgeschobenen Posten zu besetzen . Sie deckte tatsächlich die Front der Stellung, und es wäre schwierig gewesen, die Höhen dahinter anzugreifen, ohne sie vorher eingenommen zu haben. Die Lage wurde jedoch komplizierter, da mindestens zwei Kompanien zur Verteidigung der Stadt erforderlich waren, sodass uns nur neun Kompanien für die Hauptstellung blieben.

Wir erhielten den Befehl, uns bis zum letzten Blutstropfen zu verteidigen. Als ich General Fock erzählte, wie schwierig es sei, die Stellung mit einem Regiment zu verteidigen, das nicht einmal seine volle Stärke erreicht hatte, antwortete er: „Wissen Sie, wenn ich an Ihrer Stelle wäre, würde ich meinem Kommandeur sagen: ‚Lassen Sie mir nur zwei Kompanien, und ich werde besser wissen, wie ich mit *ihnen sterben* kann, als mit einem ganzen Regiment.'" Daraus schloss ich, dass er statt einer erfolgreichen Verteidigung ein anderes Ziel im Auge hatte, dessen Natur ich damals nicht ergründen konnte.

Tatsächlich war es unmöglich, diese Stellung erfolgreich zu verteidigen. Die feindliche Flotte konnte an beiden Flanken und im Rücken auftauchen. Unser Gegner war zudem zahlenmäßig weit überlegen und seine Batterien breiteten sich schließlich in einem Kreis aus, der die gedrängte Masse unserer Geschütze auf den Nan Shan-Höhen beherrschte. Das Fehlen einer ausreichenden Anzahl bombensicherer Stellungen und Deckung für Reserven vervollständigte die Schwierigkeiten der Stellung der Verteidiger. Wir bauten Feldbäckereien und gruben Brunnen auf der Stellung, und als die Möglichkeit einer Landung in unserem Rücken erkannt wurde, wurde uns befohlen, sowohl die Rückseite als auch die Front zu befestigen, was eigentlich bedeutet, dass die Stellung den Charakter einer Festung annahm.

Ich hatte die Stellung unmittelbar südlich der Nan Shan-Stellung als unvergleichlich besser bezeichnet. Hier hätten wir dem Feind, während er gerade über die Landenge marschierte, auf breiter Front und mit zahlreicher und gut platzierter Artillerie entgegentreten können, während unsere Flanken an dieser Stellung vor jeglichen Aktionen der feindlichen Flotte geschützt waren. General Kholodovskis Idee setzte sich jedoch durch, vielleicht weil die zu ihrer Umsetzung erforderlichen Arbeiten fast abgeschlossen waren (sie erkannten nicht, dass die Wiederherstellung der Befestigungen und der Bau neuer Befestigungen praktisch ein und dasselbe waren). Wie dem auch sei, das ständige Gerede über die Nan Shan-Stellung hatte sie so populär gemacht, dass für viele ihr Name selbst zu einem „Maskottchen" wurde. Die Aussicht und das Schussfeld von dort waren zweifellos großartig, und ich sorgte dafür, dass die Verteidiger das Gefühl hatten, die Stellung könne erfolgreich gehalten werden, und überzeugte mich davon, dass sie sich ihrer Fähigkeit dazu sicher waren.

Das 5. Regiment befestigte unablässig seine Stellung und beobachtete die Küste 30 Werst nördlich mit berittenen und Infanterie-Aufklärungsabteilungen, wobei es manchmal auch die regulären Kompanien für diesen Dienst einsetzte. Wir erhielten täglich per Telegramm den Befehl, wachsam zu sein und auf eine Landung zu achten, und ich tat alles Mögliche, um nicht überrascht zu werden. Die Hälfte der berittenen Abteilung schickte ich nach Pi-tzu-wo, dem wahrscheinlichsten Landungsplatz, und alle berittenen Aufklärer des 14. Regiments wurden an denselben Ort geschickt, um die Küste zu beobachten. Ein Teil einer Kompanie unter einem Offizier und zehn berittene Aufklärer wurden nach Godzarlin [10] geschickt , um Terminal Point zu beobachten. In der Kerr-Bucht und der Deep-Bucht befand sich Leutnant Vaseeliev mit der 1. Infanterie-Aufklärungsabteilung und zehn berittenen Aufklärern, und auf einer Landzunge in der Sulivan-Bucht befand sich ein Posten mit 25 Scharfschützen und sechs berittenen Aufklärern, während die Küste der Chin-chou-Bucht von den Männern bewacht wurde, die die Stadt besetzten. Von Godzarlin bis zur Stellung ließ ich einen fliegenden Posten der zweiten Hälfte der berittenen Pfadfinder verteilen, von denen ich zehn für Ordnungsaufgaben bei mir behielt.

Zu dieser Zeit war das Regiment wie folgt aufgeteilt: in der Stadt Chin-chou die 10. Kompanie unter Major Goosov , die 3. Kundschafterabteilung unter Hauptmann Koudriavtsev und eine gemischte Truppe von sechzig Mann unter Leutnant Golenko, einem Offizier, der sich im Kampf gegen die Hunhutzen ausgezeichnet hatte . Die 3. Kompanie besetzte das Dorf Lu-chia-tun vor dem Zentrum der Stellung, während sich die 2. Kompanie im Dorf Ma-chia-tun vor dem rechten Flügel befand und die 6. Kompanie im Dorf Ssu -chia-tun hinter dem linken Flügel. Der Rest war hinter dem Zentrum der Stellung einquartiert. Major Schwartz war mit etwa einem Dutzend Mann in einigen Unterständen im Zentrum der Stellung einquartiert. Das gesamte Regiments- und Offiziersgepäck wurde in der Nähe der Stellung und in Port Arthur gelagert. Zum Kommandanten der Stadt ernannte ich Oberstleutnant Eremejew , der sich dem Regiment freiwillig aus der Reserve angeschlossen hatte und den ich persönlich aus der Akademie und der Ingenieurschule kannte.

Sobald sich die Männer des Regiments in ihren verschiedenen Quartieren eingerichtet hatten, wurden die Arbeiten an der Stellung mit fieberhafter Eile vorangetrieben. Jeden Tag arbeiteten Tausende von Chinesen [11] und Soldaten daran; sie brachten Baumaterial herbei, errichteten Hindernisse, gruben Brunnen, und die Soldaten unterzogen sich gleichzeitig Musketen- und Geländetraining; und das alles zu einer Zeit, als wir jeden Augenblick eine Landung vor oder hinter uns erwarteten. Da das Regiment einer regelrechten Belagerung standhalten musste, machten wir uns an die Arbeit, Splitterschutzvorrichtungen zur Lagerung von Lebensmitteln, Vorräten und Munition für Handfeuerwaffen herzustellen, obwohl die uns zur Verfügung stehenden Mittel sehr begrenzt waren. Wir hatten nicht mehr als 60.000 Rubel zur Verfügung und so stellten wir nur zwei Splitterschutzvorrichtungen her, von denen keine bemerkenswert lang oder breit war, und begannen mit dem Bau von vier Brunnen, ohne jedoch große Hoffnung zu haben, Wasser zu finden. Das kalte Wetter behinderte uns sehr. Der Boden war hart gefroren, und unsere Schaufeln und Spitzhacken, von denen wir nur einen begrenzten Vorrat hatten, zerbrachen ständig. Auch die Kompanien, die die Stadt besetzten, arbeiteten intensiv daran, diese ebenfalls in einen Verteidigungszustand zu versetzen . Es wurde vorgeschlagen, die vorhandenen Kaponnieren und die Ecken der Stadtmauer zu verstärken und bombensichere Stellungen zum Schutz der Reserven vor Splittern zu errichten.

Der Feind wartete offensichtlich auf etwas, und wir fühlten uns von Tag zu Tag sicherer. Wir improvisierten aus einem der Kasernenräume einen Veranstaltungssaal, dekorierten ihn so gut wir konnten und stellten ein Grammophon hinein; daher verliefen unsere Mittag- und Abendessen in einem richtig fröhlichen Stil. Es kamen immer viele Leute, um sich die Stellung anzusehen, und wir empfingen sie gern, da wir von ihnen Neuigkeiten darüber bekamen, was in der Außenwelt vor sich ging. Natürlich konnte man nicht sicher sein, dass die Informationen genau richtig waren, aber so wie sie waren, kamen sie im Allgemeinen vom Personal. Die Mehrheit unserer Informanten war der Meinung, dass wir nie einen Schuss abgefeuert sehen würden und dass sich die gesamte Kriegshandlung auf Seekämpfe und die Besetzung des südlichen Teils Koreas durch die Japaner beschränken würde, da letztere nie mehr als 300.000 Mann aufstellen könnten, und dass wir, wenn unsere Schlachtschiffe repariert wären, ihre Flotte zerschlagen würden und sie Bedingungen stellen müssten. Niemand zweifelte daran, dass unsere Flotte die japanische Marine zerstören *würde* , denn unsere Marinekommandanten waren aktiver als die japanischen, unsere Matrosen waren unendlich bessere Artilleristen und schließlich war die Panzerung unserer Schiffe sehr viel stärker, da sie „gehärtet" war. [12] All das erzählten uns unsere Marineexperten. Dabei wurde der Tatsache keinerlei Beachtung geschenkt, dass die Japaner fünf erstklassige Schlachtschiffe besaßen, wir aber nur zwei, [13] und dass die Torpedoboote, von denen die Japaner hundert besaßen, ihre volle Fähigkeit zu eigenständigem Handeln noch nicht unter Beweis gestellt hatten. Unsere Informanten sagten nicht, woher sie ihr Wissen hatten, aber sie betonten immer besonders die Tapferkeit unserer Matrosen.

Bemerkungen reagieren – an Land pflegen sie auf ihren Schiffen eine eiserne Disziplin."

Wenn jemand behauptete, die japanische Flotte sei wesentlich stärker als unsere, antworteten unsere Märchenerzähler verächtlich, insbesondere wenn es sich um einen Marinesoldaten handelte: „Sie wissen eine Menge! Warum, glauben Sie, hat die Regierung sich geweigert, die *Nisshin* und *die Kasuga* von Argentinien zu kaufen? Weil wir auch ohne sie stark genug sind; sonst hätten sie einen solchen Kauf nicht abgelehnt." Und wir Zuhörer, zufrieden mit solchen Argumenten, begannen schnell zu lachen, Witze zu machen und Geschichten zu erzählen. Ich saß immer am Kopfende des Tisches und es war mir ein Vergnügen, den Geschichten zuzuhören und die glücklichen Gesichter der Menschen um mich herum zu beobachten, von denen viele damals keine Ahnung von dem Schicksal hatten, das sie erwartete.

Während wir die Stellung befestigten, machten wir einige Versuche über die Wirkung von Gewehrfeuer gegen Ziele, die durch Schießscharten geschützt waren, im Vergleich zu Zielen im Freien. Es stellte sich immer heraus, dass die Wirkung auf eine Entfernung von 200 Yards gegen Ziele mit Schießscharten erheblich größer war, während letztere auf größere Entfernungen am meisten zu leiden hatten. Da wir außerdem der Gefahr feindlicher Granatsplitter ausgesetzt waren, experimentierten wir auch mit dieser Art von Feuer und stellten fest, dass 20 Schuss auf eine Entfernung von 1 Werst die Hälfte der Verteidiger des Erdwerks außer Gefecht setzten, wenn sie im Freien auf dem Glacis standen. Es wurde daher beschlossen, überall Schießscharten anzubringen und die Abteilungen mit Bretterdecken zu versehen, was mit General Focks Genehmigung an den folgenden Tagen durchgeführt wurde.

Höhere Offiziere besuchten die Stellung häufig. General Kondratenko kam, bevor wir mit der Arbeit begannen, und sagte, wir müssten die Stadt so stark wie möglich besetzen. Die Generäle Fock und Nadyein waren häufig bei uns und blieben manchmal zwei oder drei Tage. General Fock sprach viel mit den Offizieren und äußerte seine Meinung zur Art der Verteidigung der Stellung und des davor liegenden Geländes. Er dachte daran, den Feind vor der Stellung in der Nähe der nördlich des Mount Sampson liegenden Dörfer zu treffen, und wir gingen oft mit ihm auf Erkundungstour und untersuchten das Gelände gründlich, aber obwohl er auf der Notwendigkeit der Befestigung bestand, hatten wir keine Möglichkeit dazu. Der General hatte anscheinend den Regimentern seiner eigenen Division keine Arbeit abverlangt. Nur das 5. Regiment arbeitete weiter, und je näher der Zeitpunkt unserer Begegnung mit dem Feind rückte, desto weiter vorgerückt und stärker wurden unsere Feldbefestigungen. Nach dem zu urteilen, was ich von vorgesetzten Offizieren hörte, war *nicht* beabsichtigt, die Nan Shan-Stellung hartnäckig zu verteidigen; Daher wollten sie uns nicht genug Geld für die Befestigung geben und schickten auch keine Artillerie. Doch je näher unsere Begegnung mit dem Feind rückte, desto mehr wuchs in mir die Überzeugung, dass die Stellung hartnäckig verteidigt werden *würde*.

Aus bestimmten Bemerkungen von General Fock ging hervor, dass es nicht notwendig sei, eine hartnäckige Verteidigung zu leisten . Der General sagte mir beispielsweise einmal: „Sie wissen, dass es weniger Heldentum erfordert, diese Position zu verteidigen, als davon abzuweichen. Diejenigen, die die wahre Lage der Dinge nicht verstehen, beginnen, General Fock einen Verräter zu nennen!"

Tatsächlich war es unmöglich, nicht zu befürchten, dass die Japaner gleichzeitig mit einer Landung in Pi-tzu-wo hinter der Stellung landen würden. Dies war so offensichtlich, dass befohlen wurde, die Stellung im Rücken zu befestigen. Das Regiment war in einem schlechten Zustand, und ich war niedergeschlagen, weil ich viele Vorschläge von General Fock zur Befestigung der Stellung und zu ihrer Verteidigung nicht umsetzen konnte.

General Fock legte großen Wert auf die Streifwirkung der Granaten und bestand darauf, dass die Verteidigungslinie bis zum Fuß der Nan Shan-Berge fortgesetzt werden sollte. Ohne eine einzige Ausnahme zu machen, ohne zu berücksichtigen, dass die Hänge der Berge lang und sanft waren und einem Angreifer ein äußerst schwieriges Hindernis darstellten, und ohne auch die Tatsache aus den Augen zu verlieren, dass wir, indem wir unsere Schützengräben bis zum Fuß der Berge verlegten, unsere Kompanien dem Feuer der gegenüberliegenden Berge aussetzten und so den Angreifern halfen, blieb er bei seinem Standpunkt und bestand darauf, dass wir unsere Linie auf eine Gesamtfront von 8 Werst ausdehnten. Wenn er davon sprach, nannte er unsere oberste Reihe von Schützengräben „Schwalbennester" und fügte immer hinzu: „Sie sind natürlich froh, Ihr Regiment direkt unter den Himmel zu stellen!" Ich machte den General sofort darauf aufmerksam, dass er die Tatsache völlig außer Acht gelassen hatte, dass die Höhen ein natürliches und schwer zu überwindendes Hindernis darstellten, dass jede Unebenheit im Boden darunter (von denen es viele gab) dem Feind Schutz vor unserem Feuer bot und dass Schüsse, die bei Streifschüssen explodierten, keine Wirkung hatten; dass wir nur ein Regiment hätten, mit dem wir die Stellung verteidigen könnten, und dass wir unsere Aufstellungen unter Berücksichtigung dieser unangenehmen Umstände treffen müssten. Daraufhin verlor General Fock die Fassung und rief, dass nur Verräter ihre Männer dem Artilleriefeuer des Feindes aussetzen würden und dass der Abstand zwischen den Männern in den Schützengräben 20 Schritte oder auf jeden Fall nicht weniger als 10 Schritte betragen müsse, und dann gäbe es keine Schwalbennester, die sie besetzen könnten. Ich antwortete, dass, wenn wir unsere unerfahrenen Truppen, von denen die meisten Rekruten und Reservisten waren, im Abstand von 20 Schritten aufstellen würden, sich jeder von ihnen isoliert und ohne jegliche Unterstützung vor einem vorrückenden Feind hilflos fühlen würde, und dass er im Moment der Not ohne die moralische Unterstützung seines Kommandanten dastehen könnte. Gleichzeitig ließ ich mir die Gelegenheit nicht entgehen, zu sagen, dass unser Regiment nur elf Kompanien hatte, und dass, wenn sie über eine Front von 8 Werst verteilt wären, ich eine sehr schwache Verteidigungslinie hätte , die beim geringsten Druck durchbrochen werden könnte, und dass, wenn ich nur eine Kompanie in Reserve hielte, was absolut unentbehrlich war, ich eine große Lücke in der Linie hätte, die völlig unbesetzt wäre; war unter diesen Umständen eine hartnäckige Verteidigung möglich ? Natürlich verstand ich, dass General Fock, indem er seine Feuerlinie weit nach vorn verlegte, die Verluste durch das Gewehr- und Granatsplitterfeuer des Feindes verringern wollte. Zugegeben, dies war wichtig und zu Beginn der Schlacht durchaus machbar. Hätte ich nur wenige Reserven gehabt, um bedrohte Punkte zu verstärken, hätte ich auch gegen den 20-Schritt-Abstand nichts vorbringen können. Aber für das 5. Regiment waren keine Reserven abkommandiert, obwohl General Nadyein mir sagte, dass ich Unterstützung erhalten würde und dass das 15. Regiment in der Nähe von Ta-fang- shen [14] postiert werden würde ; aber als ich ihn fragte: „Dann kann ich sie einsetzen, wenn ich sie brauche?", sagte er: „Sie wollen also eine ganze Division befehligen, nicht wahr?" Insgesamt war mir der Aktionsplan bei Nan Shan also nicht sehr klar. Eines war mir schließlich klar – ich hatte es von General Kondratenko erfahren – dass wir die Stellung bis zum letzten Blutstropfen verteidigen mussten, und zu diesem Zweck bereitete ich sowohl Offiziere als auch Mannschaften vor. Wir begannen, in den Schützengräben Feldküchen zu errichten; wir brachten Proviant in die Stellung und verstauten ihn in bombensicheren Behältern, räumten das Gelände für Biwakplätze an Stellen frei, die vor feindlichem Feuer geschützt waren, und bauten in den Schützengräben selbst und in den Befestigungen Unterstände für die Männer.

Der Feind ließ sich nicht blicken, das Wetter war herrlich und wir setzten friedlich unsere Arbeit fort, Deckung vor Granatsplitterfeuer zu schaffen und Hindernisse vorzubereiten.

Ab Ende Februar tauchten ständig feindliche Schiffe in den Buchten Deep und Kerr auf. Glücklicherweise hatten wir dort bereits ein Telefon aufgestellt und es mit der Marinebeobachtungsstation verbunden, deren Leiter der tapfere und unternehmungslustige Marineleutnant Ditchmann war. Die japanischen Schiffe feuerten einiges Feuer, und eines ihrer Kanonenboote versuchte anzulanden, aber unsere Leute schlugen sie zurück. Deshalb wurden die Späher unter Leutnant Kragelski durch einige berittene Späher unter Leutnant Sietchko verstärkt , und am 7. März wurde Major Stempnevski (jun.) mit der 7. Kompanie nach Kerr Bay geschickt. Zwei Gebirgskanonen unter Leutnant Naoomov wurden mit der 7. Kompanie geschickt. Diese Abteilung wurde aus dem 5. Regiment gebildet. Die Pferde stammten vom Transporter, die Kanonen hatten wir aus China mitgebracht, und die Kutscher waren unsere eigenen Leute, aber die Offiziere und Geschützabteilungen wurden von Port Arthur aus geschickt.

General Nadyein wollte sich persönlich mit der Lage in den beiden Buchten vertraut machen, und am 23. März begleitete ich ihn nach Kerr Bay. Noch in einiger Entfernung sahen wir drei große japanische Schiffe und fünf Zerstörer. Als wir ankamen, fanden wir die 7. Kompanie und unsere beiden Kanonen in der Stellung. Sie waren so aufgestellt, dass sie den Eingang zur Kerr Bay säubern und dem Vormarsch des Feindes entgegentreten konnten, falls er am Ende der Taku Shan-Halbinsel landete , wo wir zwei schwache vorgeschobene Posten hatten. Die japanischen Granaten schlugen bis in die Schlucht ein, hinter der die Kompanie in Deckung gegangen war, und die japanischen Kanonenschützen feuerten sogar auf einzelne Männer, wenn diese sich für einen Moment verbargen.

Man sagte uns, unsere Artillerie (zwei kleine 32-mm-Geschütze, die die Abteilung unter dem Kommando von Naoomov bildeten) habe hervorragende Übungen gegen die feindlichen Zerstörer durchgeführt, die sich daraufhin aus der Bucht zurückgezogen hatten. General Nadyein kam zu dem Schluss, dass der Feind in der Bucht landen wollte, und gab mir für diesen Fall einige Befehle. Von der Bucht bis zur Stellung waren es 12 Werst und bis zum Ende der Taku-Shan-Halbinsel 24 Werst . Im Falle einer Landung sollte ich die 7. Kompanie und die Kundschafterabteilungen mit einem Bataillon unterstützen. Hätten sie jedoch eine Landung in beträchtlicher Stärke erzwingen wollen, hätte das gesamte 5. Regiment dies nicht verhindern können. Sich einer Landung entgegenzustellen ist ein sehr schwieriges Unterfangen, und die zerklüftete Küste erschwerte die Lage für den Verteidiger erheblich. Die Buchten schneiden mitten in die Küstenlinie, und die Hügel erschwerten die Kommunikation äußerst. Hatte der Angreifer die Verteidiger durch eine kleine Scheinlandung oder durch die Drohung einer Landung mit Truppen an einen Punkt vor der Küste gelockt, konnte er innerhalb einer Viertelstunde von einem anderen Punkt aus plötzlich angreifen und dort landen, ohne dass das Regiment, das die Küste verteidigte, Widerstand leistete. Aus diesem Grund hofften wir nicht, eine Landung verhindern zu können, sondern dachten, dass die Verteidigung der Position den Vormarsch des Feindes auf Port Arthur erheblich verzögern würde.

Am meisten fürchtete ich eine Landung in der Dalny Bay, die sich für ein solches Unterfangen hervorragend eignete. Eine solche Landung würde die Stärke der Garnison spalten und den Feind von der Notwendigkeit befreien, die Nan Shan-Stellung anzugreifen. Unter dem Schutz der großen Kanonen der Flotte war eine Landung überall möglich, wo die Wassertiefe ausreichte, damit die großen Schiffe nahe genug herankommen konnten, um wirksames Geschützfeuer zu erhalten.

Nachdem wir die Bucht und das Detachment inspiziert hatten, kehrten wir, begleitet von Schüssen großer Marinegeschütze, unversehrt in die Stellung zurück. Am nächsten Tag schlugen die 7. Kompanie und Aufklärungsdetachments einen kleinen Landungsversuch zurück, für den die Offiziere für hohe Befehle empfohlen wurden, die sie jedoch nie erhielten.

Leutnant Ditchmann versenkte eines der feindlichen Schiffe; ich selbst ging in die Kerr Bay und sah zwei aus dem Meer ragende Masten.

Ungefähr zu dieser Zeit, *also am* 24. März, war die Nan Shan-Stellung mit Artillerie bewaffnet, und wir erwarteten den Feind leichten Herzens, da wir dachten, dass unsere Artillerie, bestehend aus 56-mm- und 6-Zoll-Kurzgeschützen, den feindlichen Feldgeschützen überlegen sei. Als wir uns jedoch weiterhin beschwerten, dass ein Regiment nicht ausreiche, um die gesamte Stellung zu verteidigen, beruhigten uns unsere Kommandeure mit der Aussage, dass der Feind die Stellung nicht von allen Seiten gleichzeitig angreifen, sondern einen besonderen Punkt für den Angriff auswählen würde. Ich bat nicht um Erklärungen, da mir diese Ansicht vernünftig genug erschien. Ungefähr am 2. April kam General Smirnov heraus und inspizierte bei einem fürchterlichen Regenschauer die gesamte Stellung; er schien überrascht, dass die Stellung auch im Süden befestigt war. Ich erklärte ihm, dass wir einen Angriff von hinten erwarteten, da der Feind hinter Dalny landen könnte . Nachdem er mir gesagt hatte, dass ich hinter der Stellung ein großes Redoute errichten müsse, um einen Rückzug zu decken, ging der General nach Dalny .

In der Nacht des 4. Mai kam einer unserer Späher mit einem Bericht von Major Pavlovski, wonach ein japanisches Geschwader nördlich von Terminal Point [15] aufgetaucht sei und eine Armee landen würde. Am Morgen des 5. Mai wurde gemeldet, dass eine japanische Flotte von 39 Transportschiffen [16] , gedeckt durch drei große Kriegsschiffe, von denen eines die Flagge des Admirals führte, Truppen nahe der Mündung des Tascha-Flusses und in einer Bucht im Norden landete ; etwa ein Bataillon soll bereits gelandet sein. Wir meldeten dies sofort der höheren Stelle, woraufhin das Regiment seine Stellungen einnahm und sie weder Tag noch Nacht verließ.

Kapitän Andreievski wurde befohlen, die Bewegungen des Feindes genau zu beobachten, und von diesem Zeitpunkt an bis zum Ende der Belagerung stand unser berittenes Korps in Kontakt mit den Japanern. Eine große Streitmacht mit Kavallerie und Kanonen war ausgeschifft worden, und bald darauf erhielten wir ein Telegramm, dass auch in der Nähe von Pi-tzu-wo eine Landung stattgefunden hatte.

In der Nacht des 5. Mai wurden drei Verwundete der berittenen Aufklärungsabteilung, zwei vom 14. Regiment und einer von uns eingeliefert. Der Feind hatte seine prächtige berittene Kavallerie vom Ost- zum Westufer in Richtung Eisenbahn geschickt. Es hieß, ein Bataillon, dem eine berittene Aufklärungsabteilung beigefügt war, mit der wir nie Kontakt hatten, sei am Bahnhof Shih- san -li-tai aus dem Zug ausgestiegen , der aus der Armee von General Kuropatkin stammte .

General Fock entschloss sich, eine Aufklärungsmission durchzuführen, da niemand die genaue Stärke der gelandeten Truppen kannte. Die feindliche Kavallerie, die in beträchtlicher Zahl vorhanden war und durch Infanterie und Hunhutzes verstärkt wurde , [17] schirmte die Landungspunkte und die ersten Bewegungen der Japaner vollständig vor uns ab. Es wurde berichtet, dass sie sich in Richtung Shih- san -li-tai bewegten und dass ihr Landeplatz stark befestigt worden war.

Gegen Abend des 8. Mai zogen alle Regimenter der Division, mit Ausnahme des 15., das bei Stessel in Port Arthur war, und ich mit meinen beiden Bataillonen, die Straße entlang, die zum Landungsplatz führte, und alle mussten die Nacht in den ihnen zugewiesenen Stellungen entlang dieser Straße verbringen. Nachdem sie ihre zugewiesenen Bestimmungsorte erreicht hatten, erhielten die Regimenter den weiteren Befehl, ihren Nachtmarsch fortzusetzen, dessen Ziel anscheinend darin bestand, den Landstrich südöstlich der Station Shih- san -li-tai auszukundschaften (diese Operation wurde im Befehl als „ Manöver “ bezeichnet). Der Feind, in unbekannter Stärke, befand sich irgendwo zwischen Chang-chia-tun und Shih- san -li-tai. Bis unsere Regimenter ihre Stellungen einnahmen, hatten unsere Späher nichts Verlässliches über den Feind gemeldet, und ich erwartete, ihm jede Minute zu begegnen. Das 5. Regiment erhielt, wie wahrscheinlich alle anderen, den Befehl: „Um 1 Uhr morgens aus seinen Biwaks aufbrechen und im Morgengrauen auf Höhe Nr. soundso sein.“ Ich wusste nicht, was ich tun sollte; Auf allen unseren Karten waren die Dorfnamen unkenntlich gemacht, die Umrisse kaum eingezeichnet, die Höhen der verschiedenen Hügel waren nicht angegeben, und wie man nachts eine gewisse unbekannte Höhe namens soundso finden sollte, die gute 10 Werst von unserem Standort entfernt sein mochte, war mir zu viel. Ich muss auch hinzufügen, dass wir keine Führer dabei hatten; für kein Geld der Welt konnte man sie kaufen. Also begab ich mich mit meinen Zweifeln zu General Fock. Der Stab hatte sich bereits schlafen gelegt, und die Müdigkeit und die Gewissheit der bevorstehenden Schlacht hatten sie alle sehr gereizt. Zur Ehre des Stabes sei jedoch gesagt, dass er sich der Schwierigkeiten des Nachtmarsches voll bewusst war, und sofort wurde ein Befehl erlassen, der den Zeitpunkt des Vormarsches auf 3 Uhr morgens verschob, da man wusste, dass die Dämmerung gerade beginnen würde, wobei man jedoch vergass, dass die Dämmerung sehr schnell kommt und dass es bis kurz vor Sonnenaufgang völlig dunkel ist. Es wurde beschlossen, dass der Stabschef die Führungskolonne selbst führen sollte. Ich kehrte zu meinem Stab zurück, gab die notwendigen Befehle und versuchte, ein wenig Schlaf zu bekommen, aber ich konnte nicht, da ein alarmierender Gedanke den anderen jagte. Würde es uns gelingen, die Höhe Nr. soundso zu erreichen? Was, wenn der Feind uns plötzlich von Chang-chia-tun aus in den Rücken fiel oder von Shih- san -li-tai oder aus der Umgebung (alles war durchaus möglich) in unsere Flanke stürzte? Es war fraglich, ob wir unseren Rückzug zu unseren Stellungen in Nan Shan erfolgreich durchführen konnten, umso mehr, als wir die Straße von Chang-chia-tun nach Chin-chou völlig ungeschützt gelassen hatten. Diese Gedanken waren angesichts der Tatsache gerechtfertigt, dass der Feind von vierzig Transportschiffen nördlich von Terminal Point direkt vor unserer Nase gelandet war, und wenn man annahm, dass jedes ein Bataillon hatte, bedeutete das vierzig Bataillone gegenüber unseren elf oder zwölf.

Um 2 Uhr morgens stand ich auf. Alle schliefen tief und fest. Als ich die Biwaks der Männer erreichte, sah ich, wie ihnen ein Pfund Fleisch und eine große Menge Brot serviert wurde; sie tranken keinen Tee, da Befehl gegeben worden war, kein Feuer anzuzünden, und daraus ging klar hervor, dass General Fock eine Begegnung mit dem Feind erwartete. Gegen 3 Uhr morgens standen die Bataillone zu den Waffen, aber es kam zu einer Verzögerung, und der Stabschef erschien erst um 5 Uhr, als wir endlich aufbrechen konnten.

OBERSTLEUTNANT BIELOZOR, GETÖTET IN DER SCHLACHT
VON NAN SHAN.

Ich wurde zum Kommandeur einer Abteilung ernannt, die aus zwei Bataillonen des 5. Regiments und einer Batterie unter Oberstleutnant Romanovski bestand. Wir kamen recht gut voran, aber das Problem war, dass der Stabschef besonders gut beritten war und die Kolonne erheblich hinter ihm zurückblieb. Das Land war sehr zerklüftet und von einem regelmäßigen Straßennetz durchzogen, und zwar von sehr schlechten. Der Stabschef, der mit seiner Karte voranging, vergaß, an den Kreuzungen Wegweiser zurückzulassen, was zur Folge hatte, dass die Kolonne an einer Kreuzung anhielt, weil sie nicht wusste, in welche Richtung sie gehen sollte. Durch diese Stopps verloren wir viel Zeit, aber wir behielten dennoch die richtige

Richtung bei. (Ich erwähne die Marschordnung nicht, da diese wie üblich war: Plänkler, Vorhut mit berittenen Spähern und Haupttruppe.)

Im Norden und Nordwesten befand sich unser Späherschirm, und da sie sich ständig am Horizont zeigten, fragten wir uns immer wieder: „Sind das nicht die Späher des Feindes?" Zwei Stunden waren bereits vergangen, seit wir aufgebrochen waren, und wir waren in ein breites Tal hinabgestiegen, als Oberstleutnant Bielozor , Kommandeur des 2. Bataillons, auf mich zukam und meine Aufmerksamkeit auf die eigenartigen Bewegungen unserer Artillerie lenkte. Anstatt uns zu folgen, war sie auf eine Anhöhe auf der linken Flanke unserer Marschlinie gezogen; dahinter befand sich eine Kette von Plänklern aus dem hinteren Teil unserer Kolonne und hinter dieser Linie kompakte Kompanien. Ohne zu verstehen, was sie vorhatten, galoppierte ich zur Batterie und sah inmitten der sich bewegenden Kolonnen, ohne Begleitung seines Stabes, General Fock. Ich war kaum bei ihm angekommen, als er mir zurief: „Was für einen Kompaniechef habt ihr denn? Seht, wie er diese Batterie vor sich kommen lässt; er ist ein richtiger Narr! Solche Offiziere sind ein Fluch für uns!" Ich antwortete, dass ich die Kompanie sofort einholen würde, aber ich wollte wissen, was los sei, da die Batterie unter meinem Kommando irgendwo losging und ich nicht darüber informiert worden war. „Das ist ihre richtige Position", antwortete der General und zeigte auf den Hügel, auf den die Artillerie zusteuerte . „Dann werden wir dort anhalten?" „Nein", antwortete General Fock, „wir gehen unter dem Schutz dieser Batterie weiter."

Dann sah ich, dass weit vor der Batterie unsere dichten Kolonnen vorrückten und offenbar jemanden angriffen . Das Regiment, das links von meiner Kolonne vorrückte, hatte eine Linie von Plänklern auf die eine Seite unseres Vormarsches geschickt, und ich erfuhr, dass sie in einer Senke auf unserer linken Flanke eine feindliche Kolonne bemerkt hatten. Es stellte sich heraus, dass dies eine Kompanie jenes Regiments war, das von Süden her auf Shih-san -li-tai vorgerückt war und die Stellung besetzt hatte, die Chin-chou von der Seite von Shih- san -li-tai aus deckte .

„Bilden Sie eine Reserve für die Angreifer und besetzen Sie mit einer Kompanie den Hügel, auf den die Spitze Ihrer Kolonne zusteuert", befahl General Fock. Ich galoppierte los, um diesem Befehl Folge zu leisten.

Dieser Vormarsch dauerte eine Stunde. Wir besetzten eine Reihe von Positionen, aber es war sehr auffällig, dass unsere Männer das Gelände nicht voll ausnutzten, sondern versuchten, den Kontakt zueinander nicht zu verlieren. Es war in Ordnung, solange die Offiziere sie tatsächlich zusammenhielten, aber was würde passieren, wenn sie nicht da wären, um dies zu tun? Unsere Männer sind es nicht gewohnt, aus eigener Initiative zu handeln, und eine lange Gefechtslinie erlaubt es den Offizieren nicht, ihre

Männer mit Stimme und Beispiel zu lenken. Es war ein Glück, dass wir die Verteidiger und nicht die Angreifer waren!

Während ich mit diesen Gedanken beschäftigt war, hörte ich das „Versammlungssignal" unserer Hornisten; unsere Männer blieben, wo sie waren, aber die Kommandeure eilten zum General, der sie mit diesem Signal gerufen hatte. Wir hatten den Feind nicht angetroffen; er befand sich in Chang-chia-tun oder vielleicht nördlich von Shih- san -li-tai. Der General hatte die Operation bis ins kleinste Detail geplant. Für mich war es bemerkenswert, dass wir direkt unter der Nase des Feindes manövriert hatten , während wir ihn verächtlich im Rücken ließen. Nach einer kurzen Pause kehrten wir in die Stellung zurück, während die Männer laut sangen. [18]

Nach dieser Expedition erhielten wir einen Befehl, der mir die Genauigkeit vor Augen führte, mit der General Fock die Lage einschätzte. Seine Anweisungen waren klar und entsprachen voll und ganz der tatsächlichen Sachlage. Hier sind einige charakteristische Abschnitte des Befehls: „Gott bewahre uns vor jenen Kommandeuren, die in der Hitze des Gefechts auf Befehle warten: Sie werden keine erhalten, also sollten sie sich diesen Gedanken aus dem Kopf schlagen." Oder: „Ich fordere alle Kompanie- und Bataillonskommandeure auf, den Kopf zu heben, die Augen zu öffnen und die Ohren zu halten, sobald sie auf den Feind treffen. Glauben Sie mir, Ihre Augen sind alles: Ihre Ohren werden Ihnen nicht viel helfen, obwohl dies leider keine allgemein akzeptierte Idee ist. Sogar ein alter Kapitän mit 22 Dienstjahren wird während eines Manövers anfangen, wie ein Hase die Ohren zu spitzen, um einen Befehl von seinem Kommandeur zu erhaschen; aber sein Kommandeur ist tot oder selbst mit etwas anderem beschäftigt." Diese goldenen Regeln sind einen Platz in jedem Buch über Taktik und in allen Vorschriften über die allgemeine Richtung einer Aktion wert.

Unmittelbar nach unserer Rückkehr brachten uns unsere Späher die Nachricht, dass der Feind in geringer Zahl in der Nähe der Station Shih- san -li-tai war und sich an den Ufern der Bucht, etwas südlich von Chang-chia-tun, versammelt hatte. Das war ungefähr am 11. Mai, und von diesem Zeitpunkt an lieferten sich unsere Späher täglich Gefechte mit dem Feind.

General Fock blieb seinem Entschluss treu, dem Feind vor der Nan-Shan-Stellung entgegenzutreten. Da wir die Stärke des Feindes nur ungefähr kannten, entschloss er sich zu einer weiteren Aufklärung mit Truppenteilen und rückte mit seinen Truppen erneut in die Dörfer Chang-chia-tun und Shih- san -li-tai vor. So blockierte er den Vormarsch des Feindes nach Süden entlang der Straße zwischen Pu- lan - tien und Nan-Shan . Alle Regimenter der 4. Schützendivision, außer dem 15., waren im Einsatz; unsere acht Kompanien befanden sich in der Vorhut, die 3. und 4. bei Shih- san -li-tai, die 6. und 8. sowie die 3. Aufklärungsabteilung bei Chang-chia-tun; unser 3.

Bataillon war zwischen diesen beiden Abteilungen stationiert. Die von uns einzunehmenden Stellungen wurden vorher gründlich studiert. Die Kompanien rückten aus und nahmen ihre Positionen ein. In der Nacht des 15. und am Morgen des 16. Mai zogen weitere Truppen mit Geschützen ab, zwei Batterien wurden in der Nähe der Eisenbahnbrücke an der Straße nach Pi-tzu-wo postiert und eine (Romanovskis) mit der Regimentshalbbatterie unter Leutnant Sadykov auf den Hügeln oberhalb von Shih- san -li-tai. Nachdem unsere Bataillone ihre Stellungen eingenommen hatten, kam ein Befehl von General Fock, dass unser 3. Bataillon unter dem Kommando von Oberst Dounin in die Stellung zurückkehren sollte. Um dem Feind keine Chance zu geben, hinter uns zu arbeiten, wurde mir befohlen, die 7. Kompanie und die Kundschafterabteilung mit Leutnant Naoomovs zwei Geschützen durch den Raum zwischen dem Ufer der Kerr-Bucht und Mount Sampson zu den alten chinesischen Befestigungen zu verlegen und die Hälfte der 9. Kompanie als Reserve für die 7. zu bilden, ich selbst blieb jedoch mit drei Kompanien in der Stellung.

Bei Tagesanbruch am 16. Mai ging ich zur Batterie Nr. 13 [19] und hatte eine ausgezeichnete Sicht auf das Gefecht [20] und die Bewegungen unserer Truppen. Unsere Kompanien und Geschütze waren bereits auf der linken Flanke in Stellung. Die anderen Regimenter bewegten sich in südwestlicher Richtung zum Fuß des Mount Sampson, und die Spitze der Kolonne hatte gerade den Hügel erreicht, als schweres Gewehrfeuer ausbrach und die Ochsenbatterie von Oberstleutnant Romanovski und die Ochsenbatterie auf der linken Seite zu sprechen begannen. Nach fünf Minuten war das Feuer dieser Batterien furchtbar geworden, und dichter Rauch verbarg sie vollständig vor meiner Sicht (dieser Rauch wurde von explodierenden japanischen Granaten verursacht). Nach einer halben Stunde, als das Ende unserer Hauptkolonne den Mount Sampson passiert hatte, eröffneten die Batterien auf der rechten Flanke das Feuer. Das Feuer dauerte eine Stunde lang von beiden Flanken an, und wir verfolgten den Verlauf des Kampfes mit größter Aufmerksamkeit. Ich hatte große Angst, dass der Feind versuchen würde, uns von hinten zu umgehen, aber die 7. Kompanie schwieg, und ihr Kommandant meldete, dass vor ihm keine Bewegung zu erkennen sei. Das Feuer auf der linken Flanke ließ nach, und man sah Karren und Tragen aus dieser Richtung kommen. Eine halbe Stunde später bemerkte ich Romanovskis Batterie auf der Straße von Shih- san -li-tai, gefolgt von unserer Ochsenbatterie, die beide im Schritt auf uns zukamen. Ein Ordonnanzoffizier von der linken Flanke kam herbei und meldete unseren Rückzug, aber er hatte die japanische Infanterie nicht gesehen, sondern nur bemerkt, dass die Japaner unsere Batterie mit Granaten beschossen und sie so zum Schweigen gebracht und zum Rückzug hinter den Hügel gezwungen hatten. Im selben Moment, als sich die Batterien auf der linken Flanke bewegten, sah ich, dass die Reserven einen Hang des Mount Sampson gegenüber dem Dorf Shih- san -li-tai besetzt hatten. Dichte Reihen von Plänklern lagen ruhig auf dem Kamm dieses Bergrückens, so dass die Geschütze und später auch die Plänkler unserer linken Flanke durch sie hindurch konnten. Daraus schloss ich, dass der Feind auf unsere rechte Seite vorrückte und dass General Fock der Meinung war, wir könnten unsere Stellung nicht halten, und deshalb seinen linken Flügel verstärkt hatte, der bis dahin nicht von den Japanern angegriffen worden war. Nach einer weiteren Stunde kamen unsere Rückzugslinien hinter Mount Sampson in Sicht, und die Kanonen in der Nähe der Eisenbahnbrücke eröffneten ein fürchterliches Feuer. Das Gewehr- und Geschützfeuer hinter Mount Sampson ging weiter, mal schwächer, mal stärker, bis sich schließlich die Reservelinien, die durch den linken Flügel zogen, schnell sammelten und begannen, sich auf unsere Stellung zurückzuziehen. Ich erwartete, die Japaner bei der Verfolgung zu sehen, aber es tauchten keine auf. Schließlich zogen sich die Batterien auf dem rechten Flügel zurück und unsere Kompanien folgten ihnen, aber die Japaner verfolgten uns immer noch nicht. Jetzt bot sich mir das Bild eines wahrhaft wunderbaren Rückzugs, bei dem unsere Männer in Kolonne marschierten wie bei einem Manöver . Der linke Flügel hatte unsere Stellung bereits erreicht, als General Nadyein mit einer Handverletzung und Oberstleutnant Romanovski mit einer Beinverletzung eintrafen. Die Situation gab natürlich Anlass zu zahlreichen Fragen und Vermutungen. Es scheint, dass Leutnant Sadykov, der unsere Ochsenbatterie befehligte, Oberstleutnant Romanovski selbst zu Hilfe gekommen war und seine Halbbatterie bis zum Ende des Gefechts befehligte.

KAPITEL II

Weiterer Bericht über die Geschehnisse bei Chang-chia-tun und Shih- san - li-tai – Vorläufige Scharmützel um Chin-chou – Die Schlacht am Nan Shan, 26. Mai 1904.

Unsere Regimenter zogen weiter nach Ta-fang- shen , während die feindlichen Truppen sich der Nan-Shan-Stellung gegenübersahen und bereit waren, ihnen mit einem Granat- und Kugelhagel entgegenzutreten. Sie zeigten sich jedoch noch nicht, und alles behielt sein gewohntes Aussehen. In der Nacht des 17. Mai wurde von den vorgeschobenen Posten gemeldet, dass der Feind den Pass nahe der Eisenbahnbrücke besetzt hatte und unsere vorgeschobenen Abteilungen mit kleinen Infanteriekorps zurückdrängte, wobei die ganze Nacht über ein Kreuzfeuer aufrechterhalten wurde. Als nächstes kam eine Meldung vom linken Flügel, dass der Feind die Vorpostenlinie auf dieser Seite bedrängte; als Beweis dafür wurden einige Verwundete eingeliefert. So wurde deutlich, dass die Japaner sich der Nan-Shan-Stellung näherten. Aus den am Morgen eintreffenden Meldungen ging klar hervor, dass die Japaner alle vor der Nan-Shan-Stellung liegenden Höhen besetzt hatten und damit beschäftigt waren, sich dort zu befestigen. Wir konnten jedoch keine eindeutigen Spuren von ihnen sehen, da sie darauf achteten, den Schutz der vor uns liegenden Hügel nicht zu verlassen. Gegen Mittag konnten wir jedoch Erdarbeiten auf dem Hügel bei Shih- san -li-tai ausmachen, etwa 7 Werst von unserer Position entfernt. Bei näherer Untersuchung erkannten wir einige etwas näher gelegene Arbeiten, bei denen es sich zweifellos um Infanteriegräben handelte und auf die unsere Langstreckengeschütze sofort das Feuer eröffneten. Unsere Granaten erreichten die weiter entfernte Linie nicht, stoppten aber sofort die Arbeiten an den näheren Gräben. Das Feuer auf die feindlichen Arbeiten wurde den ganzen Tag über immer wieder aufrechterhalten.

Da ein Regiment nicht ausreichte, um die gesamte Stellung und das davor liegende Gelände zu verteidigen, bat ich General Fock, mir zwei Infanterie-Aufklärungsabteilungen des 13. und 14. Regiments zu schicken. Als meine Bitte bewilligt wurde, bestand die Vorpostenlinie in der folgenden Nacht aus vier Infanterieabteilungen und einer berittenen. Die ganze Nacht hindurch wurde ein Kreuzfeuer mit den japanischen Posten aufrechterhalten, das unsere Männer so sehr unter Druck setzte, dass ich die Linie auf der rechten Flanke um eine halbe Kompanie (gestellt von der 2. Kompanie) verstärken musste. Unsere Vorpostenlinie verlief wie folgt: von den Ufern der Chin-chou-Bucht zur Stadtmauer von Chin-chou, mit Patrouillen in einiger Entfernung vor der Mauer, von der Stadt zum Bahnhof Nan Shan und von dort zur Hand Bay. Während der Nacht vertrieben uns die Japaner aus den alten chinesischen Befestigungen jenseits der Kerr Bay und fügten uns einige

Verluste zu – einige Tote und viele Verwundete. Unsere Gegner bildeten einen so starken Schutzwall, dass unsere Männer ihn an keiner Stelle durchdringen konnten, um zu sehen, was sie dahinter taten. Da wir daher über ihre Zahl und Aufstellung völlig im Unklaren waren, musste ich mich auf die Erkenntnisse verlassen, die wir zur Zeit der Aktion von Chang-chia-tun gewonnen hatten. Diese Informationen kann ich nur mit den Worten von Oberstleutnant Saifoolin wiedergeben , der einen Teil unserer rechten Flanke befehligte und von dem ich den folgenden Bericht über das Gefecht hörte:

OBERSTLEUTNANT SAIFOOLIN, KOMMANDANT DES 2. BATAILLONS, 5. REGIMENT.

„Unsere Kompanien waren in folgender Reihenfolge aufgestellt: Ich besetzte mit der 8. Kompanie einen Hügel in der Nähe eines zerstörten Turms auf der linken Seite des Nullah, entlang dem die Straße nach Godzarlin verläuft ; die 6. Kompanie besetzte den Kamm auf der rechten Seite dieses Nullah; und die 3. Kundschafterabteilung unter Hauptmann Koudriavtsev besetzte einen Hügel am äußersten rechten Flügel der Linie und etwas vor der 6. Kompanie. Die berittenen Kundschafter wurden als Plänkler nach vorn geschickt. Der Tag war kaum angebrochen, als unsere Kundschafter meldeten, dass der Feind mit beträchtlicher Stärke entlang der Straße von Godzarlin und näher heranrückte; dicht auf diese Meldung hin kamen vor unserem rechten Flügel dichte japanische Linien in Sicht, deren linke Flanke auf dem Mount Sampson ruhte, und sofort begann das Feuer aus sehr großer Entfernung. Der Feind beeilte sich bei seinem Vorrücken nicht, sondern entwickelte ein so schreckliches Gewehrfeuer, dass eine große Anzahl unserer Männer *kampfunfähig gestellt wurden* . Da ich keine Kompanien in Reserve hatte, schickte ich ein Bataillon des 14. Regiments um Hilfe, das in unserem Rücken formiert war, und eine Kompanie dieses Bataillons (unter dem Kommando von Suworow), die allein hinter unserer rechten Flanke postiert war, begann auf uns zuzurücken, hielt jedoch an und begann zu schießen, ohne sich unserer Linie anzuschließen. Dies ging eine Stunde lang so weiter, während der die feindlichen Truppen ohne Aufhalten vorrückten, bis sie 400 Schritte oder weniger von unseren Spähern und der 6. Kompanie entfernt waren; ihre Stärke betrug etwa 15 Kompanien. Inzwischen umgingen etwa 40 japanische Kompanien unsere linke Flanke. Unsere Verluste bei der 6. Kompanie und unter den Spähern waren bereits beträchtlich. Bei der ersteren wurde der Kommandant verwundet und der Sergeant Major und dreißig Mann getötet; von der letzteren waren etwa die Hälfte , einschließlich des Kommandanten, *kampfunfähig* . Da wir keine Anzeichen von Verstärkung sahen, schickten wir los, um zu fragen, was zu tun sei. Zu diesem Zeitpunkt begann der Feind auch unsere rechte Flanke zu umgehen. Niemand kam uns zu Hilfe, unsere Kompanien schmolzen dahin und der Feind rückte weiter vor. Ich gab den Befehl zum Rückzug und unter schrecklichem Beschuss kamen wir fast bis zur Eisenbahnbrücke zurück, wo uns unsere Artillerie deckte und ein so tödliches Feuer auf die feindlichen Linien eröffnete, dass diese zum Stehen kamen und dann in den Bodenfalten in Deckung gingen. Dann wurde der Befehl zum allgemeinen Rückzug gegeben, woraufhin wir uns hinter die Stadt und schließlich in die Hauptposition zurückzogen."

Bei Shih- san -li-tai, auf der linken Flanke, kam es zu einem furchtbaren Artilleriekampf mit ziemlich verheerenden Folgen für uns. In Romanovskis Batterie wurden alle Offiziere außer Gefecht gesetzt, und er selbst wurde verwundet, wie auch fast alle Männer der Geschützabteilungen, so dass niemand da war, um Munition herbeizuschaffen, und Freiwillige aus der 3. Kompanie herbeigerufen werden mussten. Die Dinge kamen so weit, dass Romanovski selbst ein Geschütz lud; der Adjutant der Brigade, der mit einem Befehl losgeschickt worden war, wurde durch eine Granate getötet. Da der Feind jedoch an dieser Flanke nicht stark genug Infanterie hatte, drängte er nicht auf einen Vormarsch, so dass unsere Verluste in der 12. Kompanie nur vier Mann betrugen und in der 3. nur ein paar mehr. [21]

Es scheint ein Missverständnis bezüglich dieses Rückzugs gegeben zu haben. Am nächsten Tag ging ich mit meinem Bericht zum Divisionshauptquartier, und während ich dort war, ließ General Fock nach General Nadyein schicken , der das Kommando über die bei Shih- san -li-tai eingesetzte Abteilung hatte. [22]

„Warum sind Sie in den Ruhestand gegangen?", fragte General Fock und wandte sich ihm zu.

„Auf Ihren Befehl, Exzellenz", antwortete General Nadyein .

„Welchen Befehl? Ich habe nie einen Befehl gegeben."

General Nadyein legte daraufhin eine von Oberstleutnant Romanovski unterzeichnete Notiz vor , in der klar zum Ausdruck kam, dass General Fock selbst den Rückzug angeordnet hatte. Oberstleutnant Romanovski , der herbeigerufen worden war, erklärte, dass General Fock ihm tatsächlich befohlen hatte, die Notiz zu schreiben. General Fock konnte dies nicht verstehen, gab jedoch den Befehl, dass in Zukunft bei wichtigen Anlässen nur noch Befehle befolgt werden sollten, die von ihm persönlich unterzeichnet waren.

GENERAL STESSEL INSPIZIERT EINES DER FESTUNGEN.

Am 21. Mai kam General Stessel zur Stellung. Er war offensichtlich mit dem Ergebnis des letzten Gefechts sehr unzufrieden, und als er hörte, dass Major Gomsiakov , der Kommandeur der 6. Kompanie, verwundet auf dem Schlachtfeld zurückgelassen worden war, kannte sein Unmut keine Grenzen. Er wandte sich in strengen Worten an die 6. Kompanie, entließ den nächsthöheren Offizier, Hauptmann Sichev , aus dem Kommando über die Kompanie und erklärte, dass dieser für keine Belohnung infrage käme.

Tatsächlich hatten weder die Kompanie noch der Offizier diesen Tadel verdient. Major Gomsiakov war in einem chinesischen Karren weggebracht worden, und später hatte man ihm ein Pferd besorgt, auf dem er zum Verbandsplatz fahren konnte. Da er jedoch nicht aufsteigen konnte, wurde ein Krankenwagen gerufen, aber in der Zwischenzeit schickte er die Männer, die ihn gebracht hatten, mit der Begründung zurück, sie würden an der Schusslinie gebraucht, und wartete mit einem Soldaten des Sanitätskorps auf die Ankunft des Wagens. Ungefähr zu diesem Zeitpunkt begann der Rückzug, und Major Gomsiakov gab dem Mann sein Schwert und forderte ihn auf, wegzugehen, indem er sagte: „Sie können mir nicht helfen, und wenn Sie bleiben, werden sie Sie töten, und vielleicht wollen sie Sie in Ihrer Kompanie haben." Major Gomsiakov wurde von den Japanern gefangen genommen und starb an seinen Wunden.

Bei den Gefechten bei Shih- san -li-tai und Chang-chia-tun verloren wir etwa 100 Mann an Toten und Verwundeten.

Nachdem General Stessel die Stellung inspiziert hatte, marschierte er weiter nach Chin-chou, das bereits von der Nordseite her vom Feind angegriffen wurde. Als wir in die Tore einritten , begannen Kugeln durch die Straßen zu pfeifen, aber der General, der bis zum alten chinesischen Tempel vorgedrungen war, kehrte um und erreichte die Stellung unverletzt wieder.

Unsere Männer schliefen in den Schützengräben und Batterien. Die Vorpostenlinie bestand aus einer Reihe von Spähern und einer Reihe von Wachposten, die von den Kompanien abkommandiert wurden, die die Schützengräben besetzten. Ich fürchtete einen Nachtangriff, der aufgrund unserer fehlenden Verteidiger durchaus erfolgreich sein konnte, und ich hatte noch mehr Angst, weil der Feind sich nicht beeilte, sondern die Verteidigungsanlagen genau zu studieren schien . Wir mussten also äußerst wachsam sein.

Am frühen Morgen des 22. Mai hörten wir schweres Gewehrfeuer unter den Stadtmauern. [23] Von der Stellung aus konnten wir den Feind nicht sehen, aber der Stadtkommandant teilte mir telefonisch mit, dass die Japaner einen Angriff vorbereiteten. Ich hatte keine Angst, dass die Stadt eingenommen werden könnte, da wir 400 Mann dort hatten und 60 Sandsäcke mit Pulver gefüllt hatten, bereit zu explodieren, wenn der Feind sich den Mauern näherte. Außerdem hatte ich auf Ersuchen des Kommandanten die Garnison mit der Hälfte der 9. Kompanie unter ihrem Kommandeur Major Sokolov verstärkt. Obwohl es unmöglich wäre, die Stadt ohne schwere Artillerievorbereitung einzunehmen, wäre es durchaus möglich, sie zu umgehen und die angrenzende Stellung von der rechten Flanke aus anzugreifen. Also verfolgten wir ruhig den Verlauf des Geschehens und hielten nach Zielen für unsere Artillerie Ausschau, aber es tauchten keine auf. Der erste Angriff auf die Stadt wurde leicht zurückgeschlagen, aber der Feind errichtete eine Stellung auf der nordwestlichen Seite, wo er durch die Stadtmauer vollständig vor Feuer aus der Richtung der Stellung geschützt war. Von diesem Zeitpunkt an hörte das Gewehrfeuer rund um die Stadt nicht mehr auf. Als vorgeschobener Punkt der Stellung begann die Stadt sicherlich, ihre beabsichtigte Rolle bei den Operationen zu erfüllen.

Es ist sehr schade, dass wir keine Schritte unternommen haben, um die Nan Shan-Stellung hartnäckig zu verteidigen . Selbst wenn man davon ausgeht, dass eine so entschlossene Verteidigung riskant war, da die feindlichen Truppen südlich der Stellung landen und uns so von Port Arthur abschneiden konnten , hätten sie andererseits selbst ein erhebliches Risiko eingehen müssen, wenn sie vor unseren Augen gelandet wären. Sie hatten tatsächlich bereits beträchtliche Kräfte aus dem Norden gegen uns eingesetzt, und es wäre für sie vielleicht schwierig gewesen, eine weitere Kraft (etwa zwei Divisionen) gegen die Garnison von Port Arthur zu schicken. Daher sage ich mit größter Sicherheit, dass wir, wenn wir uns entschlossen hätten, die Nan Shan-Stellung hartnäckig zu verteidigen, unsere Batterien mit schweren Geschützen bewaffnet und unsere Stellungskanonen beispielsweise durch eine Brigade Feldartillerie ergänzt hätten, den Feind lange Zeit vor Nan Shan hätten aufhalten und ihn vielleicht gezwungen hätten, auf Sapping-Operationen zurückzugreifen. In der dadurch gewonnenen Zeit wäre es der Festungsbesatzung möglich gewesen, ihre Werke in einen besseren Verteidigungszustand zu versetzen, als es aus Zeitmangel tatsächlich der Fall war.

Der Feind griff die Stadt immer wieder an, aber immer ohne Erfolg. [24] Einmal brachten die japanischen Pioniere eine riesige Ladung Schießbaumwolle vor die Tore, aber unsere Scharfschützen töteten diejenigen, die versuchten, sie zu platzieren, und brachten die Ladung in die Stadt. Der Feind setzte seine Operationen fort, platzierte eine Batterie an den Hängen der Hügel oberhalb der Stadt und befestigte die Höhen in der Nähe von Shih- san -li-tai. Die dabei an den Tag gelegte Sorgfalt überraschte uns. Wir versuchten, die Arbeit durch Feuer zu behindern, aber die Reichweite war für unsere Geschütze viel zu groß.

Am Abend des 22. Mai wurde eine 6-Zoll-Schneider-Canet-Kanone auf die Stellung gebracht, und ich beschloss, sie im zentralen Redoute zu platzieren, wo sie die Buchten auf beiden Flanken beherrschen würde. Eine ganze Kompanie begann sofort damit, sie in ihre zugewiesene Position zu bringen, und arbeitete am 23. und 24. Tag und Nacht an der Montage der Kanone. Am 25. war sie gerade bereit, auf ihre Lafette gesetzt zu werden, als ein schwerer Beschuss begann und die Arbeit erheblich behinderte.

Seit unserem Rückzug von den Stellungen Shih- san -li-tai und Chang-chia-tun zur Nan-Shan-Stellung hatten wir kaum eine Minute Ruhe. Ständige kleine nächtliche Vorkommnisse in der Außenpostenlinie und die nächtliche Erwartung eines großen Angriffs zwangen uns, die Hälfte unserer Männer in Alarmbereitschaft zu halten. Ich habe mich kein einziges Mal ausgezogen oder meine Stiefel ausgezogen. Es kamen ständig Nachrichten herein und ich hatte kaum Gelegenheit, ein Auge zuzuschließen. Die Belastung war so groß, dass wir völlig erschöpft waren.

Am Morgen des 25. begann der Feind mit einem schrecklichen Bombardement. Wir waren alle auf unseren Posten und antworteten mit schwerem Artilleriefeuer, erlitten dabei jedoch nur geringen Schaden; keines unserer Geschütze wurde getroffen, obwohl es unmöglich war, unser großes Geschütz aufzustellen. Wir hatten mehrere Treffer , darunter auch Boochatski , den Kommandeur der 11. Kompanie, der schwer verwundet wurde.

Ich muss einen Zwischenfall mit einem Drachen erwähnen. Warum er auf die Stellung gebracht wurde, weiß ich nicht, da wir die Bewegungen des Feindes von der Spitze unseres Hügels aus perfekt beobachten konnten, ohne Gefahr zu laufen, zu Boden geschleudert zu werden. Die Gruppe, die ihn gebracht hatte, mit Herrn Kourelov , einem sehr mutigen Mann, beschloss, ihn auf der Höhe des Bombardements steigen zu lassen. Der Drachen erreichte eine große Höhe und erregte natürlich sofort die Aufmerksamkeit der Japaner, mit dem Ergebnis, dass ein Granatsplitterhagel über den Köpfen der wagemutigen Abteilung losbrach, und um unnötige Verluste zu vermeiden, befahl ich ihnen, den Drachen herunterzuholen. Gott sei Dank! Weder ein Mann der Abteilung noch Herr Kourelov wurden getroffen.

DIE SCHLACHT AM NAN SHAN [25]

Die Nacht vom 25. auf den 26. verbrachte ich mit meinem Adjutanten und Ordonnanzoffizier in der Batterie Nr. 13 in einem bombensicheren Geschütz, das hoch oben stand, uns aber dennoch vor dem Feldartilleriefeuer des Feindes schützen konnte. Am Abend war alles ruhig, aber gegen Mitternacht begann der Feind sich zu bewegen; unsere Vorposten meldeten, dass sie Geschütze hörten, und unsere Posten auf der rechten Flanke wurden von vorrückender Infanterie zurückgedrängt. Das Wetter war schrecklich – es regnete in Strömen und es lag Donner in der Luft. Da ich voraussah, dass der Feind unsere rechte Flanke angreifen und, wenn er erfolgreich war, die Stadt umzingeln würde, und da ich ihm die vierhundert Mann, die sich dort befanden und die für mich an dieser Position unentbehrlich waren, nicht schenken wollte, schickte ich dem Kommandanten, Oberstleutnant Jermejew , den Befehl, sich nicht umzingeln zu lassen, sondern sich aus der Stadt in die Stellung zurückzuziehen, solange die südlichen Tore frei waren, und die Schützengräben an unserer linken Flanke zu besetzen. Der Feind griff die Stadt etwa um 3 Uhr morgens an, war jedoch erfolglos und begann sie zu umzingeln. Der Kommandant verließ die Stadt durch das Südtor und kämpfte sich zurück zu seiner Stellung. Eine Abteilung, die es nicht schaffte, durch das Tor zu gelangen, sprang von der 9 Fuß hohen Mauer und trat den Rückzug an. In der Dunkelheit erreichten die Männer jedoch nicht ihre zugewiesenen Stellungen, und statt der gesamten 10. Kompanie erreichten nur zwei Abteilungen unter Leutnant Merkoulew den Punkt, den sie verteidigen sollten. Die verbleibende halbe Kompanie [26] unter Major Goosov und die Hälfte der 9. Kompanie unter Major Sokolov besetzten die leeren Schützengräben nahe Schanze Nr. 8. Einige Soldaten des 3. Kundschafterdetachements besetzten die untere Reihe der Schützengräben dieser Schanze, die Mehrheit jedoch gelangte in ihre richtigen Stellungen auf der linken Flanke.

Unsere Aufstellung war wie folgt: Die 2. Kompanie hielt den äußersten rechten Flügel des Redoutenfeldes Nr. 2; die 2. Kundschafterabteilung befand sich in der Nähe der Eisenbahnlinie und im Redoutenfeld Nr. 1; die Ecke dahinter war unbesetzt; die 12. Kompanie befand sich in der Nähe des Steinbruchs und die 3. weiter hinten in den Schützengräben; dahinter die 8. und 4. Kompanie und die 1. Kundschafterabteilung sowie die 6. Kompanie im Redoutenfeld Nr. 8; weiter hinter der Schlucht befanden sich die 5., 7. und die Hälfte der 10. Kompanie; und in Richtung der Küste der Chin-chou-Bucht befanden sich zwei Kundschafterabteilungen des 13. [Seite 43] und 14. Regiments in Schützengräben. In der Nähe der Batterie Nr. 15 befanden sich die 3. Kompanie des 14. Regiments und ein Teil unserer 7. Kompanie; das Gelände zwischen den Kundschafterabteilungen und der Batterie Nr. 15 war absolut ungeschützt. Vier Maschinengewehre unter Leutnant Lobyrev standen der 7. Kompanie auf den Klippen nahe der Küste zur Verfügung, und vier Marine-Maschinengewehre unter Fähnrich Shimanski waren hinter unserer 1. Kundschafterabteilung postiert. Die Forts innerhalb der Stellung, die einzeln hätten bekämpft werden können und so die Hartnäckigkeit der Verteidigung hätten erhöhen können, waren ohne Verteidiger: Das zentrale Redoute, Batterie Nr. 13, und viele Schützengräben waren aus Mangel an Männern absolut unbesetzt. Ich hatte die 11. Kompanie des 5. Regiments und zwei Kompanien des 13. Regiments in Reserve und hatte die folgenden Offiziere abkommandiert, um Teile der Stellung zu befehligen: rechter Flügel bis Batterie Nr. 1, Major Stempnevski ; Mitte : 12., 3., 8. und 4. Kompanie: Oberstleutnant Bielozor ; linker Flügel – 6. Kompanie, 1. Aufklärungsabteilung, 5. und 7. Kompanie und der gesamte linke Flügel – Oberstleutnant Saifoolin . Die Artillerie bestand aus Geschützen, die in fünfzehn Batterien aufgestellt waren, wie auf Karte I. Batterie Nr. 1 war mit acht 8,7-cm-Feldgeschützen bewaffnet.

MAJOR STEMPNEVSKI (SEN.), KOMMANDANT DER 2. KOMPANIE, 5. REGIMENT.

Bei Tagesanbruch des 26. begann der Feind die Stellung zu bombardieren, und es flogen dicht und schnell Granaten, besonders auf Nr. 13. Als es hell genug war, betrachtete ich den Feind durch mein Fernglas. Seine Batterien erstreckten sich in einer ununterbrochenen Linie von der Chin-chou-Bucht bis zur Hand-Bucht, und einige Batterien - offenbar mit schweren Geschützen - standen an den Hängen der Hügel hinter der Stadt. Der Feind ging nicht sparsam mit der Munition um. Vier Kanonenboote, und vielleicht auch Zerstörer mit ihnen, kamen der Küste der Chin-chou-Bucht nahe, und zwei große Schiffe lagen nahe der Einfahrt zur Bucht hinter unserer Stellung. Diese Schiffe feuerten sehr schwere Granaten ab. Von feindlicher Infanterie war noch keine Spur, aber das Geschützfeuer war so schrecklich, dass wir uns in unsere bombensicheren Unterkünfte zurückziehen mussten. In der Nähe stand ein Eimer Wasser; aus Angst, es könnte in Stücke gerissen werden, befahl ich, es in einen Schutzraum zu bringen, und einer der Männer hatte ihn gerade erreicht, als ein Granatsplitter neben ihm explodierte und das Wasser über den Boden ergoss. Bombardier Ptooski wurde am Kopf verletzt und ich selbst zog mir einen Kratzer am Bein zu. Da der Schutzraum mit Rauch gefüllt war, konnten wir darin kaum atmen, und deshalb ging die Mehrheit von uns in das Redoute. Von dort aus sah ich die Linien der feindlichen Plänkler an unserer rechten Flanke; unsere 4. und 8. Kompanie hatten das Feuer eröffnet, aber die Linien rückten trotzdem langsam auf uns vor und hinterließen auf dem Boden kleine schwarze Punkte. Unser Feuer war anscheinend sehr wirksam; wir hatten nicht umsonst alle unsere Reichweiten ausgemessen. Um acht Uhr erschien in der Bucht an unserer rechten Flanke ein großes Schiff; „Na gut", dachte ich, „die 2. Kompanie wird es erreichen können." Stellen Sie sich meine Freude vor, als ich sah, dass sie auf den Feind feuerte und ich unsere *Bobr erkannte*, obwohl sie leider nicht lange feuerte, sondern wieder in See stach. Es war etwa 9 Uhr, als die feindliche Schützenlinie in der Nähe der Station Nan Shan und hinter den Hügeln in der Nähe der nächsten Dörfer zu sehen war, direkt vor allen Kompanien von der 2. bis zur 8. Das Gewehrfeuer löste sich in ein einziges anhaltendes Rattern und Brüllen auf. Ein Ordonnanzoffizier von Oberstleutnant Bielozor kam mit einem Bericht zu mir, in dem er Folgendes geschrieben hatte:

„Der Feind steht vor uns und greift an, aber wissen Sie, dass in unserer Nähe 700 Meter Schützengräben liegen, die absolut unbesetzt sind? Wir brauchen Hilfe."

Ich selbst sah, dass die Japaner ihren Angriff auf unsere 8. Kompanie richteten. Die Linie war vor allen anderen Kompanien zum Stillstand gekommen, also schickte ich die Hälfte der 11. Kompanie an den bedrohten Punkt. Zu diesem Zeitpunkt hatte ich drei Kompanien in Reserve, die 11. meines eigenen Regiments und zwei Kompanien der 13. Die feindlichen Kompanien gelangten bis zum Stacheldrahtzaun vor der 8. und 4. Kompanie, doch als sie sahen, dass ihr Vormarsch versperrt war, zogen sie sich in Unordnung zurück, suchten in Bodenfalten Deckung und eröffneten von dort aus ein gewaltiges Feuer. Ich war nun sicher, dass wir von der japanischen Infanterie nichts zu befürchten hatten. In diesem Moment traf ein weiterer Ordonnanzoffizier von Oberstleutnant Bielozor ein und bat um sofortige Verstärkung, doch da ich ihm bereits die halbe 11. Kompanie geschickt hatte, war ich überzeugt, dass dies ausreichen würde. In diesem Moment besetzte die feindliche Schützenlinie vor der 2. Kompanie die südlichen Enden eines kleinen Dorfes, und da dieser Ort eine ausgezeichnete Deckung bot, sah ich, dass die Gefahr bestand, dass der Feind beträchtliche Kräfte hinter sich sammelte und die 2. Kompanie überwältigte, umso mehr, als es vom Dorf bis zur Stellung nur 400 Schritte waren. Als ich jedoch sah, dass ein solcher Angriff durch das Feuer der 2. Kompanie von der Seite abgewehrt werden würde, fühlte ich mich etwas beruhigter. Die Infanterie des Feindes war jetzt wie seine Artillerie in einem Halbkreis um die gesamte Stellung verteilt, und das Knattern des Gewehrfeuers war absolut unaufhörlich. Außerdem sahen wir, dass die Truppen, die seine rechte Flanke bildeten, in der Bucht von Chin-chou ins Wasser gegangen waren und eine Wendebewegung durch das Wasser ausführten ; aber dieser Vormarsch wurde nach einigen Augenblicken durch unser Gewehr- und Gewehrfeuer (allerdings auf sehr große Entfernungen) aufgehalten. Aller

Wahrscheinlichkeit nach waren die Männer dieser Kolonne fast alle getötet, da unter den im Wasser liegenden japanischen Leichen keine Bewegung zu erkennen war – alle lagen still. [27] Die feindlichen Schützen kamen immer näher und zogen sich dann wieder zurück. Unsere Männer schlugen den Infanterieangriff zurück, wurden jedoch schwer unter Artilleriefeuer gelitten. Ich erhielt die Nachricht, dass Oberstleutnant Radetski getötet worden war.

Gegen elf Uhr meldete mir der Kommandeur der 6. Kompanie, dass sein vorderster Schützengraben durch Artilleriefeuer von der See und von vorne völlig zerstört worden sei und dass es unmöglich sei, dort Deckung zu finden. Das waren ernste Neuigkeiten. Ich bemerkte erhebliche Bewegungen unter den feindlichen Truppen vor unserer linken Flanke, und eine Masse von Männern begann, sich von der Mitte auf die linke Flanke zu bewegen. Die Truppen der rechten Flanke des Feindes, die seit einiger Zeit im Wasser der Chin-chou-Bucht saßen, begannen vorzurücken. Zur Verteidigung dieser (linken) Flanke standen mir zur Verfügung: die 7. Kompanie, die Hälfte der 10. Kompanie, die größere Hälfte der 3. Aufklärungsabteilung unseres Regiments (der Rest hatte sich in die Schützengräben nahe Schanze Nr. 8 zurückgezogen), zwei Aufklärungsabteilungen des 13. und 14. Regiments unter dem Kommando der Leutnants Bandaletow und Roosoi und nahe Batterie Nr. 15 die 3. Kompanie des 14. Regiments unter Hauptmann Uschakow mit einer Abteilung der 7. Kompanie. Wir hatten genügend Mann, um einen Angriff zurückzuschlagen, aber die Verluste der 5. Kompanie hatten mir einige Sorgen bereitet. Um daher die 5. Kompanie zu verstärken, schickte ich die verbleibende Hälfte der 11. Kompanie in die Schützengräben links von Schanze Nr. 8, um die die 5. Kompanie angriffenden feindlichen Truppen zu flankieren; und schon vorher hatte ich Hauptmann Rotaiskis Kompanie in einen ganz in der Nähe gelegenen sogenannten tiefen Schützengraben geschickt . Diese Maßnahmen reichten aus, um den Durchbruch des Feindes an der von der 5. Kompanie gehaltenen Stelle zu verhindern. Ich setzte große Hoffnungen auf unsere vier Maschinengewehre, die hinter der linken Flanke der 7. Kompanie postiert waren (siehe Seite 43). Sie stellten eine enorme Schlagkraft dar, die praktisch einer ganzen Kompanie entsprach , und waren außerdem geschickt in einigen kleinen Gruben versteckt. Ich schickte sofort einen Bericht. (Ich hatte Berichte über alles, was auf dem Feld geschehen war, sowie die Berichte der verschiedenen Kommandeure weitergeleitet.)

Gegen zwölf Uhr hörte das Gewehrfeuer des Feindes plötzlich auf, und auch seine Artillerie verstummte. Ich nutzte dies aus und ging von der Batterie Nr. 13 die Straße hinunter, um zwei Kanonenschützen zu treffen, die aus der Stellung kamen. Wir bemerkten General Fock und seinen Adjutanten auf der Straße. Major Visoki berichtete, dass die Kanonen schwere Verluste erlitten hatten und der Munitionsvorrat erschöpft war. Da sie keine Gewehre hatten, schickte ich sie von der Stellung weg, und so waren wir ab zwölf Uhr ohne Artillerie. Kurz vor dieser plötzlichen vorübergehenden Feuereinstellung hatte ich bereits vom Hügel aus bemerkt, wie unser Artilleriefeuer nachließ und wie grausam die Granaten des Feindes unsere Kanonenschützen in Stücke rissen; tatsächlich wurde die Hilflosigkeit unserer Geschütze offensichtlich, sobald das feindliche Kanonade begann.

Man kann sich nicht vorstellen, wie ein solches Feuer aussieht. Ein unaufhörlicher Strom von Granaten explodierte über jeder Batterie und über der Batterie Nr. 13, wo man nur direkt an der Erdmauer sitzen konnte und ab und zu einen Blick darüber wagte, um zu beobachten, was vor sich ging. Als das Feuer geradezu teuflisch geworden war , suchten wir Schutz im oberen bombensicheren Bereich, einem Relikt aus dem chinesischen Krieg. Es bot uns ausreichend Schutz vor kleinen Granaten, und es war möglich, dort zu schreiben, Berichte zu senden und Berichte von Ordonnanzen zu empfangen, aber das Feuer der Schiffe ließ uns um unsere Sicherheit fürchten. Eine einzige Granate hätte ausgereicht, um uns alle unter den Trümmern unseres Unterschlupfs zu begraben. Alle Schluchten waren buchstäblich mit Granatsplittern übersät. Unsere unglückliche Artillerie war so sehr mit ihrem Kampf mit den feindlichen Kanonen beschäftigt, dass sie den Schiffen, die die Befestigungen auf unserer linken Flanke bedrohten, keine Beachtung schenkte. Dies war jedoch nicht überraschend, da die Batterien selbst das Feuer der feindlichen Schiffe nicht spürten. Auch von vorne dröhnten Kanonen, und aus Selbsterhaltungstrieb erwiderten sie das Feuer zunächst so energisch wie möglich. Der Befehl, den ich an die Batterie Nr. 4 gesandt hatte, ihr Feuer auf die feindlichen Schiffe zu richten, war offensichtlich nicht zum Batteriekommandanten durchgedrungen. Unser Feuer begann nachzulassen und hörte schließlich auf, aufgrund von Verlusten und in vielen Batterien wegen Munitionsmangels. In der Batterie Nr. 9 wurden alle Männer bis auf einen getötet, und dieser feuerte weiterhin abwechselnd aus jedem Geschütz. Er lud die Geschütze der Reihe nach und feuerte sie ab, bis eine Granate diesem Helden ein Ende setzte. Trotz all meiner Bemühungen ist es mir nicht gelungen, seinen Namen herauszufinden. „Friede deiner Asche, unbekannter Held, Stolz und Ruhm deines Regiments!" [28]

Der Großteil unserer Geschütze blieb unversehrt, allerdings waren zwei Geschütze in der Mitte der Stellung demontiert, ebenso wie sämtliche Geschütze der Batterie Nr. 15, auf die die feindlichen Schiffe feuerten.

Eine Stunde lang herrschte nun in der gesamten Stellung Totenstille. Ich ging zur unteren Schützengrabenlinie hinunter und versuchte, General Fock zu erreichen , den ich, wie gesagt, auf dem Weg zur Batterie Nr. 10 gesehen hatte, aber er war irgendwohin gegangen, und ich sah ihn nicht wieder; möglicherweise ging er durch die Schluchten zur Station Ta-fang- shen .

Soldaten der 5. Kompanie, die nach hinten gefallen waren, sagten, dass es dieser Kompanie schlecht ergangen sei und dass sie den vordersten Schützengraben geräumt und das Redoubt Nr. 9 und die Schluchten in der Nähe besetzt habe. Die Männer in allen anderen Schützengräben und Forts blieben tapfer auf ihren Posten. Nach einer Stunde Stille begann das Feuer erneut, Gewehre knallten und Kanonen dröhnten. Ich ging zu meinem Beobachtungsposten. Der Feind überrollte uns buchstäblich mit einem Granatsplitterhagel. Eine Granate explodierte direkt über den Köpfen zweier meiner Ordonnanzen, die hinter mir standen, tötete einen sofort und verwundete den anderen am Kopf. Kurze Zeit später fing unser Munitionsmagazin für Handfeuerwaffen in der Nähe der Batterie Nr. 10 Feuer.

Bald darauf gab es einige beunruhigende Anzeichen von Unordnung auf der linken Flanke (dem von der 5. Kompanie verteidigten Abschnitt) – Männer zogen sich zurück und gingen ohne anzuhalten in den hinteren Teil der Stellung zurück; aber ich erhielt keinen Bericht vom Kommandanten der 5. Kompanie. Dann bemerkte ich, dass das Feuer des Feindes auf die 5. und 7. Kompanie konzentriert war. Obwohl ich einen Angriff auf diese Punkte vorausgesehen hatte, befürchtete ich keinen Durchbruch des Feindes dort, da Rotaiskis Kompanie und Redoute Nr. 8 mit ihren Schützengräben dies undurchführbar machten. Trotzdem empfand ich die Notwendigkeit einer größeren Reserve und meldete General Fock, dass ich keine Männer haben würde, um die Schlacht wieder aufzunehmen, falls der Feind uns aus unseren vorgeschobenen Stellungen zurückdrängen sollte. Ich bat ernsthaft um Verstärkung; aber General Fock, der, wie ich annehme, von der allgemeinen Annahme geleitet war, dass Verstärkungen immer angefordert werden, bevor sie benötigt werden, und vielleicht dachte, dass ich aus einer Mücke einen Elefanten mache, schenkte meiner Bitte keine Beachtung oder wollte ihr nicht nachkommen, und unsere Lage wurde kritisch. Unsere Späher auf der linken Flanke sowie die 5. und 7. Kompanie waren demoralisiert, insbesondere die 5.

Hauptmanns Lubeemov vom 13. Regiment, die mit mir in der Reserve war, war irgendwo verschwunden, so dass Hauptmann Teemoshenko , den ich geschickt hatte, um sie an den von mir bestimmten Ort zu bringen (auf den linken Flügel, in die Lücke zwischen unserer 7. Kompanie und der Kompanie des Hauptmanns Uschakow, nahe Nr. 15), sie nicht finden konnte und zurückkam. So hatte ich jetzt keine einzige Kompanie mehr unter meiner Hand. [29] Später wurde bekannt, dass die Kompanie des Hauptmanns Lubeemov von einem Ordonnanzoffizier einen angeblich von mir kommenden Befehl erhalten hatte und eine Stellung nahe unserer 5. und 7. Kompanie auf dem linken Flügel eingenommen hatte. Sie hatte ihre *richtige* Position nicht erreicht (siehe letzte Seite), da niemand da war, um sie zu dirigieren. Ich mache jedoch Hauptmann Lubeemov keinen Vorwurf ; er hatte seinen Befehlen gehorcht, war aber auf den rechten statt auf den linken Flügel von Hauptmann Uschakow gegangen. Hauptmann Teemoshenko hätte die richtige Stelle zeigen sollen, aber er konnte die Kompanie nicht finden. Der Fehler von Kapitän Lubeemov bestand darin, dass er seine Position ohne meinen Befehl änderte.

Kurz darauf, etwa um vier Uhr, kam ein Offizier und meldete, dass die 6. und 7. Kompanie des 14. Regiments mir zu Hilfe kämen. Ich erhielt eine Nachricht von General Fock, in der er mir befahl, diese Kompanien nur zur Deckung eines Rückzugs einzusetzen und sie nicht in den Schützengräben einzusetzen. Da verstand ich, dass General Fock mir nicht helfen würde, die Stellung zu halten, was ihm ohne große Schwierigkeiten möglich gewesen wäre, da ich nur ein zusätzliches Bataillon in Reserve benötigte.

Oberstleutnant Bielozor schickte nun Verstärkung. Obwohl ich keinen Angriff auf seiner Seite erkennen konnte, beschloss ich angesichts der Dringlichkeit der Anfrage und um auf unserer rechten Flanke völlig sicher zu sein (wo ein angrenzendes Dorf von den Japanern stark gehalten wurde und der Bahndamm große Teile des Feindes abschirmen konnte), eine halbe Kompanie des 14. Regiments unter Hauptmann Kousmin zu schicken , einem ausgezeichneten Offizier, den ich gut kannte.

Gegen sechs Uhr begannen Kugeln über unsere Köpfe in Nr. 13 zu pfeifen, und da mein Trompeter verwundet war, brachte ich ihn selbst in den bombensicheren Unterstand, um ihn versorgen zu lassen. Auf der linken Flanke bewegten sich Männer in gelben Jacken [30] in Gruppen, und es waren noch keine fünf Minuten vergangen, als Leutnant Sadykov in den Unterstand kam und meldete, dass die linke Flanke sich zurückzog. Ich eilte hinaus und sah, dass die gelben Jacken hochströmten und Granatsplitter über der 7. und 5. Kompanie explodierten, während ein schweres Kreuzfeuer aufrechterhalten wurde. Die japanischen Plänkler hatten sich in ihre Positionen gelegt, und es gab keine Warnung vor ihrem plötzlichen Vorrücken. Als ich sah, dass unsere Späher sich zurückzogen und alle anderen sich möglicherweise mit ihnen zurückzogen, galoppierte ich, da ich keinen Befehl zum Rückzug von der Stellung hatte, in die Reserve und befahl den anderthalb Kompanien des 14. Regiments, die von General Fock geschickt worden waren, gegen die Japaner vorzugehen, die in der Nähe von Werk Nr. 10 auftauchten. Beim Abstieg gerieten wir in heftiges Feuer aus den benachbarten Hügeln.

Ich dachte, ich könnte den Rückzug stoppen und einen Gegenangriff hinter der Reserve starten und dann, nachdem ich die Batterie Nr. 10 eingenommen hätte, die linke Flanke neu organisieren.

Beim anschließenden Kriegsgericht erklärte General Fock, ich hätte der Reserve nicht den Befehl geben können, den Japanern entgegenzutreten. Doch er irrte sich und wurde von Hauptmann Rotaiski in die Irre geführt, der in seiner Zeugenaussage erklärte, er habe gesehen, wie die Japaner mich verfolgten und wie ich ihnen durch das Fenster eines Schuppens entkam. Ich kam nie durch ein Fenster, sondern stieg auf mein Pferd und galoppierte los, um die Fliehenden aufzuhalten. Dann schossen die Japaner von den Hügeln oberhalb des Schuppens auf mich. Nicht ich, sondern ein japanischer Offizier sprang durch das Fenster, wurde von vier Männern aus der Reserve eingeholt und im Schuppen getötet. Als Beweis dafür wurde sein Schwert dem Kommandeur des 14. Regiments überreicht.

Den Befehl zum Angriff *gab* ich, denn der Reservekommandeur eilte auf mich zu und fragte: „Was sollen wir tun?" „Angreifen", antwortete ich und zeigte ihm, wen und wo er angreifen sollte . Dann galoppierte ich hinter den zurückweichenden Soldaten her und brüllte heiser: „Halt, halt, meine Männer!" Aber sie riefen mir ihrerseits zu: „Exzellenz, wir haben den Befehl zum Rückzug." Ich konnte mir nicht vorstellen, wer diesen Befehl gegeben hatte. Da uns die Japaner jedoch in diesem Moment hinter den Nan Shan-Bergen zurückweichen sahen und ein schreckliches Schrapnellfeuer eröffneten, war es absolut unmöglich, die Männer aufzuhalten. Ein Schrapnell traf das Ohr meiner Stute und machte sie beinahe wahnsinnig. Es gelang mir, meine Männer in einer von mir zuvor ausgewählten Position im Rücken zu sammeln, etwa eine Werst von den Nan Shan-Bergen entfernt, und als sie angehalten hatten, blickte ich zurück zu den Bergen und sah zwei Gruppen von Männern ins Tal hinunterlaufen; es waren wahrscheinlich die 5. und 7. Kompanie.

Nr. 13 war in den Händen der Japaner, die auf den Höhen darüber zu sehen waren und auf die zurückweichenden Männer feuerten, die sich schnell in den tiefen Schluchten versteckten. Ich besetzte nun die oben erwähnte Position im Rücken, brachte ein Bataillon des 14. Regiments heran und verlängerte die Linie bis zur Station Ta-fang- shen . Ich fand das fragliche Bataillon in einer Schlucht hinter der Position. Vom Rest des 14. Regiments sah ich keine Spuren; wahrscheinlich waren sie irgendwo im Rücken in Deckung. Der Kommandant unserer Späher kam hier mit unseren Fahnen zu mir .

Während wir hier den feindlichen Angriff erwarteten, hörten wir rechts der Nan-Shan-Stellung schweres Feuer und die feindlichen Geschütze zielten auf uns und unsere rechte Flanke. Unsere Kompanien auf dieser Flanke zogen in Richtung Tafangshen hinüber , und ich befahl ihnen, sich 1 Werst hinter Tafangshen auf der Straße zu konzentrieren . Aus irgendeinem Grund beschlossen die Japaner, uns nicht anzugreifen. Es war schon ganz dunkel, als ich zum brennenden Bahnhof von Tafangshen ging, um nach der

Aufstellung unserer Truppen dort zu sehen. Plötzlich gab es eine schreckliche Explosion und ich wurde mit Bruchstücken brennender Bretter, Balken und heißer Ziegel bedeckt. Wie meine Kameraden und ich dem Tod entgehen konnten, ist mir schleierhaft. Der Bahnhof wurde auf Geheiß von General Focks Stab – wahrscheinlich auf seinen Befehl – in die Luft gesprengt. Ein Offizier – Major Saliarski – und zwanzig Mann kamen bei dieser sinnlosen Explosion ums Leben.

Die Nacht war hereingebrochen, als das 14. und 5. Regiment den Befehl zum Rückzug erhielten. Ich ließ einige berittene Patrouillen zurück, um die Bewegungen des Feindes zu beobachten, und ging mit den berittenen Spähern nach Nan- kuan -ling. Während ich die Straße entlang marschierte, traf ich unsere 7. Kompanie und sah die gesamte 4. Division im weiten Tal lagern. Dort fand ich die Kompanien des 5. Regiments, die sich zurückgezogen hatten, und befahl ihnen, ihre Verluste zu melden. Sehr viele unserer Kameraden antworteten nicht auf den Appell. Die erste Rückmeldung zeigte einen Verlust an Toten und Verwundeten von 75 Offizieren und 1.500 Mann. Es war schrecklich, die gelichteten Reihen meines tapferen Regiments zu sehen. Mein Herz blutete für meine Offiziere, die beim Rückzug die Nachhut gebildet hatten, aber der Geist der Zurückgebliebenen schien so gut wie immer zu sein. Ich fühle mich verpflichtet, unseren Kameraden, die in der Schlacht gefallen sind, meinen Tribut zu zollen und einige ihrer Heldentaten zu erwähnen.

Leutnant Kragelski weigerte sich, zurückzuweichen, und verabschiedete sich von jedem seiner Männer, als sie an ihm vorbeikamen. Hauptmann Makoveiev , der Kommandeur der 8. Kompanie, hatte erklärt, dass er niemals zurückweichen würde, und er hielt sein Wort, denn er blieb in den Schützengräben und wurde erst getötet, als er alle Patronen aus seinem Revolver verschossen hatte. Major Sokolov, der Kommandeur der 9. Kompanie, weigerte sich ebenfalls, zurückzuweichen, und erschoss mehrere Japaner mit dem Säbel, bevor er mit dem Bajonett zu Tode gerammt wurde.

Der gesamte linke Flügel führte den Rückzug auf einen Befehl zurück, und ich machte mich daher daran, der Sache auf den Grund zu gehen. Gegen 6 Uhr schickte General Fock einen Offizier mit dem Befehl zum Rückzug. Obwohl er nicht zu mir persönlich kam, schickte dieser Offizier wahrscheinlich einen Ordonnanzoffizier – der mich nicht erreichte – und ging selbst zum linken Flügel und überbrachte den Kundschafterabteilungen des 13. und 14. Regiments den Befehl zum Rückzug. Dieser Befehl erreichte den Kommandeur der 7. Kompanie über Leutnant Merkoulew , der außerdem den Ordonnanzoffizier auf einem schwarzen Pferd sah, der nach hinten rief und mit seinem Schwert fuchtelte, und erst dann befahl er seiner Kompanie, sich zurückzuziehen. Die Tatsache, dass dieser Rückzugsbefehl gegeben worden war, wurde von allen Offizieren und Mannschaften sowie von Fähnrich Kaminar (5. Regiment) bestätigt.

Ich legte den mir von Leutnant Sadykov zu diesem Punkt zugesandten Brief der Kommission vor, die sich versammelt hatte, um General Stessels Verhalten zu untersuchen. Dort wurde festgestellt, dass Leutnant Moosalevski anwesend war und hörte, wie General Fock meinem Ordonnanzoffizier, Leutnant Glieb-Koshanski , den Befehl zum Rückzug gab, der mit dem Ordonnanzoffizier auf dem schwarzen Pferd zurückgaloppierte, um zu sehen, wie der Befehl des Generals ausgeführt wurde. Als ich die zurückweichenden Späher stoppte, galoppierten Leutnant Glieb-Koshanski und sein Ordonnanzoffizier bis zu den Nan Shan-Bergen, und letzterer erreichte die 10. Batterie durch eine Schlucht, als die Japaner bereits in der Stellung waren (dieser Held kehrte nie zurück). Unsere 7. Kompanie und die Kompanie von Hauptmann Rotaiski waren noch auf ihren Posten und begannen erst nach Erhalt des Befehls mit dem Rückzug.

Als die Leute, die in Port Arthur gewesen waren, aus dem ganzen Kaiserreich in St. Petersburg zusammenkamen, um bei General Stessels Prozess auszusagen, gab ich in Beantwortung der mir gestellten Fragen nur Einzelheiten über den Kampf am Nan Shan an. Die Schlussfolgerung, zu der man gelangte, war folgende: Die Aufklärungsabteilungen des 14. Regiments, erschüttert durch den hastigen Rückzug derer des 13. Regiments in diesem Moment, begannen gegen vier Uhr, ihre Schützengräben zu verlassen, zu der Zeit, als ich sie in einer Gruppe zurückweichen sah. Leutnant Roosoi hatte nur noch zehn Mann im Schützengraben, aber die anderen Kompanien – *d. h* . die 7. und 5. unseres Regiments und die Kompanie von Hauptmann Rotaiski – blieben in der Stellung. Leutnant Glieb-Koshanski und der Ordonnanzoffizier galoppierten mit einem Bericht an General Fock heran, gerade als ich Nr. 13 verließ und auf mein Pferd gestiegen war. Es war also durchaus möglich, dass der Ordonnanzoffizier auf dem schwarzen Pferd tatsächlich zur Stellung galoppierte und den Befehl zum Rückzug gab, bevor ich die zurückweichenden Späher aufgehalten hatte. Jedenfalls wurde schlüssig bewiesen, dass die Japaner in der Batterie Nr. 10 und den anderen inneren Anlagen der Stellung auftauchten, bevor die 7. und 5. Kompanie ihren Rückzug begannen.

Und so kam es: Als die Kundschafterabteilung des 13. Regiments unter Leutnant Bandaletow und ein Teil der Kundschafter des 14. Regiments sich zurückzuziehen begannen (aufgrund des Flankenfeuers der Kanonenboote und *nicht* wegen des Gewehrfeuers der Japaner, deren Plänkler nicht näher als 550 Meter kamen), nutzte der Feind die natürliche Deckung aus, verfolgte sie und besetzte, entlang der Schluchten und Wasserläufe, die von uns geräumten Schützengräben sowie die Batterie Nr. 10 und weiter entfernte Punkte. Da die Japaner jedoch nicht in großer Zahl waren, konnten sie nicht durch die Mitte durchbrechen , da sich die 5. Kompanie in der tiefen Schlucht befand, die 6. im Redoute Nr. 8 und Rotaiskis Kompanie in einem tiefen Tal. Diese Kompanien konnten die Japaner nicht durchlassen, und ich wiederhole, die japanischen Linien waren von meinem Standort aus voll im Blickfeld und bewegten sich nicht, bis die Kundschafter in unserem Rücken auftauchten.

Den Angaben der Offiziere zufolge geschah Folgendes auf der rechten Flanke. Nachdem der Angriff auf die 8. und 4. Kompanie gescheitert war, setzte der Feind sein wütendes Kanonen- und Gewehrfeuer fort, näherte sich aber nicht unseren Schützengräben. Dies ging so weiter, bis der Rückzug der 5. und 7. Kompanie tatsächlich begonnen hatte. Als der Rückzug der linken Flanke von Redoubt Nr. 8 aus bemerkt wurde und die Japaner begannen, unsere rechte Flanke von Redoubt Nr. 5 aus zu räumen, versammelte Major Goosov alle Offiziere dort zu einer Beratung darüber, was zu tun sei. Nach einigem Zögern wurde beschlossen, sich zurückzuziehen, und die Nachricht dieser Entscheidung wurde an die anderen Kompanien weitergeleitet. Die 4. und 8. Kompanie erinnerten sich jedoch an den Befehl, dass es keinen Rückzug geben würde, und weigerten sich, der Entscheidung Folge zu leisten. Unser tapferer Oberst Bielozor hatte das Kommando, die Kompaniechefs waren Hauptmann Shastin von der 4. Kompanie und Hauptmann Makoveiev von der 8. Als sich die 6. Kompanie von Redoubt Nr. 8 zurückzog, befanden sich die 3., 4., 8. und ein Teil der 12. Kompanie in einer hoffnungslosen Lage. Sie hatten Japaner im Rücken, japanische Maschinengewehre auf Nr. 5 und eine große Gruppe Japaner in der Front, bereit zum Angriff, den sie bald auch ausführten. Als der Feind vorn seine Kameraden auf den Höhen sah, wo unsere Batterien gestanden hatten, und auch in Redoubt Nr. 8, rückte er zum Angriff vor, aber unsere tapferen Kompanien stoppten ihren verzweifelten Ansturm vorübergehend mit einer Salve, die das Gelände mit Hunderten von Toten und Verwundeten des Feindes bedeckte . Dann wandten sie sich dem Feind zu, der sie im Rücken angriff, und zwangen ihn, hinter den Hügeln in Deckung zu gehen. Die Japaner auf dem Hügel signalisierten den Kompanien mit weißen Taschentüchern, sich zu ergeben, aber sie erhielten nur Salven als Antwort. Oberstleutnant Bielozor nutzte das unentschlossene Vorgehen der Japaner in ihrem Rücken aus, beschloss, seine Männer aus diesem ungleichen Kampf herauszuziehen und gab den Befehl zum Rückzug. Unter schwerem Beschuss zogen die Männer entlang der Schützengräben in den hinteren Teil der Stellung und wurden dabei von den Scharfschützen auf den Hügeln schwer getroffen. An einigen Stellen mussten die Männer aus den Schützengräben herauskommen, die voller Toter und Sterbender waren, aber schließlich gelang es den Kompanien, die Batterie Nr. 1 zu erreichen. Auch von dort aus sahen Oberstleutnant Bielozor und Hauptmann Shastin einige japanische Kolonnen, die versuchten, unseren Kompanien den Weg abzuschneiden, die sich aus der Mitte der Stellung zurückzogen.

Der Feind rückte von der Küste der Hand Bay vor. Unsere tapferen Offiziere dachten sofort daran, unsere Männer zu decken, indem sie diese Wende verhinderten, trotz des auf den Hügeln postierten Feindes. Zu diesem Zweck sammelten sie ihre Männer, hielten sie an und eröffneten ein Salvenfeuer auf die Japaner. Diese revanchierten sich und überschütteten sie ihrerseits mit Gewehren und Maschinengewehren. Dieser furchtbare Kampf dauerte einige Zeit an, bis keiner unserer Männer mehr am Leben war. Sie fielen alle in diesem ungleichen Kampf und verteidigten sich schließlich nicht nur mit ihren Bajonetten, sondern sogar mit ihren Fäusten. Oberstleutnant Bielozor verlor durch Blutverlust das Bewusstsein und fiel; während auch Hauptmann Shastin mit einer gefährlichen Brustverletzung zu Boden ging. Beide wurden von den Männern des japanischen Roten Kreuzes aufgenommen und dank eines japanischen Offiziers gerettet, der den Befehl gab, sie nicht zu töten. [31] Unsere rechte Flanke zog sich gleichzeitig mit unserer linken zurück, als die Japaner begannen, sie von den Hügeln aus zu beschießen.

Nachdem ich den Befehl erhalten hatte, dem Regiment nach Nan- kuan -ling zu folgen, biwakierte ich mit der 4. Schützendivision und ließ meine berittene Kundschafterabteilung dort zurück. Das war um 22 oder 23 Uhr.

Unterwegs erfuhr ich von einigen Artillerieoffizieren, dass General Nadyein mir im entscheidenden Moment zwei Bataillone geschickt hatte (wenn sie mich nur erreicht hätten!), General Fock ihnen jedoch befohlen hatte, zurückzukehren. Beim Kriegsgericht konnte diese Tatsache nicht bewiesen werden.

Hätte sich General Fock jedoch entschlossen, die linke Flanke des Feindes anzugreifen, wo diesem bereits die Granaten ausgegangen waren und er mit unseren Kompanien oder sogar mit seinen beiden Regimentern im Kampf stand, und hätte er seine gesamte Artillerie gegen diese Flanke eingesetzt, wäre der Feind ohne Zweifel aufgehalten worden und der Sieg hätte auf unserer Seite sein können.

Es heißt, General Fock habe beim Kriegsgericht erklärt, er wolle angreifen. Schade, dass dieser Wunsch zu spät kam!

Man muss auf die ersten Anzeichen von Schwanken beim Soldaten achten, um den richtigen Moment für den Einsatz der Reserven abschätzen zu können, anstatt sie meilenweit hinter der Schusslinie zu halten, wie es nach General Focks Grundsatz notwendig erscheint : „ Halten Sie Ihre Reserven so lange wie möglich zurück, da sie immer zu früh angefordert und eingesetzt werden.“ Das ist soweit in Ordnung, aber gleichzeitig müssen die Reserven genau im richtigen Moment eingesetzt werden. Ich verstehe die Bedeutung dieses Grundsatzes, aber um bei seiner Anwendung nicht in die Irre geführt zu werden, ist es wichtig, den Verlauf der Aktion sehr genau zu verfolgen.

KARTE ZUR DARSTELLUNG DER NAN SHAN- POSITIONKarte Nr · 1.

Vergrößert von einer russischen Karte. London: Hugh Rees, Ltd.

Reproduziert im Stanford's Geogl . Estabt ., London.

Beim Kriegsgericht wurde festgestellt, dass General Nadyein das gesamte Bataillon des 14. Regiments unter Oberstleutnant Golitsinski in die Stellung geschickt hatte , sie aber nie erreichte, sondern stattdessen die von mir hinter

Tafangshen an der Küste ausgehobenen Schützengräben besetzte , für den Fall, dass der Feind eine Ausweichbewegung durch die Gewässer der Hand Bay unternehmen wollte. Diese waren mehr als eine Werst von der Stellung entfernt, hinter ihrem rechten Flügel. Wozu sie dort ein Bataillon haben wollten, verstehe ich wirklich nicht. Ich weiß nichts über dieses seltsame Manöver , und ich habe das Bataillon nie gesehen, aber es hätte eine große Rolle gespielt, wenn ich es in der Mitte bei mir gehabt hätte .

Es kann nicht zwei Kommandeure auf einem Teil eines Schlachtfeldes geben, und wir hatten drei – General Fock, General Nadyein und ich.

KAPITEL III

Nachtalarm während des Marsches nach Nankuan - ling – Verschwinden des Trosses – Fortsetzung des Rückzugs in Richtung Port Arthur – Besetzung und Befestigung der „Passposition" – Japanische Angriffe auf die Position am 26., 27. und 28. Juli – Einnahme von Yupila-tzu und Laotsoshan – Rückzug des Generals auf neue Positionen, 29. Juli.

Ich hatte kaum zwei Werst vom Biwak entfernt, als wir hinter uns Schüsse hörten. Einen Moment später drang ein undeutliches Geräusch zu uns, das wir bald deutlich als das Rumpeln eines Gepäckwagens erkannten. Eine Minute später war er mit voller Geschwindigkeit an uns vorbeigerast. Hinter ihm galoppierte eine Feldbatterie und zerstreute oder zerstörte alles, was ihm in den Weg kam, und hinter der Batterie folgte eine rasende Masse von Wagen, berittenen Männern, reiterlosen Pferden und unbewaffneten Männern, und um die Sache noch schlimmer zu machen, stieß jemand den alarmierenden Schrei aus: „Japanische Kavallerie! Japanische Kavallerie!"

Der Lärm und die Verwirrung waren schrecklich, und aus den Biwaks hinter uns waren Schüsse und Salven zu hören. Zusammen mit den anderen Offizieren in meiner Nähe eilte ich zum Ende der Kolonne, um die Ordnung wiederherzustellen. Ich befahl auch unserer Bande, einen Marsch anzustimmen, und Gott sei Dank stellten die kriegerischen Klänge das Vertrauen der Flüchtlinge wieder her – der Lärm hörte auf, und die Männer wurden ganz ruhig und gelassen.

Die Kapelle spielte den ganzen Weg bis nach Nankuan - ling [32] , und so blieben uns weitere Panikattacken erspart.

Nachdem man mir gezeigt hatte, wo ich biwakieren sollte, schickte ich zum Tross Brot, Tee und Zucker, aber leider war das Gepäck nicht zu finden. Was war zu tun? Unsere Männer hatten den ganzen Tag weder Essen noch Trinken bekommen. Zelte und Mäntel waren auf dem Schlachtfeld zurückgelassen worden, so dass die Männer nichts außer ihren Gewehren und Patronen bei sich hatten. Wir begannen, nach Nahrung zu suchen.

Ich schickte natürlich zum Bahnhof. Wir sahen durch das Fenster, dass alle Räume mit Offizieren aller Regimenter vollgestopft waren, und auch der Stab der 4. Division war da. Nachdem ich mir den Weg zum Büfett erzwungen hatte, näherte ich mich Oberstleutnant Dmetrevski , dem Stabschef der 4. Division, der mir auf meine Frage: „Wohin wurde unser Tross geschickt?" antwortete, er sei auf Befehl von General Fock direkt nach Port Arthur geschickt worden, und er könne nicht sagen, wo er sich jetzt befinde. Die Kommandeure des 13., 14. und 15. Regiments waren auch da. Den ersten von ihnen bat ich um 200 Pud [33] Brot, und ich sah eine Menge davon auf einigen Wagen verladen, die in der Nähe standen. In einer Stunde hatten wir sie abgeladen und das Brot verteilt, wobei jeder Mann etwa 4 Pfund bekam. Ich bekam ein Stück von ungefähr diesem Gewicht, ebenso wie alle anderen Offiziere; Fleisch war absolut nicht zu bekommen.

Alle verfügbaren Speisen am Buffet waren vor unserer Ankunft aufgegessen, aber es gelang mir, etwas Salz zum Würzen meines Brotes zu bekommen.

Nachdem wir drei Stunden auf dem nackten Boden geschlafen hatten, machten wir uns auf, um unseren Marsch fortzusetzen. In der Nacht belästigte uns niemand; der Morgen brach kalt und neblig an.

Gemäß dem Marschbefehl hätten wir an der Spitze der Kolonne sein sollen, aber ein Regiment kam uns zuvor, und wir mussten fast eine Stunde warten, bevor wir aufbrechen konnten.

Gegen Mittag erreichten wir einen Pass in den Bergen, der gut mit Schützengräben gesäumt war, und nachdem wir dort einen kurzen Halt eingelegt hatten, marschierten wir in gutem Tempo weiter.

Auf Veranlassung von General Fock war die Bergstraße früher repariert worden und leistete uns nun gute Dienste, aber so sehr wir uns auch bemühten, wir konnten unser Gepäck nicht einholen und hatten den ganzen Tag nichts außer dem Brot, das wir in Nan-kuan-ling vom 14. Regiment besorgt hatten. Wir verbrachten die Nacht in einer malerischen Schlucht und mussten uns notgedrungen mit leerem Magen schlafen legen.

Am 28. Mai trafen wir auf einen riesigen Tross aus Dalny [34] , der von den männlichen Einwohnern der Stadt mit ihren Frauen, Kindern und ihrem Hausrat begleitet wurde. Da die Pferde in den Wagen erbärmlich klein waren, musste der Tross stehen bleiben und blockierte die Straße von einem Ende zum anderen.

Wir umgingen den Pass auf einer schmalen Seitenstraße und erreichten am Abend den großen Shipinsin- Pass, [35] wo wir endlich unser Gepäck einholten.

Nun waren wir in Hochstimmung, schlugen unser Biwak auf, kochten unser Abendessen, aßen es gierig und schliefen den Schlaf der Gerechten.

Am folgenden Tag, dem 29. Mai, begannen wir mit dem Aufstieg zum Pass, den unser Tross dank unserer hervorragenden Pferde rasch bewältigte. Aufgrund schlechter Karten verirrten wir uns zwar um Mitternacht, erreichten aber schließlich die Außenbezirke von Port Arthur und machten im Dorf Pa-lichuang Halt , wo wir uns drei Tage lang ausruhen sollten.

General Stessel besuchte das Regiment am nächsten Tag. Die Kompanien formierten sich schnell in der Nähe der Biwaks, und der General ritt um sie herum und dankte ihnen für ihr hervorragendes Verhalten . Die Männer fühlten sich enorm ermutigt, da viele von ihnen unter dem schrecklichen Eindruck gelitten hatten , wir hätten ein Verbrechen begangen, indem wir Nan Shan dem Feind überlassen hätten.

General Stessel rief alle Verwundeten, die in den Reihen geblieben waren, nach vorn, um sie anzusprechen und ihnen Lob und Belohnungen in Form des Georgskreuzes zu überreichen. Es waren jedoch so viele (über 300), dass der General es für unmöglich hielt, so viele Kreuze zu bekommen. Er befahl daher dem Arzt, sie zu untersuchen und die Schwerverletzten von den Leichtverletzten zu unterscheiden. Es gab 60 von ersterer Kategorie , und sie erhielten dementsprechend Georgskreuze. Sie waren die einzigen Empfänger von Belohnungen für die Schlacht von Nan Shan, während die Leichtverletzten für ihre Tapferkeit nichts bekamen – und deren Zahl war groß.

Ich habe bereits erwähnt, dass unsere Männer nur mit ihren Gewehren davonkamen, da die meisten Zelte und Mäntel auf dem Schlachtfeld zurückgelassen worden waren. Zum Glück hatten wir kurz vor der Schlacht den Großteil unserer Vorräte nach Port Arthur gebracht, wo sie in Captain Preegorovskis Haus deponiert wurden, das zu diesem Zweck gemietet worden war. Wir brachten alles, was wir brauchten, unverzüglich aus Port Arthur heraus und verteilten das Nötigste unter den Männern. Gleichzeitig trieben wir eine große Rinderherde mit uns hinaus, etwa 200 Stück.

Ich vergaß zu erwähnen, dass unsere üblichen militärischen Sorgen um die Nan Shan-Stellung noch durch die Sorge verstärkt worden waren, die auf einen Befehl zurückzuführen war, das gesamte Vieh der Einwohner einzusammeln und in den hinteren Teil der Stellung zu treiben. Einige mit Geld ausgestattete Beamte wurden zu diesem Zweck ausgesandt, aber da sie ihr Ziel ohne die Hilfe des Regiments nicht erreichen konnten , fiel die ganze Last der Arbeit auf uns.

Unglücklicherweise wurde der Befehl erst gegeben, als der Feind bereits Kontakt mit uns hatte, aber es gelang uns, etwa 1.000 Tiere zusammenzutreiben und sie in den Rücken der Armee zu treiben, fast bis nach Port Arthur.

Nach drei Tagen Ruhe marschierten wir in Port Arthur ein und machten in einem Dorf in der Nähe des Serotka- Hügels halt. [36] Wir bildeten die Reserve der 4. Division, die die Positionen Shuang-ta- kou , Yu-pi-la-tzu, Chien Shan und Laotso Shan einnahm . [37]

BLICK AUF DAS LAND AN DER POSITION DER PASSE. IN DER
FERNE LINKS SIND DIE
GIPFEL DES CHIEN SHAN ZU SEHEN.

S. 66]

Die 4. Division war durch eine Abteilung gemischter Kompanien der 7.
Division unter dem Kommando von Oberst Semenov verstärkt worden, und
diese Abteilung besetzte Laotsoschan . Ich weiß nicht genau, was sie falsch
gemacht hatten, aber ich erinnere mich, dass allgemein gesagt wurde, man
könne sich auf die gemischten Kompanien nicht verlassen, was nicht
verwunderlich ist, da sie keinen Nachschub an erfahrenen Truppen hatten.
Die Kompaniechefs kannten ihre eigenen Männer nicht, und die Männer
wussten nichts über ihre Kommandeure. Niemand fühlte sich für die
Aktionen der verschiedenen Einheiten verantwortlich. Diese Organisation
wurde als großer Fehler von General Kondratenko angesehen; wie dem auch
sei, wir hielten die fragliche Stellung vom Zeitpunkt ihrer Besetzung am 31.
Mai bis zum 28. Juli, obwohl sie vorher nicht befestigt worden war.

Während dieser Zeit wurde das 5. Regiment in zwei Teile geteilt, und ich
erhielt das Kommando über die linke Flanke der Verteidigung und begann,
die Stellung auf dem 174 Meter hohen Hügel und das Land davor sowie die
Westseite des Feng- huang Shan [38] von der Great Mandarin Road bis zur
Achtschiffsbucht zu befestigen. Entlang der Küste der letzteren war Kapitän
Sakatskis Abteilung stationiert, und zwei weitere Abteilungen befanden sich
am Ufer der Louisa Bay, beide unter meinem Kommando, wobei die erstere
vier kleine Marinegeschütze unter Midshipman Doudkin bei sich hatte .

Unsere 6. und 7. Kompanie besetzten und befestigten Feng- huang Shan von
der Großen Mandarinstraße bis zu Major Sakatskis Abteilung. Unsere drei
Kundschafterabteilungen besetzten und befestigten die 174 Meter und
Hauptquartierhügel sowie die Höhe 426. [39] Die 3. und 9. Kompanie

besetzten 174 Meter Hill, während die 2. und 4. den 203 Meter hohen Hill hielten. Sie alle arbeiteten unter der Aufsicht ihrer Offiziere hart an ihren Befestigungen, gemäß den von mir erteilten Befehlen.

174 Meter hohe Hügel musste so stark wie möglich befestigt werden, denn sobald er erobert war, konnte der Feind unsere äußerst schwache Westfront durchbrechen, das sich in Richtung Neustadt erstreckende Tal besetzen und die Neustadt und die Bucht beherrschen.

Die übrigen Kompanien des Regiments waren in verschiedenen Stellungen in der Nähe untergebracht . Wenn die vorgeschobenen Regimenter hinter Feng- huang Shan bedroht waren, diente das 5. Regiment als Reserve für die verschiedenen Abschnitte der vorgeschobenen Linie.

Unsere Arbeit ging nur langsam voran, da wir nur sehr wenige Werkzeuge hatten.

Neben der Befestigung der Stellungen musste ich in der Festung selbst Unterstände für die Reserven und Lager für Kleinwaffenmunition errichten.

Ich stellte zwei Kompanien der 7. Division für diese Aufgabe ab und verwendete alles Material, das wir in der Stadt finden konnten. Da ich keinen Pionieroffizier bei mir hatte, musste ich überall persönlich die Aufsicht übernehmen – auf den vorgeschobenen Stellungen ebenso wie in der Stadt. Es war eine große Hilfe, dass die Offiziere des 5. Regiments dank ständiger Übung ausgezeichnete Pioniere waren.

Werkzeuge konnten wir nur mit Mühe und aus verschiedenen Quellen beschaffen. Die meisten bekamen wir von Oberst Grigorenko, dem Kommandeur der Pioniertruppe in der Festung, und von der Eisenbahnverwaltung.

Die Zahl der Männer, die mir zur Verfügung gestellt worden waren, um die mir zugewiesene Arbeit auszuführen, reichte nicht aus, also fragte ich, ob ich mein ganzes Regiment einsetzen könne. Anfang Juni erhielt ich die Erlaubnis und verlegte den Regimentsstab nach Division Hill, wo wir es uns sehr gemütlich machten, ein riesiges Festzelt aufstellten und unsere Feldküche in Betrieb nahmen.

Die Generäle Kondratenko, Smirnov und Stessel kamen ziemlich häufig zu uns. Unsere Arbeit ging schnell voran, da wir das Werkzeugproblem überwunden hatten, aber wir hatten nur sehr wenige Schubkarren usw. zum Abtransport der Erde.

einer hartnäckigen Verteidigung entschlossen hatten, mussten wir eine große Zahl splittersicherer Bauten sowie Unterstände für uns und unsere Küchen errichten. Dafür brauchten wir einen reichlichen Vorrat an Balken und Brettern.

Neben dieser Tätigkeit mussten wir laufend Abteilungen zu den vorgeschobenen Stellungen der Regimenter der 4. Division entsenden.

Andere Regimenter liehen sich immer wieder die von mir gesammelten Werkzeuge aus, gaben sie aber nicht zurück.

Häufig unternahm ich persönlich längere Erkundungstouren , bei denen ich die vorgeschobenen Stellungen und ihre Befestigungen kennenlernte.

Offenbar rechnete General Fock damit, dass die Japaner unsere Stellungen höchstwahrscheinlich über die flache Landzunge zwischen den Hügeln und dem Meer angreifen würden. Jedenfalls widmete er der Befestigung dieses Teils der Stellung größte Aufmerksamkeit. Mir war jedoch völlig klar, wie schwierig es sein würde, eine befestigte Stellung über offenes Gelände unter effektivem Gewehr- und Kanonenfeuer anzugreifen. Selbst wenn man die Vorliebe der Japaner für den Kampf in den Hügeln außer Acht ließ, war es offensichtlich, dass die Hügel bei weitem der beste Angriffspunkt waren, und General Fock wollte diese nur durch die Aufklärungstruppen verteidigen lassen.

Hier fehlte den Verteidigern ihre stärkste Waffe, nämlich Gewehr- und Artilleriefeuer aus der Ferne und sogar aus der Nähe. Was die Angreifer anging, verschafften die zahlenmäßige Überlegenheit und die Initiative den Japanern in den Bergen einen enormen Vorteil, umso mehr, als unsere Stellung sehr ausgedehnt war und für fünf Regimenter mit je drei Bataillonen (etwa 10.000 Mann) etwa 8 Werst abdeckte. Die japanischen Kanonen konnten außerdem unsere Schützengräben zerstören, während unsere Artillerie keine Ziele finden konnte.

Als ich die Stellung Anfang Juli inspizierte, fiel mir auf, dass die Stellung bei Shuang-taikou (zwischen den Bergen und dem Meer) hervorragend befestigt war (die Schützengräben waren tief und boten ein hervorragendes Schussfeld), die Berge jedoch völlig unversehrt blieben.

Ich ritt hinunter nach Yu-pi-la-tzu, wo sich zwei Aufklärungsabteilungen befanden – von welchem Regiment, weiß ich nicht mehr. Es gab keine Schützengräben und vor allem keinen Schutz vor Gewehrfeuer. Das war ein großer Fehler, denn das gesamte feindliche Artilleriefeuer könnte auf Yu-pi-la-tzu gerichtet sein und unsere Männer von dort vertreiben, wonach die Japaner den Hügel ohne Verluste einnehmen könnten.

Nachdem wir den Hügel erklommen hatten, bot sich uns ein herrliches Panorama. Das ganze Land bis nach Dalny und die Bucht dahinter lagen wie Linien auf der Handfläche vor uns, und bei Tageslicht konnte man jede einzelne Bewegung des Feindes erkennen.

DIE NACHBARSCHAFT VON YU-PI-LA-TZU.

Der Yu-pi-la-tzu-Hügel war ein sehr wichtiger Punkt. Wenn wir ihn verloren, hätten wir uns zum Shipinsin- Pass zurückziehen müssen. [40] Aber der Feind beeilte sich nicht. Nachdem er von den Hügeln aus in Gewehrfeuer aus großer Entfernung geraten war (wie zu erwarten war, schenkte er dem tiefer gelegenen Gelände keine Beachtung), grub er Schützengräben und machte sich mit Bedacht an die Arbeit, seine Pläne auszuarbeiten.

Vom Augenblick seiner ersten Berührung mit uns Anfang Mai bis zum 26. Juli bedrängte er unsere rechte Flanke und zwang uns, unsere Stellung zu ändern. Am 26. begann er dann seinen Angriff auf das gesamte Hügelgebiet.

Das 5. Regiment wurde zur Unterstützung herangezogen. Einige Zeit zuvor war unser 3. Bataillon an den rechten Flügel nach Laotsoshan geschickt worden , wo wir zwei hervorragende Offiziere verloren, Hauptmann Koudriavtsev und Leutnant Popov.

Das 3. Bataillon hatte die Hauptlast des Rückzugs aus Laotso Shan zu tragen , da sich die gemischten Kompanien auf der rechten Flanke erwartungsgemäß im Kampf nicht hervortaten.

Am 20. Juli erhielt mein II. Bataillon den Auftrag, sich zur 11. Werst-Station [41] zum Hauptquartier der 4. Division zu begeben, und so begab es sich unter dem Kommando von Major Stempnevski (jun.) dorthin.

Als der Feind am 26. seinen entscheidenden Angriff begann, wurde ich mit dem 1. Bataillon vorgezogen, das damals von Major Stempnevski (sen.), einem hervorragenden Allround-Offizier, kommandiert wurde. Ich kam am Morgen mit meinem Bataillon an und fand alle unsere Kommandeure im

Divisionsstab vor – die Generäle Stessel, Fock und Kondratenko. Die Schlacht tobte entlang der gesamten Linie.

Da alle Stellungen in Abschnitte unterteilt waren und jeder Abschnitt seinen eigenen Kommandeur hatte, konnte ich alles beobachten, was dort vor sich ging. Wir fuhren mit dem Zug zum 11. Werst und waren gerade aus den Waggons ausgestiegen, als die 1. Aufklärungsabteilung unter Leutnant Kostoushko den Befehl erhielt, auf den Yu-pi-la-tzu-Hügel vorzurücken, wo die Verteidiger durch das unaufhörliche Artilleriefeuer dezimiert worden waren.

Das 1. Bataillon wurde daraufhin zum Shipinsin- Pass verlegt, wo dem Artilleriefeuer nach zu urteilen ein entschlossener Angriff vorbereitet wurde und nur unsere 7. und 8. Kompanie beim Regimentsstab zurückblieben.

General Fock leitete die gesamte Verteidigung .

Die Kämpfe vom 26. und 27. Juli haben uns nicht viel gekostet, abgesehen von den schweren Verletzungen, die Leutnant Kostoushko erlitt (eine Wunde in der Brust und mehrere weitere Wunden an der linken Schulter und Seite). Dieser Offizier hatte sich mit einem Teil seiner Späher auf den Feind geworfen, der bereits einige unserer Schützengräben auf dem Yu-pi-la-tzu-Hügel eingenommen hatte. Das war in der Nacht vom 27. auf den 28. Juli.

Gegen Abend des 26. hatte General Stessel ein Telegramm an die Stadt geschickt, in dem er mitteilte, dass alle Angriffe der Japaner an diesem Tag erfolglos gewesen seien.

Am 27. wurde die Schlacht auf der ganzen Linie wieder aufgenommen. Laotsoshan wurde von sehr schweren Geschützen überrollt - wahrscheinlich 6-Zoll-Geschütze, nach der Größe der Granatenexplosionen zu urteilen. Unsere Artillerie hatte große Schwierigkeiten, mit diesen Geschützen fertig zu werden, da sie nicht nur sehr weit entfernt, sondern auch gut versteckt waren.

Da ich nichts zu tun hatte, ging ich zu meinem 1. Bataillon, das als Reserve am Abhang des Shipinsin- Passes aufgestellt war. In unserer Nähe explodierten kaum Granaten; sie gingen alle „über" und zertrümmerten die felsigen Seiten einer dahinter liegenden Schlucht.

Unsere Batterie auf dem Pass selbst wurde buchstäblich von japanischen Granaten überrollt, und es gab ein anhaltendes Dröhnen von Musketenfeuer, bei dem unsere Männer jedoch vollkommen ruhig blieben und sogar Witze über die schlechte Schießerei der japanischen Kanonenschützen machten. Obwohl dies den ganzen Tag so weiterging, hielt die Verteidigung die ganze Zeit stand.

TRIPLE PEAK, WO DIE MÄNNER STEHEN. IN DER FERNE
LINKS IST DER YU-PI-LA-TZU-HÜGEL.

Auf dem Yu-pi-la-tzu-Hügel lief es jedoch schlecht für uns. Die Japaner
krochen die ungewöhnlich steilen Hänge hinauf auf den Gipfel des Hügels.
Alle Deckungsmöglichkeiten waren durch Artilleriefeuer zerstört worden,
und eine Ecke einer Kasematte war eingestürzt und hatte den
kommandierenden Offizier, Oberstleutnant Goosakov , zerquetscht , dessen
Verlust jeder schmerzlich bedauerte. (Es ist angebracht, hier zu erwähnen,
dass er der einzige Stabsoffizier war, der mir half, die Verteidigung der
hinteren Stellung zu organisieren, die unseren Rückzug von Nan Shan
abdeckte.) Zu diesem Zeitpunkt des Konflikts konzentrierten sich die
Verteidiger hinter Steinen und zerstörten Schützengräben, und der Feind war
nur wenige Schritte von ihnen entfernt.

Die Stabsoffiziere riefen, dass Yu-pi-la-tzu aufgegeben werden müsse, da
eine weitere Verteidigung nur enorme Verluste für uns bedeuten würde, da
die Schützengräben keinen Schutz mehr vor den Auswirkungen von Shimose
und Granatsplittern boten. Da die Mehrheit jedoch gegen die Aufgabe dieses
wichtigen Hügels war, der ein so hervorragender Beobachtungspunkt war,
beschlossen die Kommandeure, die Schützengräben während der Nacht
wieder aufzubauen und die Verteidigung fortzusetzen .

Um vier Uhr nachmittags wurde unsere 8. Kompanie mit so viel Werkzeug
wie möglich zum Yu-pi-la-tzu-Hügel geschickt, um die alten Schützengräben
wiederherzustellen und neue zu bauen. Hauptmann Sakarov, der ehemalige
Kommandant von Dalny , der dort die Eisenbahn und den Hafen gebaut
hatte, wurde zum Kommandeur ernannt. (Nachdem er Dalny verlassen hatte
, beschloss dieser ausgezeichnete Offizier, die Pionierkompanie der Festung
Port Arthur zurückzulassen, die von Oberstleutnant Jerebtsov kommandiert

wurde .) Die Japaner hatten an diesem Tag praktisch keinen Erfolg und wir hielten alle unsere Stellungen.

Am Morgen des 28. wurde ich sehr früh von einem schrecklichen Kanonendonner geweckt. Ich stand auf und ging zum Hauptquartier, wo ich alle Stabsoffiziere bereits auf den Beinen vorfand. Um den Verlauf der Schlacht besser beobachten zu können, war General Stessel mit einem Teil seines Stabes auf den Gipfel des nächsten Hügels gegangen, und dorthin begab ich mich auch. General Fock blieb bei den Telefonen und behielt seinen gesamten Stab bei sich (er hatte neue Adjutanten; die alten, Hauptmann Kvitkin und später Hauptmann Yarsevitch , waren zu ihren Einheiten zurückgekehrt).

Als wir die Spitze des Hügels erreichten, bot sich uns ein herrliches Panorama des Berglandes. Der uns am nächsten gelegene Gipfel, der von unseren Truppen besetzt war, war vollständig von weißen Rauchwolken umhüllt. An manchen Stellen breitete sich der Rauch über enorme Ausmaße aus und stieg hoch in die Luft. Am dichtesten war er über Laotsoshan , denn dort explodierten ständig die schwersten Granaten, und der Himmel war mit kleinen runden weißen Wolken aus explodierenden Granatsplittern übersät. Gleichzeitig konnte das aufmerksame und gut geschulte Ohr das unaufhörliche, weit entfernte Rollen des Gewehrfeuers erkennen, das auf das Knattern der Musketen entlang der von uns besetzten Linie zurückzuführen war.

Unser 1. Bataillon war noch nicht in Aktion, war aber als schwarzer Fleck in der Nähe einer Zickzack-Kurve auf der Straße zum Shipinsin- Pass zu sehen.

Wir blieben etwa eine Viertelstunde auf dem Hügel und gingen dann zu den Telefonen hinunter (von den Telefonen aus kann man eine Aktion besser verfolgen, auch wenn sie, wie in diesem Fall, tiefer angebracht sind). Es ist schade, dass sie nicht daran gedacht haben, sie an einem Ort aufzustellen, wo man die Schlacht mit eigenen Augen sehen und Berichte hören konnte, wie zum Beispiel auf dem Gipfel des Hügels, den wir gerade verlassen hatten.

General Fock traf uns unten und berichtete General Stessel sofort ausführlich über alles, was geschehen war. Unsere Männer hatten überall standgehalten, außer auf dem Yu-pi-la-tzu-Hügel, wo es uns schlecht ging. Es war physisch unmöglich, dort trotz der neuen Schützengräben zu bleiben, da sich das Artilleriefeuer auf den Hügel konzentrierte. Daher wurde beschlossen, Yu-pi-la-tzu aufzugeben, und entsprechende Befehle wurden dorthin geschickt.

Als dieser Entschluss gefasst war, sagte General Fock in seiner kurzen, scharfen Art zu sprechen: „Nun, es ist unmöglich, Yu-pi-la-tzu zu halten. Es würde zu schwere Verluste mit sich bringen. Selbst wenn die dortigen Kompanien es freiwillig verließen, wäre das nichts Ernstes; aber Laotsoshan aufzugeben , das wäre eine Schande und käme fast einem Verrat gleich." Er hatte dies kaum gesagt, als die Nachricht kam, dass Laotsoshan von den Truppen, die es hielten, geräumt worden war. „Jetzt müssen wir einen allgemeinen Rückzug antreten", sagte General Fock und gab den Befehl, sich zurückzuziehen und eine neue Position mit der rechten Flanke bei Taku Shan einzunehmen – die Mitte bei 11. Werst und die linke bei Fenghuang Shan .

Um die Linie zusammenzuhalten, wurde mein linker Flügel (Hauptmann Sakatskis Abteilung) dem Kommandeur des 15. Regiments zur Verfügung gestellt. Ich musste unverzüglich den Ausläufer des 174- Meter- Hügels sowie diesen Hügel selbst und den 203- Meter- Hügel sowie den Divisions- Hügel und den davor liegenden Gipfel des Pan-lung Shan besetzen. Das 5. Regiment füllte so die Lücke zwischen den Forts Yi-tzu Shan und Ta-yang-kou Nord, die wir schon lange vorbereitet hatten. Der Stab mit General Stessel an der Spitze versammelte sich im Gebäude des Stabs der 4. Division (einer Station am 11. Werst) und wartete dort ruhig, bis die Regimenter ihre zugewiesenen Positionen eingenommen hatten.

Trotz der Aussagen einiger Kriegsberichterstatter konnte ich während des Rückzugs keinerlei Anzeichen von Panik oder Unruhen erkennen. Alle waren vollkommen ruhig und die Armee zog sich ordnungsgemäß und ohne Verwirrung in ihre neuen Stellungen zurück.

Plötzlich erschien im Tal zu unserer Rechten ein Rotkreuzzug voller Verwundeter, ein Anblick, der immer wieder Eindruck macht; es war eine lange Reihe von Wagen, begleitet von Trägertruppen, Ärzten und den Verwundeten, die noch laufen konnten. Hinter diesem Zug erschien eine Reservekolonne. In diesem deprimierenden Moment erinnerte ich mich daran, wie unsere Truppe uns während des Nachtalarms in der Nähe der Nan-kuan - ling-Berge neuen Mut eingeflößt hatte, und verspürte den Wunsch, das Experiment zu wiederholen.

Nachdem ich die Erlaubnis von General Stessel eingeholt hatte, ließ ich nach der Musikkapelle schicken, die in der Nähe des Bahnhofs biwakiert hatte, und bald hallten die Klänge eines aufregenden Marsches über die von Tod und Blut dunklen Hügel. Die sich zurückziehende Armee formierte sich in Kolonnen, nahm den Schritt der Musikkapelle auf und zog an General Stessel vorbei. Dieser Vorbeimarsch dauerte fast eine Stunde unter den Augen des Feindes. Unser hervorragendes 3. Bataillon kam als letztes vorbei und brachte die Leiche von Hauptmann Kvitkin mit , General Focks ehemaligem Adjutanten. Das 5. Regiment hatte insgesamt 2 Offiziere und 60 Mann verloren. Es hatte die ganze Hauptlast der japanischen Schlussangriffe getragen und den Rückzug der anderen Regimenter gedeckt, sodass es bei jedem Angriff eine uneinnehmbare Front bildete.

Aus den vorstehenden Einzelheiten geht hervor, dass der Rückzug aus Laotsoshan in perfekter Ordnung verlief.

Nachfolgend finden Sie eine Beschreibung der Aktivitäten unserer Unternehmen in Laotse Shan :

vom Regiment eingenommenen Stellungen [42] waren wie folgt:

Das Detachment von Oberst Dounin , dem Kommandeur des 3. Bataillons des 5. Regiments, bestehend aus der 5., 6., 9., 11. und 12. Kompanie und dem 2. und 3. Kundschafterdetachement des 5. Regiments und der 1. Kompanie des 27., wurde vor der Schlacht am Laotso Shan postiert und besetzte den Abschnitt vom Tal (nahe dem kleinen Hügel, der von der 11. Kompanie des 27. Regiments besetzt war) bis zu einem Ausläufer, der eine dreiviertel Werst vom Dorf Vodymin [43] entfernt war und den Fuß des Chien Shan berührte.

Die verschiedenen Kompanien besetzten folgende Abschnitte:

1. Die 9. Kompanie und die 3. Aufklärungsabteilung des 5. Regiments auf der rechten Flanke im Tal.

2. Daneben das 2. Aufklärungsdetachment, links vom Tal und zur Deckung der Batterie von Leutnant Naoomov .

3. Weiter links die 12. Kompanie des 5. Regiments.

4. Am äußersten linken Flügel, in der Nähe von Vodymin , die 11. Kompanie des 5. Regiments und als Reserve die 1. Kompanie des 27. Regiments.

5. Die 5. und 6. Kompanie des 5. Regiments bildeten die allgemeine Reserve.

Am Morgen des 26. eröffneten die Japaner schweres Feuer auf unsere Stellungen und starteten anschließend einen heftigen Angriff. An diesem Tag gelang es ihnen jedoch nirgends, Halt zu finden, da unsere Männer ihre Positionen hielten und sie an jeder Stelle zurückschlugen.

Am 27. wiederholten die Japaner ihre Angriffe, waren dabei jedoch nicht erfolgreicher als am Vortag und starteten daraufhin einen Nachtangriff.

Einige Kompanien rechts von Oberst Dounin zogen sich zurück, ohne einen einzigen Schuss abzugeben, und zwar so hastig, dass sie versäumten, die Kompanien rechts und links von ihnen zu informieren.

Die Japaner stürmten in die entstandene Lücke, arbeiteten sich nach hinten vor und begannen, die anderen Kompanien, die nichts von dem Vorfall wussten und in ihren Positionen geblieben waren, von der Seite zu beschießen. Überrascht verloren auch diese Kompanien ihre Köpfe und zogen sich zurück, ohne ihre Nachbarn zu informieren . Auf diese Weise vergrößerte sich die Lücke schnell, bis sie sich bis zu den Truppen von Oberst Dounin erstreckte , woraufhin sich die Lage wie folgt darstellte:

Die 9. Kompanie und das 3. Aufklärungsdetachement des 5. Regiments besetzten das Tal und hatten auf der rechten Seite Kontakt mit der 11. Kompanie des 27. Regiments. Das 3. Aufklärungsdetachement bildete die Vorpostenlinie, mit dem 9. in Reserve dahinter.

gegen drei Uhr morgens [44] meldete der Piquet auf der rechten Seite, der mit der 11. Kompanie Kontakt hielt, dass auf dieser Seite ein Rückzug im Gange sei.

Hauptmann Koudriavtsev , der Kommandeur der 9. Kompanie, schickte einen Ordonnanzoffizier zu dem von der 11. Kompanie besetzten Hügel, um herauszufinden, was dort vor sich ging. Der Ordonnanzoffizier kehrte sofort zurück und meldete, dass die 11. Kompanie weg war, eine kleine Gruppe Japaner den Hügel besetzte und Verstärkung im Anmarsch war. Hauptmann Koudriavtsev glaubte das zunächst nicht und wollte einen zuverlässigeren Mann schicken, aber genau in diesem Augenblick fielen vom Hügel Schüsse in Richtung der 9. Kompanie und der 3. Aufklärungsabteilung und Hauptmann Koudriavtsevs Zweifel waren zerstreut. Er beriet sich mit Leutnant Choulkov , dem Kommandeur der 3. Aufklärungsabteilung, und sie kamen zu dem Schluss, dass es unvernünftig wäre, zu versuchen, die Stellung zu halten und das Tal zu verteidigen, während sich die Japaner auf dem Hügel darüber befanden. Sie beschlossen daher, vor Tagesanbruch mit der 9. Kompanie aufzusteigen, solange noch nicht viele Japaner auf dem Hügel waren, ihn zurückzuerobern und, nachdem sie ihn erobert hatten, die Verbindung mit den Truppen auf der rechten Seite wiederherzustellen und so die Lücke zu schließen, die in der Linie entstanden war. Als Captain Koudriavtsev zu diesem Entschluss kam, vereinbarte er mit Leutnant Choulkov , dass sie sich gegenseitig unterstützen sollten, und dass er, falls einer von ihnen sich zurückziehen müsse, den anderen sofort informieren würde, und dass zur Vermeidung von Missverständnissen nur schriftliche Nachrichten akzeptiert würden. Captain Koudriavtsev befahl daraufhin Leutnant Choulkov , an seiner derzeitigen Position bei der 3. Kundschafterabteilung zu bleiben und auf seine Befehle zu warten, während er selbst mit der Hälfte der 9. Kompanie zum Angriff überging, während die andere Hälfte der 9. Kompanie unter dem stellvertretenden Fähnrich Shishkin zurückblieb und ihm als Reserve folgen sollte.

Trotz des furchtbaren Feuers, mit dem die Japaner die Angreifer empfingen, erreichte Hauptmann Koudriavtsev mit seiner halben Kompanie die Schützengräben und stürmte mit einem wilden „Hurra" mit dem Bajonett hinein. Der Schlag traf teilweise die japanische Flanke. Es kam zu einem

Nahkampf. Unglücklicherweise wurde Hauptmann Koudriavtsev getötet und Sergeant Major Evlanov beim Erklimmen des Hügels verwundet; viele der Männer wurden außerdem *hors de combat gestellt* , und die übrigen, die sich nicht stark genug fühlten, um den Feind zu überwältigen, begannen den Rückzug und nahmen die Leiche ihres toten Hauptmanns mit. In der Dunkelheit zogen sich unsere Männer nicht entlang ihrer Vormarschlinie zurück, auch nicht in Richtung der 3. Aufklärungsabteilung und der Reserve, sondern in die Richtung, in die sich die anderen Kompanien zuvor zurückgezogen hatten. Die Reservehälfte der 9. Kompanie wusste nicht, was geschehen war, vermutete aber aus der Richtung des Feuers und dem Lärm der sich bewegenden Männer, dass die 1. Halbkompanie sich zurückgezogen hatte, und wurde zudem selbst von schwerem Gewehrfeuer empfangen. Sie begann, sich in dieselbe Richtung zurückzuziehen. Der stellvertretende Fähnrich Shishkin dachte leider nicht daran, Leutnant Choulkov zu berichten , was geschehen war, und dieser wartete, wie vereinbart, auf eine Nachricht von Captain Koudriavtsev . So vergingen zwanzig Minuten oder eine halbe Stunde. Dann, als der Tag anbrach, wurde das japanische Feuer vom Hügel noch heftiger und bösartiger.

Leutnant Choulkov erfuhr vom Versagen der 9. Kompanie durch einige der einfachen Soldaten, die beim Rückzug zurückgeblieben waren und in der Dunkelheit auf die 3. Aufklärungsabteilung stießen. Er war sich der Gefahr einer Umzingelung voll bewusst und befahl den Vorposten, einzurücken, und ließ einer Kompanie links von ihm eine Nachricht über die Lage zukommen. Aus Angst um das Schicksal der Maschinengewehre, die sich hinter ihm befanden, schickte Leutnant Choulkov eine Abteilung als Eskorte dorthin, aber die Maschinengewehre waren weg. Sobald die Vorpostenlinie eingetroffen war, begann Leutnant Choulkov mit seinem Kommando in geschlossener Formation mit dem Rückzug und schloss sich bald der Reserve an, hinter der Oberst Dounin die zurückweichenden Truppen konzentrierte und in Ordnung brachte.

Dounin vom Rückzug der Kompanien zu seiner Rechten hörte, befahl er seinen Reserven, einen benachbarten Hügel auf der rechten Seite zu besetzen, um den Vormarsch des Feindes aufzuhalten, während er eine neue Verteidigungslinie vom Dorf Vodymin über den Riji- Hügel [45] durch Leutnant Naoomovs Batterie mit 57-mm-Geschützen und weiter bis zu einigen namenlosen Hügeln bildete. Dank Oberst Dounins Dispositionen und dem Mut der Offiziere des Detachements gelang es ihnen, die neue Verteidigungslinie am genannten Punkt zu bilden und den Eifer der Japaner bei ihrem feurigen Vormarsch abzukühlen.

Kurze Zeit darauf erfolgte der Rückzugsbefehl von General Fock.

Während Oberst Dounin die notwendigen Befehle gab, kam ein weiterer Befehl von General Fock, sich auf die Höhe Nr. 86 zurückzuziehen. [46]

Oberst Dounin zog sich in hervorragender Ordnung zurück, wobei er in einigen Fällen persönlich die Gefechtslinie leitete. Er deckte eine Kompanie durch eine andere und besetzte die von General Fock befohlenen Stellungen, nämlich die Höhe Nr. 86, dann eine Stellung in der Nähe des Dorfes Houchia-tun, dann Saidjashalin [47] und schließlich die 11. Werst. Nachdem sie den Rückzug von Teilen des 13., 14. und anderer Regimenter gedeckt hatten, marschierten die Kompanien selbst hinter Fenghuang Shan durch .

Die gesamte Truppe und insbesondere die Offiziere verhielten sich auf eine Weise, die höchstes Lob verdient. Bei der Abwehr der siegreichen Japaner zeigten alle Kompanien bemerkenswerte Tapferkeit. So hielt beispielsweise die 11. Kompanie des 5. Regiments zusammen mit der 1. Kompanie des 27. Regiments Wodymin zweieinhalb Stunden lang, obwohl sie von drei Seiten umzingelt waren. Trotzdem brachen sie durch und nahmen ein auf der Straße zurückgelassenes Maschinengewehr und drei verwundete Männer des 26. Regiments mit. Die 6. Kompanie, die die Japaner mit Schnellfeuer aufhielt, um ihren Kameraden die Flucht zu ermöglichen, hielt ihre Stellung unter schwerem Kreuzfeuer aus Gewehren und Kanonen und verlor unter anderem ihren tapferen Kommandeur, Leutnant Popow, der seiner gesamten Kompanie ein Beispiel beispielloser Tapferkeit gab.

Nach der Räumung von Laotse Shan nahm die Armee die ihr zugewiesenen neuen Stellungen ein, und wir blieben in der Nähe des Bahnhofs (11. Werst – das Hauptquartier der 4. Division) und bereiteten uns auf die Zubereitung unseres Frühstücks vor.

Doch plötzlich pfiff eine Kugel vorbei, gefolgt von einer weiteren, und das erinnerte uns daran, dass niemand unseren Rücken deckte. Der Stab geriet in einige Verwirrung, die Wagen wurden hastig beritten, und zwei Kompanien (ich weiß nicht mehr, zu welchem Regiment sie gehörten) erhielten den Befehl, in Richtung des Feindes zu marschieren und ihn zurückzuhalten. Diese Kompanien besetzten rasch eine Anhöhe in der Nähe, um den Stab vor dem Feind zu schützen, und das Feuer wurde allgemein. Das Pfeifen der Kugeln wurde häufiger, und die Wagen des Stabs wurden eilig beritten. Wir sahen, dass es sinnlos war, an einem so unangenehmen Ort zu frühstücken, und der Stab begann mit fünfzig Kosaken und in Begleitung von General Stessel in die Festung vorzudringen, wobei er ab und zu anhielt, um zu sehen, was vorn vor sich ging. Ich ritt zum 174 Meter hohen Hügel und erklomm unterwegs eine ziemlich hohe Anhöhe, um zu sehen, was hinten vor sich ging. Ich fand dort unsere eigene Batterie in einigen gut ausgebauten Schützengräben aufgestellt, und die Geschütze richteten ihr Feuer auf die Station bei 11. Werst. Bald war alles in Ordnung gebracht und nichts hinderte unsere Leute mehr daran, ihre neuen Stellungen einzunehmen, auf denen man bereits den aufsteigenden Rauch der Feldküchen sehen konnte.

Gegen Abend des 29. Juli hatte sich das 5. Regiment in seinen neuen Positionen eingerichtet, zu Abend gegessen und sich zur Nachtruhe zurückgezogen, mit Ausnahme der Außenposten, die ich weit nach vorn in Richtung des Feindes geschickt hatte. (Das tat ich immer, auch wenn unsere eigenen Truppen vor uns waren, wie bei dieser Gelegenheit.) Ich postierte meinen Stab auf Division Hill und baute ein Büro und einen Speisesaal für die Offiziere.

Die Lage war sehr malerisch. Vor uns lagen die Kämme des Division Hill mit zwei benachbarten Anhöhen, alle gekrönt von unseren Schützengräben, links bewaldete Hänge und in Richtung Fort Yi-tzu Shan ein kleiner, aber glitzernder Bach, dessen Ufer mit schlanken, wogenden Gräsern bedeckt waren. (Siehe Karte IV.)

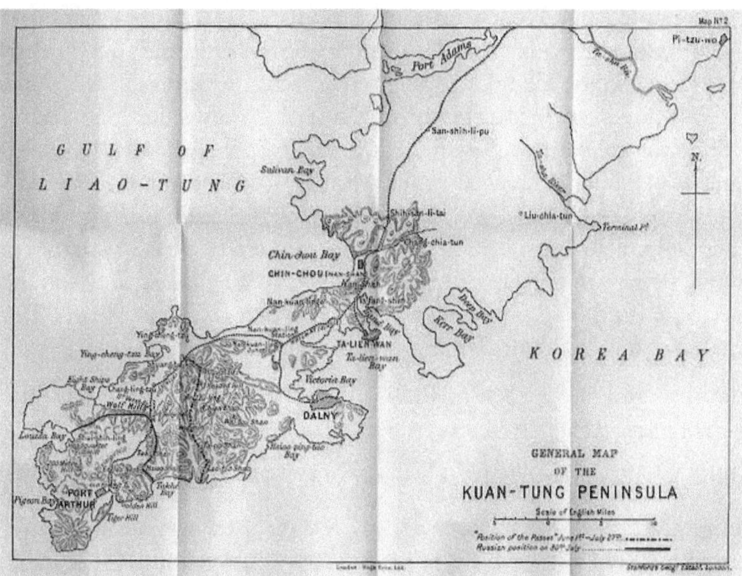

ALLGEMEINE KARTE DER HALBINSEL KUAN-TUNG. Karte Nr 2.

London: Hugh Rees, Ltd.

Stanford's Geog¹. Estab¹., London.

KAPITEL IV

Rückzug vom Fenghuang Shan , 30. Juli – Befestigung eines 174 Meter hohen Hügels – Einnahme von Kan-ta Shan – Angriffe auf die vorgeschobenen Hügel, 13., 14. und 15. August – Rückzug nach Namako Yama und zu den Division Hills – Verluste.

Am frühen Morgen des 31. Juli erfuhr ich, dass unsere Männer auf Feng-huang Shan sich hastig in die Festung zurückgezogen hatten, ohne dem Feind ernsthaften Widerstand zu leisten. Das war eine äußerst unwillkommene Nachricht, denn jetzt würden wir in der Nähe der Festung selbst in direkten Kontakt mit dem Feind treten müssen.

Major Saratski mussten den Kamm des Panlung Shan vom Hauptquartierhügel bis zu den Schanzen des 26. Regiments nahe dem Fort Yitzu Shan besetzen. Da diese Abteilung zur Verteidigung dieses Abschnitts nicht ausreichte, schickte ich unsere 11. und 12. Kompanie zusammen mit einigen Freiwilligen aus unserer Nichtkämpferkompanie unter Sergeant Major Bashchenko hinauf . [48] Ich postierte dort die vier kleinen Marinegeschütze von Midshipman Doudkin und teilte den Rest des Regiments wie folgt auf: auf dem 203- Meter- Hügel die 2. und 4. Kompanie, auf dem 174- Meter- Hügel die 5. und 9. Kompanie und auf Höhe 426 das 2. Aufklärungsdetachment, wobei sich das 3. Detachment in vorgeschobener Stellung befand; auf dem Divisionshügel waren die beiden QF-Batterien der Obersten Petrov und Romanovski (die aus Kiew eingetroffen waren) mit unserer 5., 6. und 7. Kompanie postiert; auf dem Headquarter Hill das 1. Scout Detachment. Die restlichen Kompanien waren in Reserve.

Da die besetzte Linie jedoch mehr als 6 Werst lang war, hatten wir für diese weite Front viel zu wenig Mann.

Ich kehre jetzt zu unserem Rückzugsort von Feng- huang Shan zurück.

Der Hügel und die Stellung nahe der 11. Werst waren, wie die am Taku Shan , von uns nur sehr schwach befestigt worden. Ich war mit den Arbeiten am Fenghuang Shan und denen in der Fortsetzung zur rechten Flanke gut vertraut , da ich diese Kenntnisse während und vor den Kämpfen an der „Position der Pässe" erworben hatte.

Diese Befestigungen bestanden aus tiefen Schützengräben mit praktisch keiner Brustwehr, die nach dem System von General Fock am Fuße der dahinterliegenden Hügel angelegt waren. In unmittelbarer Nähe der Schützengräben wuchsen hohe *Kao -Liang* [49] , die die Sicht von den Schützengräben aus völlig versperrten, und wie der Plan der Schützengräben selbst waren auch die für sie gewählten Positionen ein Beispiel für die blinde Anwendung eines Prinzips [50], das an sich vernünftig genug war. Der Mann, der für die Verteidigung der rechten Flanke des Feng- Huang Shan verantwortlich war, versäumte es leider, dieses Prinzip richtig anzuwenden.

In seinem Bemühen, am Prinzip einer flachen Flugbahn festzuhalten, verlor er völlig die Tatsache aus den Augen, dass jeder kleine Hügel, selbst wenn er nur zwei oder drei Fuß hoch ist, eine undurchdringliche Barriere für tief fliegende Kugeln darstellt. Er vergaß auch völlig, dass der Hang des Hügels an sich ein schwer zu überwindendes Hindernis darstellt; und er ignorierte außerdem die Schwierigkeiten eines eventuellen Rückzugs aus den Schützengräben den Hang hinauf, der manchmal sehr steil war, wie es bei Feng- huang Shan der Fall war.

So wurden die Schützengräben auf der rechten Seite des Feng- huang Shan am Fuße seiner Nordseite angelegt. Davor wuchsen *Kao -liangs* bis zu einer Höhe von 5 Fuß. Die Regimenter, die diese Position besetzten, waren in den betreffenden Schützengräben verteilt.

Einer der Offiziere des 13. Regiments beschrieb den Vorfall folgendermaßen:

„Nach dem Rückzug vom Shipinsin- Pass besetzte das Regiment einen Teil der Schützengräben am Feng- huang Shan und begann, die *Kao -liang* niederzumetzeln , hatte aber nur Zeit, einen Gürtel von etwa 50 Yards vor den Schützengräben zu zerstören. Sie aßen zu Abend und verbrachten die Nacht verhältnismäßig ruhig. Sehr früh am Morgen gab es Aufregung unter den *Kao -liang* , und bevor die Männer Zeit hatten, ihre Gewehre zu ergreifen, waren die Japaner zwanzig Schritte von den Schützengräben entfernt. Unsere Truppen, die über eine breite Front verteilt waren, konnten dem Ansturm der japanischen Kolonnen nicht standhalten und zogen sich den Hügel hinauf und darüber hinaus zurück. Auf der Spitze des Hügels gab es keine Schützengräben. Als die anderen Regimenter den Rückzug der Truppen in der Mitte und die Japaner in ihren Schützengräben sahen, begannen sie ebenfalls, sich zurückzuziehen, und fanden so ihre Flanken ungeschützt vor. Dank unserer Artillerie konnten die Japaner nicht weiter vorrücken und blieben hinter den Hügeln stehen, die sie besetzt hatten. Nur Taku Shan und Hsiaoku Shan [51] blieben in unserer Hand."

Ein anderer Offizier des 13. Regiments gab folgende Beschreibung des Kampfes:

„Nach der Schlacht um Laotsoshan mussten unsere Männer eine andere Stellung einnehmen, deren linker Flügel Fenghuangshan war . Das 13. Regiment besetzte den Abschnitt von der Großen Mandarinstraße bis zur 11. Werst an der Eisenbahnlinie. Wir hatten die 1., 2., 3., 4., 5., 6., 7. und 8. Kompanie in der ersten Linie und die 9., 11. und 12. in der Reserve, wobei die 10. Kompanie die Artillerieeskorte bildete. Das gesamte 14. Regiment war in Reserve hinter dem 13. Die von uns eingenommene Stellung war nach dem System von General Fock befestigt, *d. h.* die Schützengräben waren am Fuße des Hügels ausgehoben, so dass sie nur ein sehr schlechtes Schussfeld boten und die Japaner hinter jedem Hügel oder Erdhügel vor uns Deckung finden konnten. Außerdem gab es vor den Schützengräben *Kao -Liang* von solcher Höhe, dass der gesamte Vordergrund für unsere in den Schützengräben sitzenden Männer völlig verdeckt war. Wir taten alles, was wir konnten, um dieses abscheuliche Zeug zu zerstören, aber wir hatten keine Zeit, es mehr als 50 Schritte von den Schützengräben entfernt abzuholzen, und an manchen Stellen sogar noch weniger.

„Oberst Fürst Machabeli, der Kommandeur der linken Seite, hielt seine Reserve für zu schwach und beschloss, sie um eine Kompanie zu verstärken. Er schickte daher folgenden Befehl an die Feuerlinie: ‚Schicken Sie eine der Kompanien aus der Stellung in die Reserve zurück.‘ [52] Hauptmann R—— erhielt diesen Befehl. Zu beiden Seiten von ihm standen Major G——, der Kommandeur der 2. Kompanie, und Leutnant L——, der Kommandeur der 3. Kompanie. Hauptmann R—— beschloss, sich der Reserve anzuschließen. Unglücklicherweise kam Leutnant L—— zu demselben Schluss, und so gingen beide in die Reserve zurück. Es ist nicht bekannt, was Major G—— zu tun beschloss, aber auch er verschwand irgendwo.

„Die Japaner sahen, wie diese Kompanien abzogen, sprangen zum Angriff und warfen sich in die Lücke, ohne einen einzigen Schuss abzugeben. Das hohe *Kao -Liang* ermöglichte es ihnen, unbemerkt bis an unsere Schützengräben heranzukommen. Nachdem sie diesen unbesetzten Punkt erreicht hatten, arbeiteten sie sich an die Flanke und sogar in den Rücken der anderen Kompanien heran und eröffneten ein mörderisches Feuer. Die 4. Kompanie räumte eilig ihre Stellung, aber die 1. und 5. hielten einige Zeit durch. Schließlich, nachdem die 1. Kompanie 101 und die 5. 105 Mann verloren hatte, begannen sie sich zurückzuziehen, und ihnen folgend kletterten alle anderen Kompanien unter einem Kugelhagel der Japaner, die jetzt unsere Schützengräben besetzten, den Hügel hinauf. Auf der Spitze des Hügels gab es keine Schützengräben, also zogen unsere Männer weiter in die Stadt. Oberst Machabeli wurde dafür verantwortlich gemacht und infolgedessen vom Kommando des Regiments entbunden.“

Dieser tapfere Feldoffizier wurde später auf dem West Pan-lung Redoubt unter folgenden Umständen getötet. Die Japaner griffen das Redoubt an und nahmen das vordere Glacis ein. Unsere Männer blieben im hinteren Bereich stecken. Oberst Machabeli stoppte die Rückzugskämpfer, stürmte nach vorne und forderte seine Männer auf, ihm zu folgen, nachdem er sie mit einer feurigen Rede inspiriert hatte. Einen Moment später wurden die Japaner aus dem Redoubt vertrieben.

Nach dieser Heldentat ging Oberst Machabeli zur Rückseite des Redoutengeländes zurück und hatte sich gerade hingesetzt, um Luft zu holen, als einer der Männer herbeirannte und meldete, dass die Japaner erneut die vordere Glacis erobert hätten. Wieder versammelte Oberst Machabeli seine Männer um sich und warf sich auf die Japaner, doch gerade als er über den inneren Graben sprang, traf ihn eine Kugel. Unsere Männer zögerten, schwankten und räumten dann das gesamte Redoutengelände, das von diesem Zeitpunkt an zusammen mit der Leiche des tapferen Obersten in den Händen der Japaner blieb.

* * * * *

Nach der Einnahme von Fenghuang Shan legten die Japaner eine Ruhepause ein und begnügten sich mit Aufklärungsarbeiten; in der Zwischenzeit verstärkten wir unsere Stellungen, bauten Küchen und bauten Verbindungsgräben zwischen den Befestigungen.

Die Kompanien biwakierten an Orten, die vor den Blicken des Feindes geschützt waren. Glücklicherweise hatten wir viel Regen, der uns Wasser im Überfluss bescherte. Die Soldaten gruben in der Nähe ihrer Biwaks Teiche aus und wuschen nicht nur ihre Kleidung, sondern gönnten sich sogar den Luxus eines Bades.

Am schlimmsten erging es unseren Kundschafterabteilungen, da sie weit vorn lagen und kein Wasser hatten.

Die steinige Beschaffenheit des Bodens und der Mangel an Werkzeugen, insbesondere Spitzhacken, guten Äxten und Schaufeln, von denen wir eine große Anzahl benötigten, verzögerten unsere Arbeit erheblich. In der Stadt gab es ausreichend Holz, aber wir benötigten eine enorme Menge davon vor Ort.

Wir mussten für den Winter Unterstände in Höhe von 50 % für jede Kompanie bereitstellen, außerdem Küchen und Bäder für die Bataillone und Unterstände für die Offiziere. Holzvorräte wurden mit unseren Packtieren an alle Punkte der Stellung gebracht, aber es reichte kaum für den Bedarf aller Kompanien. Wir arbeiteten lange Zeit Tag und Nacht und teilten unsere Männer in drei Abteilungen auf; trotzdem waren unsere Schützengräben noch lange nicht fertig.

Neben der enormen Spatenarbeit, die wir leisten mussten, kam für uns noch die Schwierigkeit hinzu, eine sehr starke Außenpostenlinie zu errichten.

Wir hatten auf dem 174 Meter hohen Hügel keine Befestigungen, die einem direkten Angriff standhalten konnten, und ein Nachtangriff konnte immer von Erfolg gekrönt sein, sodass unsere Männer kaum Schlaf bekamen. Ich fürchtete mich sehr vor Nachtangriffen und beschloss daher, unsere Schützengräben durch den Bau von Schanzen zu verstärken. Wir hatten jedoch, wie bereits erwähnt, nur wenige Werkzeuge und wenig Zeit, und es gab so viel zu tun, dass es absolut unmöglich war, uns auf alle Eventualitäten vorzubereiten.

Der Feind war in unmittelbarer Nähe und konnte jederzeit angreifen. Wir mussten also jede seiner Bewegungen im Auge behalten, umso mehr, als uns keine klare Linie von Hindernissen den Weg zur Festung versperrte und selbst ein kleiner Vorteil, den wir nachts erlangten, dem Feind einen freien Weg in die Neustadt und vielleicht sogar noch weiter verschaffen konnte. Aus diesem Grund fühlte ich mich äußerst unwohl.

Während der gesamten Belagerung war ein Drittel des Regiments ständig in Alarmbereitschaft.

Dies wäre nicht notwendig gewesen, wenn wir eine bessere Verteidigungslinie und Sperranlagen oder zumindest doppelt so viele Forts gehabt hätten, wie wir tatsächlich hatten. Es hätte keine moralische und physische Verschwendung gegeben, und Skorbut hätte die Verteidigung von Port Arthur nicht behindert.

Obwohl unser Hauptziel die Befestigung des 174 Meter hohen Hügels war, konnten wir während unseres Aufenthaltes in Port Arthur an den Stellungen

nicht viel ausrichten, da wir ständig zu den in Ying- cheng -tzu [53]
stationierten Reserven, an den rechten Flügel oder in die Mitte in der Nähe
des Passes geschickt wurden.

Wir begannen erst ab dem Moment des allgemeinen Rückzugs nach Port
Arthur ernsthaft an den Befestigungen zu arbeiten, aber selbst dann waren
wir durch den Mangel an Werkzeugen stark behindert. Zum Glück machte
uns der Feind nicht viel Sorgen, sondern richtete seine Aufmerksamkeit
hauptsächlich auf die rechte und mittlere Front .

Die erste Granate fiel am Sonntag, dem 7. August, in die Stadt.

Am 8. nahmen die Japaner Taku Shan und Hsiao- ku Shan ein. Einige der
Angriffe wurden von den Truppen zurückgeschlagen, die die Hügel hielten
und mehrere Tage lang Tag und Nacht kämpften. Aber die menschliche
Stärke hat ihre Grenzen. In der dritten Nacht nahmen die Japaner die Hügel
ein und fanden die meisten Verteidiger schlafend vor. Das wurde mir später
von Männern erzählt, die an der Verteidigung teilgenommen hatten . [54]

Nach der Einnahme von Ta- ku Shan bemerkten wir (von den
Beobachtungsstationen aus, die wir eingerichtet hatten) Anzeichen einer
japanischen Konzentration in der Nähe der Louisa Bay. Um bessere
Beobachtungen zu erhalten, wurde mir befohlen, Kan-ta Shan mit einer
Abteilung unter einem Offizier zu besetzen. Auf diesem Hügel war ein
Ringgraben angelegt worden (ich weiß nicht, wer ihn angelegt hatte), aber
Kao -liang umgab den Hügel, und seine Verteidigung war daher sehr schwierig,
da man im Schutz des Hirses bis an die Spitze herankommen konnte.
Außerdem war Kan-ta Shan dem Feind näher als uns und lag außerdem vor
der Abteilung von Oberst Semenov und nicht vor meiner. Ich stählte mich
jedoch und schickte eine Abteilung unter dem stellvertretenden Fähnrich
Shishkin dorthin. Diese Abteilung konnte leicht abgeschnitten und zerstört
werden, weshalb ich nachts eine starke Pikettruppe hinter Kan-ta Shan
postierte, um sie zu unterstützen. Von dem Moment an, als wir diesen Hügel
einnahmen, hatten wir nächtliche Scharmützel mit den Japanern.

Der Feind begann, uns von allen Seiten zu bedrängen, bis er am 10. August
in einem Nachtangriff Kan-ta Shan einnahm. Am selben Tag gab er die Stadt
jedoch wieder auf, als wir sie erneut einnahmen. Allerdings nur für einen Tag,
denn in der folgenden Nacht eroberten die Japaner den Hügel zurück und
befestigten ihn diesmal stark.

* * * * *

So sehr wir uns auch danach sehnten, unsere Flotte an den Flanken der
feindlichen Festungslinie kreuzen zu sehen, unser Wunsch blieb unerfüllt,

denn die Schiffe wagten nicht, den Hafen zu verlassen , [55] da die feindliche Flotte sowohl an Zahl als auch an Qualität der Schiffe weit überlegen war.

Wir hatten nun das Vergnügen, jeden Tag fünf große japanische Schlachtschiffe am Horizont vor Port Arthur erscheinen zu sehen.

Am 11., 12. und 13. August bemerkten wir deutliche Anzeichen einer Bewegung des Feindes in Richtung unserer linken Flanke. Züge mit Gepäck und Truppen waren unterwegs. Sie führten ihr Manöver sehr geschickt aus und nutzten die Deckung, die ihnen die Unebenheiten des Geländes boten, voll aus. Sie zeigten sich jedoch gelegentlich unseren Beobachtern auf den Hügeln, und nachts konnten unsere Wachen, die weit vorne postiert waren, deutlich die Geräusche von fahrenden Wagen und marschierenden Männern wahrnehmen.

Meter hohen Hügel vorbereitete . Angesichts dieser Möglichkeit wurden wir durch zwei Kompanien junger Matrosen unter dem Kommando zweier unserer Offiziere, der Leutnants Afanaisev und Siedelnitski , verstärkt .

Um einen Durchbruch des Feindes zwischen der Höhe 426 und dem Hauptquartierhügel zu verhindern, befahl ich den Matrosen, einen Graben auszuheben, der die Höhe 426 mit den Befestigungen auf dem Hauptquartierhügel verbindet.

Zur Verstärkung unserer Reserve wurden zwei Kompanien des 14. Reservebataillons geschickt. Ich übertrug Major Ivanov das Kommando über die Feuerlinie. Die Reserve wurde in der Nähe der Biwaks des Regimentsstabs des 5. Regiments hinter Division Hill stationiert.

Da der Peredowaja- Hügel (Vorgeschobener Hügel) [56] sehr weit vorn lag und von der 3. Aufklärungsabteilung lediglich als Beobachtungsposten genutzt wurde, hatte diese Abteilung den Befehl, sich im Falle eines sehr entschlossenen Angriffs oder einer Umgehung ihrer Flanken auf den Hauptquartier-Hügel zurückzuziehen, wo eine Stellung für sie vorbereitet worden war.

Ich hatte große Angst, dass die Japaner ihre zahlenmäßige Überlegenheit ausnutzen, einen Nachtangriff starten und unsere schwachen Schützengräben einnehmen würden, umso mehr, als wir praktisch keine Hindernisse vorbereitet hatten, da wir keine Zeit dazu gehabt hatten. Es war uns lediglich gelungen, an der Vorderseite der Schützengräben auf Höhe 426 und dem Hauptquartierhügel Stacheldrahtverhaue zu errichten.

Wir waren mit einigen Raketenstartraketen für den Nachteinsatz ausgestattet worden und Batterien dafür waren auf den Division Hills sowie den 203 Meter hohen und 174 Meter hohen Hügeln stationiert.

Die Ereignisse verliefen wie erwartet. In der Nacht vom 13. auf den 14. August (ich weiß nicht mehr, wann genau) meldete ein berittener Ordonnanzoffizier, dass große feindliche Verbände die Straße zum Headquarter Hill hinaufmarschierten, und wenige Minuten später hörte ich schweres Feuer in der Nähe von Advanced Hill.

Ich stand auf und ging mit meinen Ordonnanzen zum Division Hill, zur Reserve, wo ich jeden auf seinem Posten vorfand.

Nun traf die Meldung ein, dass alle unsere Kundschafterabteilungen auf den 174 Meter hohen Hügel zurückgedrängt worden waren und eine Linie besetzt hatten, die sich von diesem Hügel in Richtung Pigeon Bay erstreckte.

Ein gewaltiges Feuer brach aus und breitete sich entlang der gesamten Front aus. Unsere Sternraketen zischten, rasten hoch in die Luft und ihr helles Licht erhellte das gesamte Gelände vor uns.

Ein weiterer Ordonnanzoffizier galoppierte heran und brachte einen Bericht des Kommandeurs des 1. Scout Detachment mit, wonach das 3. Scout Detachment den Advanced Hill geräumt und sich ihm angeschlossen habe und dass sie gemeinsam dank der Sternraketen die Japaner zurückgeschlagen hätten, die in den Stacheldrahtzaun auf der rechten Seite des Headquarter Hill geraten seien. Die Verluste des Feindes waren sehr hoch gewesen.

Ich schickte sofort einen Bericht über das Vorgefallene an Colonel Irman, [57] aber er selbst kam kurze Zeit später nach Division Hill.

Es begann zu regnen und wir waren bis auf die Haut durchnässt. Bei Tagesanbruch ließ das Feuer etwas nach, doch kurz darauf eröffnete die feindliche Artillerie erneut das Feuer, was unseren Kompanien schwere Verluste zufügte.

Den ganzen Tag über wurde von beiden Seiten weiter mit Gewehren und Geschützen geschossen. Der Feind feuerte mit seinen Geschützen 174 Meter und Division Hills ab, während unsere eigene Artillerie wiederum die Ebenen darunter abflog, da der Feind nirgends ein gutes Ziel bot.

Der Feind hatte erheblich unter unserem Gewehrfeuer gelitten, blieb in Deckung und versuchte keinen Großangriff. Eine japanische Kolonne hatte unsere linke Flanke umgangen und versuchte, Höhe 426 anzugreifen, aber die feindlichen Truppen wurden durch die Stacheldrahtverhaue aufgehalten und von unserem 2. Aufklärungskommando, das durch zwei Abteilungen der 3. Kompanie vom 174 Meter hohen Hügel verstärkt worden war, vollständig vernichtet.

Wir wurden schwer vom feindlichen Artilleriefeuer getroffen.

So verging der ganze Tag (14. August). Die beiden Batterien von Oberst Petrov und Oberst Romanovski , die auf dem Division Hill postiert waren, suchten vergeblich nach Zielen, aber der Feind hielt mit bemerkenswerter Geschick Deckung.

In der folgenden Nacht gab es ständig Alarm und das Feuer wurde ohne Unterlass fortgesetzt. Der Feind griff unsere Schützengräben erneut an, zog sich jedoch nach schweren Verlusten zurück. Um bereit zu sein, einen Nachtangriff zurückzuschlagen, hatten wir die Reserve näher an die Schusslinie verlegt. Da ich jeden Zentimeter des Geländes kannte, brach ich gegen 22 Uhr mit Colonel Irman und zwei Kompanien in Richtung Headquarter Hill auf. Vor uns wurde ziemlich heftig geschossen.

Wir gingen voller Zuversicht weiter, verloren jedoch in der Dunkelheit den Weg. Wir orientierten uns an den Umrissen uns wohlbekannter Hügel, doch diese Hügel schienen jetzt ganz anders zu sein als die, die wir bei Tag so gut kannten, und je weiter wir vorrückten, desto lauter ertönten von allen Seiten Schüsse.

Jetzt mussten wir Headquarter Hill erreicht haben – aber nein! Es war nicht da. Bald hörte man das Feuer, nicht nur von vorn und von den Flanken, sondern auch weit hinten. Wir befanden uns in einer sehr unangenehmen Lage. „Glauben Sie, wir sind über unsere Schusslinie hinausgegangen?", fragte ich Colonel Irman. Er antwortete, er habe nicht die leiseste Ahnung, wo er sei. Dann schlug ich vor, dass wir anhalten und Späher ausschicken sollten.

Was, wenn unsere eigenen Leute uns für Japaner hielten und uns mit einer Salve trafen? Das wäre wirklich unangenehm. Also hielten wir an und sahen uns gründlich um, aber die Gegend war uns völlig unbekannt. Trotzdem wurde überall geschossen. Es war die dümmste Lage, in der ich je war. „Lass uns umkehren, Vladimir Nicholaievitch ", sagte ich zu Oberst Irman. „Wir werden bestimmt an einen Ort gelangen, den wir wiedererkennen, und dann wird alles gut."

Colonel Irman stimmte zu und wir drehten uns „auf der Stelle" um. Einige Zeit verging und schließlich erkannten wir die Silhouette von Namako Yama und atmeten wieder frei.

Meter hohen Hügels zurückzulassen , wo sich die Männer bewaffnet auf einem gepflügten Feld niederließen. Major Ivanov kam zu uns und wir übergaben ihm die Reserve. Wir selbst machten uns auf den Weg zum Division Hill, um ein wenig Schlaf zu bekommen.

Es war gerade erst hell geworden, als ich mit Berichten aus den angegriffenen Hügeln überschwemmt wurde, da die Japaner ihre verschiedenen Angriffe die ganze Nacht hindurch fortgesetzt hatten. Sie waren bis zu den

Stacheldrahtverhauen vorgedrungen, aber da sie nirgendwo hindurchkamen, zogen sie sich in der Dunkelheit wieder zurück. Unsere Sternraketen leisteten die ganze Zeit über hervorragende Dienste.

Die Dämmerung war noch nicht ganz angebrochen, als die feindliche Artillerie losdonnerte. Ich kam aus dem Unterstand des Kommandanten der 6. Kompanie und begann, über die Brustwehr zu spähen. Unsere drei Hügel waren von den Spreng- und Schrapnellgranaten des Feindes in Rauch gehüllt und sahen aus wie regelrechte Vulkanausbrüche. Obwohl unsere Männer ausreichend Schutz vor den Schrapnellgranaten hatten, richteten die mit Shimose gefüllten Sprenggranaten furchtbare Verwüstungen an.

Ein Strom von Verwundeten, zu Fuß und auf Tragen, bewegte sich die Straße entlang aus den Bergen. Es war offensichtlich, dass der Feind entschlossen war, uns vom Advanced Hill zu vertreiben, und unsere Lage war ernst. Ich schickte daher einen entsprechenden Bericht.

Vom Hauptquartier kam eine Nachricht mit der Bitte um Verstärkung, und bis die Reserven eintrafen, schickte ich einen Abschnitt der 6. Kompanie aus den Schützengräben. General Kondratenko sah, dass das kein Kinderspiel war, und schickte uns zwei zusätzliche Kompanien – die 2. (Rotaiski) und die 3. (Levitski) des 13. Regiments.

Es war schwierig, den Advanced Hill zu halten, da dieser als letzter befestigt worden war. Die Tiefe der Schützengräben war normal, aber ihre Ausführung ließ zu wünschen übrig. Wir hatten eine splittersichere Frontdeckung errichtet, aber keine Zeit gehabt, Querlinien zu ziehen oder Deckung für die Reserven zu schaffen, sodass unsere Männer schwer unter dem feindlichen Artilleriefeuer litten, das sehr heftig war.

Am 15. August hatten alle drei Hügel vor sieben Uhr morgens Verstärkung angefordert, woraufhin ich sofort die beiden Kompanien des 13. Regiments vorschickte, da ich sah, dass uns Kompanien anderer Regimenter zu Hilfe kamen. General Kondratenko traf gegen 8 Uhr morgens vor Ort ein. Nachdem ich ihm den Stand der Dinge erklärt hatte, machte ich ihn auf die gefährliche Lage unseres derzeitigen Beobachtungspostens aufmerksam. Von allen Seiten pfiffen Kugeln um uns herum.

Zu diesem Zeitpunkt bereiteten sich die auf dem Division Hill stationierten Batterien von Oberst Petrov und Oberst Romanovski darauf vor, das Feuer zu eröffnen, obwohl sie wenig Aussicht auf Erfolg hatten, da die Batterien des Feindes nicht sichtbar waren und seine Infanterie von Punkten aus angriff, die nur in Reichweite der Batterien weit hinter Fort Yi-tzu Shan lagen. Die Folge war, dass unsere Männer ohne die Unterstützung ihrer eigenen Geschütze unter mörderischem Artilleriefeuer gegen die japanische Infanterie kämpfen mussten.

Die Situation war ausweglos, genau wie schon in Nan Shan.

Gegen 11 Uhr ritt Oberst Irman heran. Auch Verstärkung traf ein. Das feindliche Feuer war zu diesem Zeitpunkt so schrecklich, dass ich mich fragte, wie unsere Männer sich noch verteidigen konnten . Aber sie leisteten tapferen Widerstand, denn wir konnten sehen, wie sie aus ihren Schützengräben stürmten, mal nach rechts, mal nach links, wie die Reserven hinter den Hügeln die Männer in den Schützengräben verstärkten und wie sie wieder aus den Schützengräben stürmten und sich dann hinter ihre dürftige Deckung zurückzogen. Die meisten unserer Offiziere waren verwundet und Offiziere anderer Einheiten übernahmen das Kommando, aber angesichts der enormen Verluste des 5. Regiments konnte man sich des Eindrucks nicht erwehren, dass nur noch wenige in den Schützengräben übrig waren.

Major Ivanov hatte alle seine Reserven verbraucht und bat um weitere. Von allen Seiten gingen Berichte ein, dass die Schützengräben durch die Granaten des Feindes völlig zerstört worden waren und dass es unmöglich war, unter solchem Artilleriefeuer standzuhalten. Das Feuer war in der Tat schrecklich und General Kondratenko fühlte sich geneigt, einen Rückzug anzuordnen; aber ich schickte zwei weitere Kompanien auf die linke Flanke, eine davon (eine Kompanie des Reservebataillons) in die Reserve hinter der linken Flanke, da der Feind seine Hauptenergie auf diese Seite konzentrierte. Und jetzt, am Mittag, schien es, als hätten die Japaner ihre gesamte Artillerie konzentriert, nicht nur um die Verteidiger völlig zu vernichten, sondern auch um die Hügel selbst dem Erdboden gleichzumachen.

Unsere Geschütze waren noch immer inaktiv, da wir die Stellungen der feindlichen Batterien nicht orten konnten. Wie ich bereits erwähnt habe, bereiteten sich jedoch zwei Batterien in unserer Nähe darauf vor, das Feuer zu eröffnen. Dies erregte die Aufmerksamkeit des Feindes, der uns mit Granaten und Kugeln überschüttete. Eine davon explodierte in der Nähe von Major Schiller und tötete ihn auf der Stelle. Außerdem wurde Oberst Petrov, der Batteriekommandeur, verwundet. Ersterer wurde von einem großen Splitter in die linke Brust getroffen und letzterer ins linke Auge (er starb am nächsten Tag im Krankenhaus).

Kurz zuvor waren bereits deutliche Anzeichen einer baldigen Pensionierung erkennbar.

Um nicht in eine ungünstige Lage zu geraten, hatte ich eine zweite Verteidigungslinie eingerichtet (174 Meter Hill, Namako Yama und Division Hill). Als ich dies getan hatte und mit Captain Sichev , dem Kommandeur der 6. Kompanie, unsere Schützengräben inspizierte, bemerkte ich, dass das Gewehrfeuer des Feindes speziell auf unsere Schützengräben auf dem Division Hill gerichtet war. Wir mussten nicht lange auf eine Bestätigung dieser Tatsache warten (falls sie nötig war), denn Captain Sichev wurde am Bein verletzt – glücklicherweise nicht schwer, da die Kugel den Knochen nicht berührte.

Nachdem ich meinen Rundgang beendet hatte, kehrte ich zu General Kondratenko zurück und sah, dass unsere Männer wie aus einem Fass spritzendes Pulver vom Hauptquartierhügel und kurz darauf auch von der Höhe 426 davonströmten. Dem General entfuhr ein verärgerter Ausruf: „Sehen Sie! Dort ist es für sie doch bestimmt leichter als auf der Höhe 426. Wozu rennen sie? Sie *müssen* aufgehalten werden!" Oberst Irman, der in der Nähe stand, nahm die Worte des Generals als Befehl und eilte los, um ihn auszuführen, wobei er Hauptmann Iolshin vom Generalstab mitnahm. [58]

„Und Sie, Nikolai Alexandrowitsch ", sagte General Kondratenko und wandte sich mir zu, „nehmen Sie eine Kompanie und greifen Sie ihre linke Flanke an, wenn sie uns den Hügel herunter verfolgen." Nicht weit hinter uns wartete eine Kompanie, und ich hätte den mir erteilten Befehl sehr bald ausführen sollen, aber ich war kaum eine halbe Werst mit der Kompanie zurückgelegt, als ein berittener Ordonnanzoffizier angaloppierte und mir den Befehl gab, sofort zu General Kondratenko zurückzukehren und das Kommando an Oberstleutnant Naoomenko zu übergeben , der sich zu diesem Zeitpunkt in meiner Nähe befand. Als ich wieder den Divisionshügel erreichte, sah ich unsere Armee auf dem Rückzug von den drei vorgeschobenen Hügeln. Auf den Gipfeln der Hügel, die wir besetzt hatten (Höhe 426, Hauptquartierhügel und vorgeschobener Hügel) erschienen Reihen feindlicher Plänkler. Unsere Männer zogen sich ohne Eile zurück und erwiderten das Feuer des Feindes, übersäten den Boden, über den sie zogen, jedoch mit Leichen. Man sah drei berittene Männer entlang der Rückzugslinie galoppieren; Es handelte sich um Oberst Irman, Hauptmann Iolshin und Oberst Zoobov , letzterer Kommandeur des 4. Reservebataillons. Doch ihre Bemühungen waren vergebens, und der Rückzug ging ungehindert weiter.

Als Oberst Irman zurückkam, berichtete er, dass es ihm nicht gelungen sei, den Rückzug aufzuhalten. Die einzigen Männer, die ihm Beachtung schenkten, waren einige Späher des 5. Regiments und der 1. Kompanie des Reservebataillons unter Leutnant Sadykov, den er für das Georgskreuz empfahl.

Ich halte es für meine Pflicht, hier zu erwähnen, dass Major Ivanov während der Schlacht äußerst heldenhaft handelte. Als die 6. Kompanie sich weigerte, den Headquarter Hill hinaufzugehen, um ihren Kameraden zu helfen, sagte Major Ivanov zu den Männern: „Wenn ihr nicht mitkommt, werde ich mich hier hinlegen und erschossen werden." Er rannte auf eine offene, von Kugeln durchzogene Fläche und legte sich auf den Boden. Dann eilte der

Kompaniechef mit seinen Männern herbei, hob ihn hoch und sagte, die Kompanie würde ihm folgen, wohin er sie auch führen wolle. Als sie jedoch den Hügel erreichten, stellten sie fest, dass dieser geräumt worden war und nun fest von den Japanern gehalten wurde. Major Ivanov führte die Kompanie dann zurück zum Division Hill.

General Kondratenko befahl mir, den Rückzug zu stoppen und eine Reserve für unsere nächste Verteidigungslinie zu bilden, und ich machte mich daran, mein Bestes zu geben. Als die Japaner auf Höhe 426 und dem Hauptquartierhügel auftauchten, überzog unsere Artillerie diese Höhen mit Granatsplittern und säuberte die Gipfel im Nu von gelben Schirmmützen.

Dies war eine rechtzeitige Hilfe, da die Japaner begannen, aus den Schützengräben auf dem Hauptquartierhügel auf die Linien bei Panlung Shan ein Flankenfeuer zu eröffnen, und unsere 11. Kompanie schwer unter diesem Feuer zu leiden hatte. Die Lage bei Panlung Shan war bereits schlecht, und es war von entscheidender Bedeutung zu wissen, was als nächstes zu tun war. Um dies zu entscheiden, rief General Kondratenko alle Kommandeure zum Divisionshügel zusammen. Ich ging auch dorthin, sobald ich meine Reserven gebildet und an einem sicheren Ort postiert hatte.

Oberst Irman, Oberst Zoobov und andere waren bereits dort. Der Kampflärm war leiser geworden, und im Moment gab es keine Anzeichen dafür, dass die Japaner weiter vorrücken würden.

Unsere Artillerie stellte das Feuer ein, da ihre Ziele über den Hügeln verschwunden waren und im *Kao -Liang in Deckung gegangen waren* . Das war etwa um 14 Uhr.

Bevor wir weitere Schritte unternahmen, wurde beschlossen, die Stellungen hinter uns am Panlung Shan zu inspizieren, und General Kondratenko befahl Oberst Naoomenko und mir, dies durchzuführen. Wir begaben uns sofort zum Panlung Shan, von wo sich unsere 11. Kompanie unter Leutnant Lobyrev bereits zurückgezogen hatte. Ich fragte: „Wer hat Ihnen den Rückzug befohlen?" und er antwortete: „Major Katishev [Kommandant der 11. Kompanie; er war am Arm verwundet und ins Feldlazarett gebracht worden]. Er befahl uns, uns zurückzuziehen, da wir nicht in den Schützengräben bleiben konnten, da Headquarter Hill in den Händen der Japaner war." Als ich das hörte, sagte ich: „Sie dürfen sich nie ohne Befehl eines vorgesetzten Kommandeurs zurückziehen. Gehen Sie wieder um!"

Leutnant Lobyrev , ein ruhiger, tapferer Kerl, antwortete: „Es ist uns egal, wir gehen um." Dann wandte er sich rasch seinen Männern zu und rief: „Kompanie, kehrtmachen, zur alten Stellung, marsch!" Und die Kompanie drehte sich um und besetzte ihre Schützengräben wieder.

Nach einer Inspektion dieser Schützengräben kamen wir zu dem Schluss, dass es tatsächlich unmöglich war, dort zu bleiben, da ihre linke Flanke auf dem Headquarter Hill ruhte und es von dieser Seite kaum Schutz vor Feuer gab.

Wir informierten General Kondratenko über das Ergebnis unserer Inspektion und er beschloss, Pan-lung Shan bis zu den Redouten auf der rechten Seite des Division Hill vollständig zu räumen. Dies geschah gegen 19 Uhr.

Zwischen Pan-lung Shan und Division Hill gab es eine günstige Verteidigungsposition , und ich hatte bereits einige Arbeiten daran durchgeführt und mit dem Bau einer großen Lünette begonnen. Wir hätten diese Position mit den Kompanien besetzen sollen, die sich von Pan-lung Shan zurückzogen, aber da wir keine Werkzeuge hatten, um die Arbeiten abzuschließen, mussten wir die Idee, sie zu halten, aufgeben, und alle Kompanien wurden von Pan-lung Shan abgezogen und in Reserve hinter Division Hill und Namako Yama gestellt. Die drei Aufklärungsabteilungen wurden zwischen 203 Meter Hill und Fort Ta-yang- kou North postiert, wo sie sich etwas ausruhen konnten.

Ich werde jetzt einen detaillierten Bericht über die Kämpfe auf jedem der angegriffenen Hügel geben.

AUF DEM TRIOK-GOLOVY- HÜGEL (DREIKÖPFIGER HÜGEL) [59]

Am 13. August gegen 22 Uhr wurden die Außenposten vom Feind auf ihre Stützpunkte zurückgedrängt. Das 1. Scout Detachment war umzingelt, kämpfte sich jedoch mit vorgehaltenem Bajonett durch und brachte zwei schwer verwundete Männer und zwei japanische Gewehre mit.

Um elf Uhr griffen die Japaner den vorgeschobenen Hügel an, der von einem Abschnitt (dem 3.) des 3. Infanterie-Aufklärungsdetachments, bestehend aus 36 Mann, gehalten wurde. Begünstigt durch die Dunkelheit umzingelte der Feind den Hügel von allen Seiten. Als der verantwortliche Unteroffizier Nazarov sah, dass es kein Entkommen gab, griff er den Feind an. In diesem Moment explodierte eine Leuchtrakete, und in ihrem Licht sahen die Männer auf dem Hauptquartierhügel die Japaner und feuerten sofort einen Kugelhagel auf sie ab, wodurch Nazarov sich seinen Weg zurück zum Hauptquartierhügel erkämpfen konnte.

Nachdem die Japaner den Advanced Hill eingenommen hatten, kletterten sie den Headquarter Hill hinauf, wurden aber unter schweren Verlusten zurückgeschlagen. Eine halbe Stunde später stießen sie den Ruf „Banzai!" aus und stürmten unsere Schützengräben erneut von der rechten Flanke aus, gerieten dabei jedoch in die Stacheldrahtverhaue und wurden fast vollständig aufgerieben.

Gegen 2 Uhr morgens wiederholte der Feind den Angriff mit großer Kraft; aber nur wenige erreichten die Schützengräben, wo sie von unseren Männern mit Bajonetten durchbohrt wurden. Bei diesem Angriff kam dem Feind die Dunkelheit sehr zugute, da der Vorrat an Raketen erschöpft war und keine weiteren abgefeuert werden konnten.

Gegen Morgen des 14. August versuchte der Feind bei Nebel und Regen unsere Späher zu überwältigen, jedoch ohne Erfolg. Bei diesem Angriff wurde der stellvertretende Fähnrich Zakrejevski verwundet, der Sergeant Major der 1. Abteilung getötet und mehrere Späher verwundet.

Ich muss eine sehr gute Leistung von Corporal Vagin vom 3. Scout Detachment erwähnen. Ganz auf eigene Faust besetzte er mit seiner Abteilung einen Hügel, der unbefestigt geblieben war, und verschaffte durch Flankenfeuer großen Druck auf Headquarter Hill und Höhe 426, während er gleichzeitig die Japaner zurückschlug, die seine eigene Gruppe angriffen.

Alle Unteroffiziere verhielten sich wie wahre Helden, und einer von ihnen, der Gefreite Khaidoulin (ein Tatar) vom 1. Aufklärungsdetachement, sah, dass die Männer seiner Abteilung beim dritten Angriff ihre gesamte Munition verschossen hatten. Er sprang aus dem Schützengraben und rief: „Lasst uns sterben, Jungs, für den Zaren und unseren Glauben!" und bereitete sich auf einen Bajonettangriff vor. Genau in diesem Moment wurde Munition herbeigeschafft und die Japaner wurden durch Gewehrfeuer vertrieben.

Am Morgen zeigte sich, dass die Japaner den Advanced Hill, Kan-ta Shan und einen kleinen Hügel vor der 12. Kompanie am Pan-lung Shan eingenommen hatten, von wo aus sie das Gewehrfeuer eröffneten, aber die Baranovski- Geschütze auf der Höhe 426 trieben sie in Deckung.

Wegen einer Erkrankung (Ruhr) wurde Leutnant Choulkov ins Krankenhaus eingeliefert und der stellvertretende Fähnrich Elechevski wurde geschickt, um seinen Platz einzunehmen.

In der Nacht des 14. August ging die Munition zur Neige und das Feuer wurde eingestellt. Der Feind dachte, wir hätten die Schützengräben aufgegeben und versuchte, sie einzunehmen. Er wurde am äußersten Rand der Schützengräben von einigen Salven empfangen, die ihn fast vernichteten. Nur ein Offizier und fünf Männer, die sich hinter einigen Steinen versteckt hatten, blieben zurück. Bei Tagesanbruch bemerkte Sergeant Zmoushko , dass die Männer hinter den Steinen nicht tot waren. Er begann nachzusehen und sobald der Offizier seinen Kopf zeigte, erschoss er ihn. Als die Soldaten sahen, dass ihr Offizier tot war, rannten sie zurück, wurden aber alle niedergeschossen.

Der Boden vor den Schützengräben war mit den Leichen der Japaner übersät. Am Morgen (15. August) verließen die Männer des 1. Scout

Detachment die Schützengräben, um ihre Gewehre zu reinigen, die durch das ständige Feuer verstopft waren, und ihr Platz wurde von einer Kompanie des 4. Reservebataillons eingenommen. In diesem Moment wurden die Schützengräben jedoch von einem so schrecklichen Feuer erfasst, dass die Neuankömmlinge nachgaben und den Rückzug antraten. Die Männer des Scout Detachment stürmten auf die Schützengräben zu, konnten den Rückzug jedoch nicht aufhalten und zogen sich selbst hinter die Hänge der dahinter liegenden Hügel zurück und von dort (nachdem Headquarter Hill von den Japanern besetzt worden war) zum Division Hill.

Colonel Irman galoppierte auf die zurückweichenden Männer zu und zwang sie, umzukehren; doch die Japaner eröffneten ein so tödliches Feuer mit Maschinengewehren und Gewehren, dass sie ihnen erneut den Rücken kehrten. Zu diesem Zeitpunkt überzog unsere Feldartillerie die eroberten Hügel mit Granatsplittern, auf denen die Japaner in Deckung gingen und das Feuer auf die zurückweichenden Kolonnen einstellten.

Ich halte es für meine Pflicht, hier die Namen zweier unserer Helden zu nennen. Als unsere Männer von Oberst Irman aufgehalten wurden, erlitten sie so schwere Verluste, dass sie erneut den Rückzug antraten, mit Ausnahme von zwei Männern des 5. Regiments, Korporal Trusov und Private Molchanov, die direkt in die japanischen Schützengräben vordrangen. Als sie jedoch feststellten, dass sie nur zu zweit waren, während der Feind den Schützengraben füllte, traten sie den Rückzug an – allerdings nicht bevor Molchanov einen japanischen Offizier getötet hatte. Sie wurden beide auf dem Rückweg leicht verwundet, blieben aber dennoch in den Reihen.

AUF DEM BOKOVY- HÜGEL (SEITENHÜGEL) [60]

Am 13. August um 22 Uhr meldeten die Wachen auf Höhe 426, dass vier Kolonnen mit je zwei Kompanien auf den Hügel vorrückten. Leutnant Andrejew schickte sofort einige Wachen zum Stacheldrahtzaun, um ihn zu warnen, wenn der Feind den gegenüberliegenden Hang hinabgestiegen war und den Stacheldraht erreicht hatte.

Um elf Uhr meldeten die Wachen, dass die Japaner in der Nähe waren. Sofort wurde das Salvenfeuer eröffnet, und auch die kleinen Kanonen von Midshipman Doudkin begannen zu feuern, woraufhin sich die Japaner, nachdem sie erhebliche Verluste erlitten hatten, hinter den Hügel zurückzogen.

Um Mitternacht griffen sie den Hügel erneut an, wurden jedoch erneut zurückgeschlagen. Bis 5 Uhr morgens griffen sie sieben Mal an, ohne den geringsten Erfolg zu haben.

Sie hinterließen Berge von Leichen vor und zwischen den Stacheldrahtzäunen.

Beim dritten Angriff stellte sich heraus, dass eine Kolonne aus zwei Kompanien den Stacheldraht auf der rechten Flanke durchbrochen hatte. Ein Teil der 2. Aufklärungsabteilung wurde sofort unter dem Kommando von Gefreiter Noskow gegen sie ausgesandt. Dieser Teil schlug sie zusammen mit den Baranowski- Geschützen , die auf dieser Flanke postiert waren, und zwei Teilen der 9. Kompanie, die vom 174 Meter hohen Hügel ausgesandt wurden, in die Flucht.

Bei Tagesanbruch waren rund um den Stacheldrahtzaun 432 japanische Leichen gezählt.

Bis 7 Uhr morgens war die Hälfte der Schützengräben durch die feindliche Artillerie zerstört, so dass ein Abschnitt zurückgezogen und am gegenüberliegenden Hang des Hügels postiert werden musste.

Um 9.30 Uhr durchbrachen die Japaner die Stacheldrahtverhaue und gelangten bis zur Hälfte des Hügels, wurden dort jedoch aus den Schützengräben unter Beschuss genommen – von der linken Flanke durch Salven der Abteilung der 2. Infanterie-Aufklärungsabteilung und von der rechten durch Salven der Matrosen unter dem Kommando von Leutnant Afanaisev . Da sie keine Fortschritte machen konnten, zogen sie sich zurück. Um 11 Uhr wurde Leutnant Andrejew verwundet und das Kommando ging an Gefreiten Kobrintsev über . Hauptmann Rotaiski wurde zur Verstärkung geschickt, besetzte jedoch nicht die Schützengräben, sondern blieb hinter deren linker Flanke.

Im Laufe des Tages begann der Feind seine Anstrengungen gegen die Höhe 426 zu verstärken und in der Folge wurde die Reserve angefordert, die jedoch nicht eintraf, obwohl angeblich zwei Kompanien des 4. Reservebataillons hochgeschickt worden waren.

Gegen Mittag, als die 1. und 2. Abteilung des 1. Detachments durch Artilleriefeuer vernichtet wurden, traf eine Halbkompanie des Reservebataillons unter einem Leutnant des 27. Regiments ein und besetzte den rechten Graben, und in der Nacht wurde eine weitere Halbkompanie mit einem Sergeant Major mit dem Befehl nach oben geschickt, den Sattel zwischen Headquarter Hill und einem kleinen Hügel links davon zu besetzen. Das Feuer dauerte den ganzen Tag an, und in der Nacht vom 14. auf den 15. August führte der Feind zwei Angriffe durch, schaffte es aber nur in einem Fall, bis zum Stacheldrahtverhau vorzudringen, wo mehr als zwei Drittel der angreifenden Truppe verloren gingen.

Der Hügel wurde am Mittag des 15. August eingenommen. Wir zogen uns aus den vorgeschobenen Stellungen zurück, waren aber dadurch auf dem Division Hill, Namako Yama und dem 174 Metre Hill aufgrund der dort konzentrierten Reserven erheblich stärker.

Angesichts des erwarteten Angriffs auf diese Hügel mussten wir hart arbeiten, umso mehr, als Namako Yama nur sehr schwach befestigt war. Die Schützengräben waren klein und unfertig, und der Boden bestand aus massivem Fels.

Wenn diese Schützengräben nur im Voraus vorbereitet worden wären, wäre die Sache ganz anders ausgegangen. Wie viele Leben wären gerettet und wie viele Angriffe zurückgeschlagen worden! In einer Festung ist es immer notwendig, in Friedenszeiten Verteidigungsstellungen vorzubereiten, und dies kann bequem im Rahmen der Ausbildung der Garnisonstruppen erfolgen.

Die Kämpfe auf dem Hauptquartierhügel haben uns ziemlich viel gekostet. Die Aufklärungsabteilungen des 5. Regiments verloren mehr als die Hälfte ihrer Stärke – 160 Mann und einen Offizier (Leutnant Andrejew); die beiden Marinekompanien erlitten jeweils einen Verlust von 30 Mann; der Rest, vertreten durch Kompanien des 13. Regiments und des 4. Reservebataillons, verlor gut 15 Prozent seiner Stärke. Die 11. und 12. Kompanie am Panlung Shan hatten keine großen Verluste, aber drei Offiziere wurden *außer Gefecht gesetzt* – Major Katishev wurde verwundet und Leutnant Merkoulev und Fähnrich Moukin wurden getötet.

KAPITEL V

Die Kämpfe um den 174- Meter- Hügel – Einnahme des 174- Meter- Hügels und Evakuierung des Verbindungsrückens – Befestigung des 203- Meter- Hügels – Verteidigung und Einnahme des erloschenen Vulkans.

Wir mussten absolut direkt unter der Nase des Feindes arbeiten, größtenteils nachts, obwohl wir die Gelegenheit nutzten, tagsüber zu arbeiten, wenn das feindliche Feuer etwas nachließ.

Es war gut, dass das 5. Regiment etwas über den Schützengrabenbau gelernt hatte, so dass die Offiziere und sogar die Unteroffiziere ganz genau wussten, wie sie vorzugehen hatten, ohne dass sie dazu von Pionierspezialisten angeleitet wurden, von denen wir keinen einzigen Mann hatten.

General Kondratenko schlug nicht vor, die vorgeschobenen Hügel zurückzuerobern, da es sich dabei nicht um außerordentlich wichtige Stellungen handelte und es für uns einen hohen Preis gekostet hätte, sie zu halten.

Nach dem 15. August war es auf unserer Seite ziemlich ruhig, aber Kugeln und sogar Granaten flogen ziemlich häufig über die Quartiere des Regimentsstabs hinweg. Wir mussten sie daher weiter nach hinten verlegen, zu einem kleinen Fluss, der entlang der Straße von der Stadt zum 203 Meter Hill floss, und da ein großes Messezelt aus großer Entfernung sichtbar gewesen wäre, beschlossen wir, keins aufzustellen.

Die Japaner waren bei ihren Angriffen auf die vorgeschobenen Hügel nicht glimpflich davongekommen, und ihre Verluste müssen sich auf Tausende belaufen. Besonders schwere Verluste erlitten sie beim Sturm auf Höhe 426, wo sie blindlings über die Stacheldrahtverhaue stolperten und wiederholt angriffen. Um diese Verhaue herum lagen Berge von Toten. Es muss erwähnt werden, dass wir durch Gewehrfeuer und nicht durch die japanische Infanterie aus diesen Stellungen vertrieben wurden.

jedem klar gemacht, was Überlegenheit in der Artillerie wirklich bedeutet. Die Seite, die die feindlichen Geschütze zum Schweigen bringt, kann ihre Stellungen ohne besonders schwere Kämpfe einnehmen, denn wenn man das feindliche Feuer erst einmal unter Kontrolle hat, kann man einen Angriffspunkt wählen, die gesamte Artillerie darauf konzentrieren und ihn dann mit verhältnismäßig wenigen Mann im Sturm erobern. Dafür ist jedoch eine zahlreiche, gut ausgebildete und leistungsfähige Artillerie erforderlich. Eine Schlacht mit schlecht ausgebildeter oder leistungsschwacher Artillerie zu gewinnen, ist heute äußerst schwierig. Ich wage es nicht, die genaue Anzahl der erforderlichen Geschütze pro 1.000 Mann Infanterie anzugeben

, aber es müssen auf jeden Fall nicht weniger als 6 Geschütze pro 1.000 Mann vorhanden sein (*d. h.* eine Batterie pro komplettem Bataillon).

Was für ein Fehler, als wir unsere Artillerie auf den Bergkämmen postierten! Die Japaner bestraften uns sehr hart für diesen Fehler, aber es war zu spät, unsere Disposition zu ändern.

Die japanischen Batterien waren vollkommen verborgen und feuerten so gezielt auf unsere Plänkler, als ob sie auf ihren Artillerie-Schießständen üben würden. Natürlich lag noch viel Arbeit vor ihnen, da wir immer noch die Stellungen halten konnten , die wir einige Zeit lang befestigt hatten, und das 5. Regiment noch viele schwere Momente zu überstehen hatte.

Meter hohen Hügel musste viel getan werden, um unseren Truppen das Durchhalten unter einem wahrhaft höllischen Feuer zu ermöglichen, dem unsere Kanonenschützen nicht gewachsen waren.

Von der Einnahme der vorgeschobenen Hügel bis zum Morgen des 19. August arbeiteten wir fast ungestört an unseren Stellungen, da der Feind seine ganze Aufmerksamkeit dem 174 Meter hohen Hügel widmete (siehe Karte II). Da wir davon überzeugt waren, dass der nächste ernsthafte Angriff auf diesen Hügel erfolgen würde, taten wir alles in unserer Macht Stehende, um ihn in einen guten Verteidigungszustand zu versetzen . Die linke Flanke war durch ein Stacheldrahtgeflecht geschützt, die Front wurde durch eine drei Fuß dicke Schutzmauer verstärkt und die rechte Flanke hatte eine doppelte Reihe von Schützengräben, deren obere Reihe verdeckt war.

Auf der Spitze des Hügels wurden solide Unterstände für die Kanonenschützen errichtet und ein runder Graben mit einer beträchtlichen Anzahl verdeckter Traversen angelegt, die jedoch nicht sehr solide gebaut waren.

Der Gipfel des Hügels auf der linken Flanke (den wir Verbindungsgrat nannten) war mit Schützengräben gesäumt. Auf den Rückseiten des Hügels war ein sehr solides Magazin für Kanonen- und Gewehrmunition errichtet, und es gab dort auch Deckung, ausreichend für eine ganze Reservekompanie. Hinter dem Hügel (174 Meter Hügel) befanden sich vier Feldmörser und auf dem Kamm für Fernfeuer zwei lange Marinekanonen (ich erinnere mich nicht an ihr genaues Kaliber , aber ich glaube, es waren 150 mm) mit Stahlschilden in einer gut gebauten Batterie und hinter dem Kamm vier Feldschnellfeuer. Auf dem Sattel zwischen 174 Meter Hügel und Verbindungsgrat befanden sich Leutnant Tsvietkovs zwei Schnellfeuerwaffen.

Die Garnison von 174 Metre Hill bestand aus der 5. und 9. Kompanie des 5. Regiments (etwa 300 Mann), während sich die 6., 10., 11. und 12. Kompanie desselben Regiments sowie eine Kompanie des 24. Regiments auf Connecting Ridge befanden.

befanden sich auf Namako Yama: auf der linken Flanke die 1. Kompanie des 28. Regiments unter Major Sakatski , die 11. Kompanie des 13. Regiments, die 5. und 6. Kompanie des Kuang-tung-Bataillons und die 12. Kompanie des 13. Regiments. Man muss zugeben, dass die Schützengräben hier nicht stark genug waren, um ausreichend Schutz vor den japanischen Shimose und Granatsplittern zu bieten, und es waren schwere Verluste zu erwarten. Aber was konnte man tun? Wir hatten weder die Zeit noch die nötigen Werkzeuge, um diesen felsigen Boden zu bearbeiten und so die Lage zu verbessern.

Meter hohen Hügels war anstelle eines Infanterie-Bergfrieds eine Batterie aufgestellt worden. Diese Batterie war bereits in Stellung, bevor das 5. Regiment den Hügel besetzte. Ich wollte sie in einen Bergfried umwandeln, aber meine Vorgesetzten lehnten den Vorschlag ab, da es nach Ansicht von General Bieli [61] keine andere Stellung für Langstreckengeschütze gab. Wie viel Zeit und Mühe wir damit verbrachten, diese Batterie fertigzustellen, während sich die eigentlichen Verteidiger in den kleinen, unfertigen Schützengräben zusammendrängen mussten! Ich möchte hinzufügen, dass die in dieser Batterie aufgestellten Geschütze ein großes totes Gebiet hatten und das Feuer der schweren japanischen Artillerie auf sich zogen, was unsere Arbeit erheblich behinderte. Ich wäre beinahe von einer Granate getötet worden, die in meiner Nähe explodierte, und entkam wie durch ein Wunder mit keinem größeren Schaden als einem Schlag in die Seite durch einen großen Erdklumpen.

Nach dem Fall der vorgeschobenen Stellungen musste die Besatzung des 174 Meter hohen Hügels in Schützengräben leben, während sie vorher auf der Rückseite des Hügels lagerte. Feldküchen waren in einer Schlucht gut gebaut worden, und andere auf der Rückseite.

Die Männer lebten in großen Feldzelten und die Offiziere in einer improvisierten, aus Brettern gebauten Baracke.

Es wurden große Anstrengungen unternommen, um eine Straße vom Gipfel des Hügels zu bauen, und ebenso viel Energie wurde darauf verwendet, Straßen zu den Haupthügeln zu bauen – 203 Meter , Namako Yama und Akasaka Yama. Zu diesem Zweck hatten wir seit der Ankunft des 5. Regiments auf dem 174 Meter Hill hart gearbeitet , als es damals nur einen kleinen Pfad über den 203 Meter Hill gab.

BAU DER STRASSE AUF DER GEGENÜBERLIEGENDEN PISTE
EINES 203 METER HOHEN HÜGELS.

Meter Hill stellte durch sein Feuer und die Postierung einer Abteilung, die ein Umgehen der Höhe 426 von links verhindern sollte, eine Quelle erheblichen Ärgernisses für die Japaner dar, weshalb sie ihn bei ihren Angriffen auf die vorgeschobenen Hügel nicht vergaßen.

Am 14. August [62] um 4.15 Uhr eröffnete der Feind ein gewaltiges Feuer auf dem 174 Meter hohen Hügel und hielt es bis 5 Uhr abends aufrecht. An diesem Tag wurde Hauptmann Andrejew , der die Artillerie auf dem Hügel befehligte, durch vier Splitter verwundet.

Am 15. August um 1.15 Uhr rückte der Feind von vorne und von der linken Flanke auf den 174 Meter hohen Hügel vor. Das Feuer dauerte bis 3.15 Uhr an, als die Japaner sich zurückzogen, doch um 4.30 Uhr brach erneut ein schwerer Beschuss aus, der bis 9 Uhr anhielt.

Dieser Beschuss wurde um 16.00 Uhr erneuert und dauerte bis 19.00 Uhr. Dabei wurden einige unserer Splitterschutzvorrichtungen und auch Teile unserer Schützengräben zerstört.

Am 16. August schossen die Japaner überhaupt nicht, möglicherweise aus Mangel an Munition. Wir selbst nutzten die Gelegenheit, um unsere Schützengräben wieder aufzubauen. Gegen 21 Uhr brach unterhalb des Hügels vereinzeltes Gewehrfeuer aus, und die feindliche Schützenlinie erschien etwa 1.200 Schritte entfernt, während dahinter in völliger Stille die Sturmkolonnen marschierten. Die Verteidiger der Hügel warfen ihre Grabwerkzeuge weg, blieben auf ihren Posten und eröffneten Salvenfeuer.

Die Sturmkolonnen zogen sich mal nach rechts, mal nach links zurück und gingen schließlich in der Engstelle links in Deckung. Das war gegen 23 Uhr, und unsere Männer saßen die ganze Nacht in den Schützengräben und erwarteten einen weiteren Angriff. Wir verbrauchten 12.000 Schuss Munition.

Am 17. und 18. August bauten unsere Männer unter schwerem Gewehrfeuer die Schützengräben wieder auf.

Am 17. wurden die Schützengräben bis zum erforderlichen Profil fertiggestellt, doch dann wurde auf dem Hügel ein schweres Bombardement eröffnet. Unsere Geschütze versuchten, das Feuer von den Hügeln aus zu erwidern, konnten aber die Batterien, die sie zerstörten, nicht orten, und die japanischen Soldaten zeigten sich erst, als sie außer Reichweite waren. Unsere Feldgeschütze wurden daher in Deckung gebracht, und ich bedauere noch immer, dass es unmöglich war, auch diese 150-mm-Geschütze in Deckung zu bringen.

Am 18. August wurde das Feuer auf den Hügel erheblich heftiger, und unsere Schützengräben und Splitterschutzvorrichtungen litten stark darunter. Oberstleutnant Leesaevski , der den Hügel kommandierte, meldete, dass er einen Angriff erwartete, also verlegte ich unsere Reserven auf den 203 Meter hohen Hügel.

In der Nacht kam es am Fuß des Hügels zu heftigen Nahkämpfen zwischen den Japanern und unseren Patrouillen, die die Außenpostenlinie bildeten — ein sicheres Zeichen für einen bevorstehenden Angriff.

In der Nacht vom 18. auf den 19. August rückten die Japaner in großer Stärke bis zum 174- Meter- Hügel vor und legten sich hinter die Kämme der nächstgelegenen Hügel. Oberstleutnant Leesaevski hatte die gesamte Garnison in Alarmbereitschaft versetzt und eröffnete das Feuer, sobald die Kolonnen über den Kämmen dahinter auftauchten. Der Feind unternahm mehrere Versuche, näher heranzukommen, aber ohne Erfolg. Als der Alarm ertönte, wurden von 203- Meter- und Division-Hügeln Sternraketen abgefeuert, und unsere Suchscheinwerfer kamen zum ersten Mal zum Einsatz. Die Szene war schrecklich, aber gleichzeitig auch aufregend. Von den Lichtstrahlen entdeckt, zogen sich die Japaner hastig über den Kamm zurück und ließen eine große Zahl von Toten vor dem 174- Meter- Hügel zurück. Nach mehreren Versuchen stellten sie ihre Angriffe ein, und der Rest der Nacht verging mit kleineren Begegnungen und Scharmützeln an den Außenposten.

Am frühen Morgen des 19. August, gerade als der Tag anbrach, wurde ich von einem furchtbaren Kanonendonner geweckt. Als ich aus meinem Zimmer rannte, sah ich eine Rauchwolke von explodierenden

Granatsplittern über dem 174 Meter Hill hängen. Um herauszufinden, was los war, galoppierte ich nach Akasaka Yama. Als ich dort ankam, ging es mir jedoch nicht besser als zuvor, also ging ich auf den linken Flügel von Namako Yama. Auf der rechten Seite des 174 Meter Hill rückte eine dichte Plänklerlinie vor , und Linien von Plänklern und Truppenkolonnen bewegten sich in Richtung Mitte , wobei sie gelegentlich in den Tälern in Deckung gingen und dann wieder auf den Bergrücken auftauchten. Das Rattern des Gewehrfeuers unserer Kompanien auf dem Connecting Ridge war auf der linken Flanke zu hören. Der Hauptangriff wurde gegen die linke Seite des 174 Meter Hill geführt, aber sie lag nicht in meinem Blickfeld. Die Linien rückten so geschickt vor , dass unsere Kanonen sie nicht erreichen konnten, obwohl sie schwer unter Gewehrfeuer litten. Sanitäter galoppierten mit Berichten vom 174 Meter Hill davon.

Um sie zu treffen, kehrte ich erneut nach Akasaka Yama zurück, wo sich mir Oberst Irman anschloss.

Da wir uns im Zentrum der angegriffenen Hügel aufhalten und in Reichweite der Ordonnanzen sein wollten, verlegten wir unsere Position auf einen Hügel zwischen Namako Yama und Connecting Ridge. Wir dachten auch, dass dies ein günstiger Punkt für Beobachtungen wäre , aber in Wirklichkeit war es eher das Gegenteil, denn alle Granaten, die „über" fielen, landeten genau hier. Wir postierten die Reserve (die 7. Kompanie des 28. Regiments) hinter der linken Flanke von Namako Yama.

Von 203 Meter Hill aus schickten wir eine telefonische Nachricht an den Artilleriekommandanten und wiesen ihn an, alle verfügbaren Geschütze auf den Hängen vor 174 Meter Hill zu konzentrieren.

Nach einer Viertelstunde dröhnten unsere Geschütze und Granaten jeder Größe begannen auf den von uns angegebenen Boden zu fallen. Das japanische Geschützfeuer erstickte 174 Meter Hill und ein kontinuierlicher Strom von Verwundeten strömte zurück in Richtung 203 Meter Hill, wo sich der Hauptverbandsplatz befand. Dieser heftige Beschuss dauerte bis etwa vier Uhr. Wir hatten schwere Verluste erlitten. Die gesamte Rückseite des angegriffenen Hügels war buchstäblich mit Granaten übersät. Ich wurde auf der linken Seite ziemlich schwer von einem Stein getroffen, der von einer explodierenden Granate hochgeschleudert wurde.

Da ich sah, dass die rechte Flanke von Connecting Ridge der wahrscheinlichste Angriffspunkt war (davor befand sich eine Menge totes Gelände durch unsere Geschütze) und dass dort nun sehr schweres Artilleriefeuer stattfand, schickte ich die 7. Kompanie des 28. Regiments unter Major Frantz in Reserve dahinter.

Gegen vier Uhr erreichte das Feuer seinen Höhepunkt. Die Japaner gingen zum Angriff über, nicht in Kolonnen, sondern in großen Gruppen, aber sie schafften es nicht, bis zu den Schützengräben vorzudringen. Hunderte von ihnen wurden niedergemäht, und mir schien, der Angriff sei überall gescheitert. Zu unserer Überraschung erhielten wir eine Meldung von Major Astafjew , dem Kommandeur der 10. Kompanie [63] , dass seine halbe Kompanie bis auf zehn Mann aufgerieben worden sei und dass die Japaner während des Angriffs seine leeren Schützengräben besetzt hätten. Die restlichen zehn Mann hatten sich jedoch nicht zurückgezogen (sie waren durch eine Klippe vom eroberten Schützengraben getrennt), sondern waren in ihrem Schützengraben geblieben. Ich schwor mir damals im Geiste, dass die Taten dieser Helden schließlich in goldenen Lettern als ewiges Denkmal für die 10. Kompanie festgehalten werden sollten, und ich löse hiermit mein Versprechen ein.

Der von den Japanern besetzte Schützengraben befand sich unter der Klippe, und es war sehr schwierig, dort hinabzusteigen. Da wir keine weiteren Reserven zur Verfügung hatten, schickte ich zwei Halbkompanien (die 2. und 4. unseres Regiments) zum 203 Meter hohen Hügel, in der Hoffnung, die Japaner mit diesen Männern aus dem Schützengraben zu vertreiben. Ich schickte auch General Kondratenko um Verstärkung.

Oberstleutnant Leesaevski meldete vom 174 Meter hohen Hügel, dass die Japaner einer nach dem anderen herangelaufen seien, sich wenige Schritte von den Schützengräben entfernt verschanzt hätten und unsere Schützen mit Steinen bewarfen, die die Geschosse erwiderten.

Gegen sechs Uhr sammelten wir zwei Kompanien des 13. Regiments und griffen etwa 100 Japaner an, die sich damals in den Schützengräben der 10. Kompanie befanden. Die Kompanien erreichten schnell die Spitze der Klippe, kamen aber nicht weiter, da es dort unten steil abfiel. Als die japanische Artillerie sie bemerkte, eröffnete sie sofort schweres Feuer, und da es dadurch unmöglich wurde, im Freien zu bleiben, zogen sich die Kompanien wieder ins Tal zurück.

Gegen sieben Uhr schloss sich uns General Kondratenko an, und vier Kompanien des 13. Regiments – die 2., 6., 7. und 9. – trafen unter dem Kommando der Bataillonskommandeure Major Goosakovski und Major Gavreelov ein .

Wir beschlossen, dass die Japaner aus den Schützengräben der 10. Kompanie vertrieben werden mussten, und zu diesem Zweck verstärkte ich diese Männer, die bereits mehreren Angriffen widerstanden hatten, durch eine weitere Kompanie. Der Angriff wurde wiederholt, jedoch mit demselben Ergebnis (es war ein großer Sprung nach unten, direkt auf die Bajonette der Japaner, die von oben unsichtbar waren, während die Geschütze von den dahinter liegenden Höhen die Angreifer niedermähten). Diesmal verschanzte sich die Hälfte der Männer hinter Steinen auf dem Gipfel, und ich war nun sicher, dass die Japaner den Hügel nicht einnehmen würden, da es für sie sehr schwierig sein würde, die Klippe hinaufzuklettern. Um unsere Verluste durch Geschützfeuer so gering wie möglich zu halten, entschied ich mich für einen Nachtangriff und schickte eine Kompanie unter Major Goosakovski los , um ihn durchzuführen.

Ich befahl einer halben Kompanie des 5. Regiments, an ihre Ausgangsposition zurückzukehren.

Es stellte sich heraus, dass die 7. Kompanie des 28. Regiments nicht an ihrem richtigen Platz war, sondern sich aus irgendeinem Grund hinter den 174 Meter hohen Hügel zurückgezogen hatte. Ich habe nicht gesehen, wann Major Frantz diese Bewegung durchführte.

Während dieser ganzen Zeit wurde der 174 Meter hohe Hügel weiterhin beschossen und bombardiert, und unsere Truppen schrumpften rapide.

Als Verstärkung angefordert wurde, wurde eine gerade erst eingetroffene Aufklärungsabteilung unter Hauptmann Osmanow dorthin geschickt. Diese Abteilung, angeführt von ihrem Kommandeur, stieg langsam und ruhig den Hügel hinauf, mit Ausnahme von fünf Männern, die am Fuß des Hügels zurückblieben und offensichtlich Angst hatten, weiterzugehen. Ich befahl ihnen nicht, den Hügel hinaufzusteigen, da ich aus Erfahrung wusste, dass die Anwesenheit einiger Feiglinge auch die tapferste Kompanie verunsichern kann.

Der Strom der Verwundeten vom Hügel nahm zu, und viele dieser armen Leidenden starben, während sie über den mit Granaten übersäten Boden getragen wurden. Wir sahen einen Verwundeten, der von zwei unserer Schreiber getragen wurde, von einer Granate getötet, die genau auf ihn fiel. Einer seiner Träger wurde ebenfalls getötet, aber der andere entkam wie durch ein Wunder. Eine große Gruppe Verwundeter ging jetzt an mir vorbei, und hinter ihnen ein Offizier auf einer Bahre. Er war ein sehr junger Kanonier, und er schwang wie wild sein Schwert und murmelte etwas. Ich erinnere mich nicht, was er sagte, da meine Aufmerksamkeit von einer anderen Bahre angezogen wurde, auf der ein Offizier lag, den ich zu kennen glaubte.

Als die Bahre näher kam, erkannte ich in dem Verwundeten Oberstleutnant Leesaevski , der früher Kommandant des Hügels gewesen war. Er war mit Blut und Staub bedeckt. Eine Kugel hatte seinen Unterkiefer und seine Zunge zertrümmert, eine andere hatte seine Hand getroffen. Er konnte wegen des Blutverlusts nicht sprechen.

In seiner Abwesenheit könnte es auf dem Hügel schlecht laufen.

Dieser erfahrene Krieger hatte immer außergewöhnliche Energie gepaart mit Methode gezeigt. Im Regiment trug er den Spitznamen „General Fock", was dem echten General aus irgendeinem Grund missfiel, und so wurde Oberstleutnant Leesaevski anstelle des Regimentskommandeurs das Kommando über das 2. Bataillon des 5. Regiments übertragen. General Fock erkannte nie den großen Geist, der diesen Mann beseelte und der sich bei der Verteidigung des 174 Meter hohen Hügels so deutlich zeigte . Der alte Oberst war tatsächlich ein weitaus besserer Soldat als viele der jüngeren.

Furchtlos marschierte er auf dem Hügel umher, ermutigte die Männer und lenkte ihr Feuer. Dabei verfolgte er die Bewegungen des Feindes genau, und dann, im richtigen Moment seine kleine Reserve heranziehend, zerstreute er die dichten Kolonnen der Angreifer mit ein paar wohlgezielten Salven wie Spreu vor dem Wind. Als die Männer ihn zum Verbandsplatz bringen wollten, sagte er: „Lasst mich in Ruhe, meine Jungs. Ich will mit euch sterben." Schweren Herzens begleitete ich die Bahre, da ich fürchtete, dass eine verirrte Kugel oder Granate die Karriere dieses großartigen alten Soldaten beenden könnte. Aber Gott sei Dank! Er gelangte sicher über den Pass auf den 203 Meter hohen Hügel, was bedeutete, dass er außer Gefahr war. An seiner Stelle ernannte ich Hauptmann Bielozerov , den Kommandeur der 9. Kompanie des 5. Regiments, einen unserer tapfersten Offiziere.

Meter hohen Hügel angefordert . Die Verteidiger waren so erschöpft, dass sie den angerichteten Schaden nicht mehr reparieren konnten, der beträchtlich war. Die obere Batterie war zerstört, alle Feldgeschütze waren demontiert und die Geschützstellungen in Trümmer verwandelt. Fast alle Splitterschutzvorrichtungen in den Schützengräben waren zerstört, ebenso die Hälfte der Brustwehr. Auch die gesamte Überkopfabdeckung gegen Granatsplitter war durch Granatfeuer zerstört.

Es ist schwierig, solche Orte ohne Kasemattenwerke zu verteidigen. Was können Schützen auf einem von allen Seiten beherrschten Hügel gegen schwere Artillerie und die Sprenggranaten von Feldgeschützen ausrichten? An diesem Tag verloren die 5. und 9. Kompanie des 5. Regiments die Hälfte ihrer Stärke.

Das Gewehrfeuer ließ nach. Auch der Strom der Verwundeten versiegte, und wir konnten wieder frei atmen. Zu unserer Gruppe auf dem zentralen Hügel gesellten sich einige Reserveoffiziere, und schließlich bekamen wir sogar etwas zu essen.

Die Männer in den Reihen wurden mit Fleisch, Brot und heißem Tee versorgt, und die Feldküche auf der anderen Seite des 174 Meter hohen Hügels, die unangetastet geblieben war, machte sich an die Arbeit.

General Kondratenko holte zwei weitere Kompanien in die Reserve und schickte zwei Kompanien des 13. Regiments zur Arbeit in den Schützengräben auf den Hügel.

Wir lachten über die Japaner, die den Graben der 10. Kompanie eingenommen hatten und sich inzwischen wie Ratten in der Falle vorkamen. Die Hälfte der 1. Kompanie des 13. Regiments, die dort zurückgelassen worden war, und die zehn Männer der 10. Kompanie hinderten sie daran, sich entlang des Grabens auszubreiten, während ihnen vorn die auf dem Hügel stehenden Männer den Weg versperrten, so dass es unvermeidlich schien, dass sie alle in dieser Nacht getötet werden mussten.

Inzwischen war es bereits Nacht geworden. Zwischen den Vorposten am Fuße der Berge hatte das übliche nächtliche Feuer begonnen, und der daraus resultierende Lärm würde den Vormarsch unserer angreifenden Kompanien verdecken. Ich ließ fragen, warum der Angriff noch nicht begonnen hatte, und musste sehr lange auf eine Antwort warten. Die Nacht war sehr dunkel. Alles war ruhig, bis ab und zu die Kugeln des Feindes wie Nachtvögel hoch oben am Himmel summten oder unsere Sternenraketen, seltsam zischende Ungeheuer, wie feurige Schlangen in den Himmel schossen und in tausend schillernde Sterne zerplatzten, die die dunklen Berge und Täler hell erleuchteten.

„Der Geist ist willig, aber das Fleisch ist schwach." Dieses Sprichwort wurde von uns und unseren Männern verkörpert. Wie oft waren wir Zeugen der Wahrheit dieses Sprichworts! Wie oft haben die Japaner die völlige Erschöpfung unserer Truppen ausgenutzt, sie im Schlaf überfallen und wichtige Punkte unserer Stellung erobert (wie bei Ta- ku Shan, Miortvaia). Sopka , [64] und andere Orte)!

, die keine Hauptverteidigungslinie hat und nicht genügend dauerhaft befestigte Stellungen besitzt. Jetzt kann ich deutlich erkennen, dass offene Feldarbeiten, selbst wenn sie schon seit einiger Zeit im Voraus vorbereitet und mit Glacis-Brüstungen verstärkt werden (wie Glinka- Yarnchevski es einst vorschlug), den Verteidigern keine ausreichende Ruhepause bieten; und Ruhe ist ein sehr wichtiger Faktor.

Wir waren an diesem Tag so müde – was nicht verwunderlich ist –, dass wir uns dort hinlegten, wo wir waren, und einschliefen. Schweres Gewehrfeuer brachte uns wieder auf die Beine. Sternraketen schossen in die Luft und erleuchteten den Ort, woraufhin das Feuer wieder abflaute. Wir erhielten die Nachricht von denen auf dem Hügel, dass sie auf die Japaner geschossen hatten, die einige der Stacheldrahtverhaue zerstört hatten. Es waren nicht viele, aber sie hatten trotzdem viel Schaden angerichtet und sich dann neben den Stacheldraht gelegt. Es war bedauerlich, dass ihnen das so gelungen war. Ich gab den Befehl, den Schaden so weit wie möglich zu reparieren, aber ich wusste, dass unsere Männer auf dem Hügel aufgrund des fehlenden Stacheldrahts behindert waren.

Dieser Stacheldraht war im wahrsten Sinne des Wortes Gold wert und ich freute mich immer, wenn es uns gelang, etwas davon zur Verteidigung dieses oder jenes Punktes zu bekommen, aber er wurde überall dringend benötigt.

Während der Nacht gab es mehrere solcher Alarme, doch die ganze Zeit über blieb Major Goosakovskis Angriff auf die Japaner erfolglos.

Schließlich erhielt ich jedoch eine Nachricht, in der stand, dass er beschlossen hatte, bei Tagesanbruch anzugreifen.

Nachdem ich die Sache in aller Ruhe durchdacht hatte, kam ich zu dem Schluss, dass die Japaner im Schützengraben zurückgelassen werden könnten. Diese 100 Männer konnten nicht hinaufklettern und den Hügel einnehmen, der von einer ganzen Kompanie verteidigt wurde, und sie konnten auch nicht verstärkt werden, da jede Verstärkung vernichtet worden wäre, bevor sie sie erreicht hätte. Ich teilte Colonel Irman, der neben mir saß, meine Meinung mit, und da er mir völlig zustimmte, schickte ich einen Befehl, den Angriff abzubrechen, und zog die Kompanien, mit Ausnahme der einen hinter den Felsen, an einen geschützteren Ort zwischen 174 Meter Hill und Connecting Ridge zurück. Eine dieser Kompanien stellte ich in Reserve hinter 174 Meter Hill, so dass sich nun drei Kompanien in der Reserve befanden, *d. h.* zur sofortigen Verfügung des befehlshabenden Offiziers auf dem Hügel. Die beiden Kompanien, die am Abend eingetroffen waren, teilte ich der allgemeinen Reserve zu. Es blieben noch ein paar Stunden bis zum Morgengrauen, die wir nutzten, um etwas zu schlafen, und begaben uns nach Namako Yama, um nicht durch das Stöhnen der schwer verwundeten Männer gestört zu werden, die die Straße entlanggetragen wurden.

Unsere Träger (Musikanten, Regimentsschreiber und Freiwillige aus der Stadt) suchten sie während der Nacht in den Schluchten, Schützengräben und zerstörten Verstecken [65] und brachten sie auf den 203 Meter hohen Hügel.

Noch vor Sonnenaufgang begannen die feindlichen Kanonen mit ihrem Zerstörungswerk. Und das Schlimmste daran war, dass sie dafür keine Strafe erhielten.

Nach und nach begann das Gewehrfeuer. Als es ganz hell wurde, bemerkten die Kompanien auf Connecting Ridge eine japanische Batterie, die aus nächster Nähe in Aktion trat. Sie eröffneten das Feuer in Salven, und die

Batterie zog sich unter schweren Verlusten zurück. Leutnant Bitzouk , der zum zweiten Mal am Bein verwundet wurde, war hauptsächlich für die Zerstörung dieser Batterie verantwortlich.

Nachdem sich diese Batterie zurückgezogen hatte, begann die Infanterie mit dem Angriff und gegen sieben Uhr kam es zu sehr schwerem Gewehrfeuer.

Alle Kompaniechefs auf Connecting Ridge wurden *außer Gefecht gesetzt* und die drei Kompanien wurden von Fähnrich Agapov kommandiert. Ich rief den Stab nach Freiwilligen für das Kommando dieser Kompanien, und auf meinen Ruf hin traten sofort Leutnant Vaseeliev und Leutnant Galileiev vor .

Um 8 Uhr morgens traf General Kondratenko ein und stellte fest, dass alles in Ordnung war. Aber das Feuer und der Beschuss hatten nicht nachgelassen.

Gegen 11 Uhr wurde vom Hügel gemeldet, dass der Feind von der linken Flanke aus angriff und dass der stellvertretende Fähnrich Shishkin getötet worden war.

Ich rief sofort den Artilleriekommandanten an, er solle sein Feuer erneut auf das Tal vor dem 174 Meter hohen Hügel konzentrieren, und bald schossen unsere Granaten in die gewünschte Richtung. Aber die japanischen Kanonen spuckten immer noch Tod.

Von den Truppen auf dem Hügel kam nun die Meldung, dass ihre Schützengräben völlig zerstört waren. Sie forderten mindestens eine Kompanie zur Verstärkung an, da nur noch sehr wenige der ursprünglichen Verteidiger übrig waren. Ich selbst sah, dass ihre letzten Reserven aufgebraucht waren, und eine lange Reihe Verwundeter strömte vom Hügel herunter, unter ihnen der neue Kommandant, Hauptmann Bielozerov . Als er in meine Nähe gebracht wurde, war er in einem furchtbaren Zustand; eine Kugel hatte ihn auf der rechten Brust getroffen und war ganz durchdrungen, sein Hemd war blutgetränkt. Er ging ganz nah an mir vorbei und flüsterte mir zu: „Schicken Sie sofort eine Kompanie hoch. Übergeben Sie Leutnant Ivanov das Kommando.“

Leutnant Ivanov war einer meiner tapfersten Offiziere. Als Freiwillige gerufen wurden, um die Verwundeten auf Höhe 426 zu bergen, sagte er, er würde mit 25 Männern gehen, die sich ebenfalls freiwillig unter Leutnant Alalikin vom Schlachtschiff *Poltava gemeldet hatten* . Als sie die japanische Vorpostenlinie erreichten, sahen sie, dass es für die gesamte Abteilung unmöglich war, durchzukommen, woraufhin Leutnant Ivanov allein durch die feindlichen Linien kroch und einen verwundeten Artillerieunteroffizier fand, den er auf seine Schulter hob und zurückbrachte. Auf seinem Rückweg traf er Serpukov , einen Gefreiten der 9. Kompanie, der sicher durchgekommen war, und gemeinsam trugen sie den Verwundeten zu ihrer Abteilung und von dort zum 174 Meter hohen Hügel.

Ich sandte sofort einen Befehl an Leutnant Ivanov, sich als Kommandant auf dem Hügel zu betrachten.

Der Verlust von Oberstleutnant Leesaevski und Hauptmann Bielozerov war unwiederbringlich. Letzterer war ein wahrer Held. Am 20. August kam es auf dem 174 Meter hohen Hügel zu einem Moment, als die Abteilungen des 28. und 13. Regiments [66] auf der linken Flanke wankten und den Rücken kehrten. Hauptmann Bielozerov stürzte sich unter die Flüchtlinge und brachte sie mit einigen leidenschaftlichen Worten, in denen er ihnen die Schande vor Augen führte, die sie über ihre Regimenter bringen würden, dazu, auf ihre Posten zurückzukehren. Hauptmann Bielozerov wurde verwundet, als er aus dem Schützengraben sprang, um zu sehen, wo der Feind war und was er tat.

Der Hügel konnte nur unter großen Verlusten gehalten werden, aber wir waren der Meinung, dass es die Mühe wert war. Daher beschloss ich, selbst zum Hügel zu gehen und unsere letzten Reserven hinaufzuschicken.

In diesem Augenblick kam EP Balashov, der für das Krankenhaus verantwortliche Sanitätsoffizier, mit seinem Assistenten M. Tordan , einem französischen Untertan, und in Begleitung von General Fock angeritten. Diese unerwarteten Ankünfte gaben uns neuen Mut.

Wir waren alle beeindruckt von der Tapferkeit und Gelassenheit EP Balashovs, der beim Regiment sehr beliebt war . Die Kugeln pfiffen in so großer Zahl vorbei, dass sie die Nerven eines jeden Mannes auf die Probe stellten, der noch nie unter Beschuss gestanden hatte. Trotzdem schienen unser Zivilgeneral [67] und sein Begleiter nicht die geringste Furcht zu verspüren.

General Fock versäumte es nicht, uns seine Meinung zur Lage der Dinge mitzuteilen, und er erklärte, dass der Hügel auf jeden Fall bis zum Einbruch der Nacht gehalten werden *müsse* . Das war uns allen bereits klar. Es ist eine sehr unangenehme Sache, sich bei Tageslicht unter dem Feuer eines Feindes zurückzuziehen, der nur wenige Schritte entfernt ist. Aber General Kondratenko äußerte den Wunsch, den Hügel auf unbestimmte Zeit zu halten, ungeachtet der Tatsache, dass es mehr als schwierig sein würde, dort unter einem Hagel großer und kleiner Granaten ohne Schutz vor ihrer mörderischen Wirkung zu bleiben.

Gegen zwölf Uhr kam ein Schütze mit einer Nachricht von Leutnant Ivanov vom Berg heruntergelaufen. Er forderte sofortige Verstärkung, und zwar so viele wie möglich, da sowohl die Offiziere als auch die Mannschaften zu wanken begannen und es deshalb offensichtlich notwendig sei, sofort Hilfe herbeizuschicken.

Ich wusste, dass Leutnant Ivanov nicht ohne triftigen Grund um Verstärkung bitten würde. Ich meldete dies General Kondratenko (wir hatten noch eine Kompanie in Reserve) und es wurde beschlossen, die erforderliche Verstärkung zu schicken. Aber General Fock hörte den Befehl und ärgerte sich über unsere „Unerfahrenheit".

„Was soll das heißen?", fragte er. „Sie wollen bis zum Einbruch der Nacht durchhalten und schicken trotzdem Ihre letzte Reserve hoch?"

„Es ist absolut notwendig", antwortete ich.

„Das ist überhaupt nicht nötig", erklärte General Fock.

„Gut, Nikolai Alexandrowitsch ", sagte General Kondratenko und wandte sich an mich. „Wir werden noch ein wenig warten."

Ich sah, dass General Focks Zusicherungen General Kondratenkos Urteil außer Kraft gesetzt hatten, und ich selbst hatte nicht den moralischen Mut, ihm zu widersprechen und auf der Entsendung der letzten Kompanie zu bestehen, zumal Oberst Irman, mein unmittelbarer Vorgesetzter, mir keinerlei Unterstützung gewährte.

Etwa eine halbe Stunde verging, seit die Verstärkung angefordert worden war. Balaschow und M. Tordan zogen ab und sagten, sie hätten genug davon, und auch General Fock ritt davon. Inzwischen wurde der Kampf immer heftiger, und nun zeigten sich die ersten Anzeichen von Schwankungen.

Ich bemerkte drei Schützen, die vom Hügel wegliefen, und drei Männer ohne Gewehre hinter ihnen. Ich machte General Kondratenko auf sie aufmerksam, und er erkannte offensichtlich seinen Fehler, denn er sagte zu mir: „Ah! Jetzt ist es zu spät!" Dann folgten hinter der zweiten Gruppe von drei Männern schnell etwa zwanzig weitere, und bald strömte eine ganze Kompanie hinter ihnen den Hügel hinunter.

Auf dem Hügel selbst rannten die Männer in alle Richtungen wie Ameisen, deren Hügel gestört wurde, aber eine Gruppe von etwa fünfzig Männern stürmte in die obere Batterie, stellte sich auf die Brustwehr und feuerte direkt auf den Feind unten. Vor dieser Gruppe sah ich unseren stellvertretenden Fähnrich Shchenakin , sein blankes Schwert in der Hand haltend, und mein Herz schwoll vor Stolz für das 5. Regiment an. Alle diese Männer gehörten zum 5. Regiment, und sie hatten die Hoffnung nicht aufgegeben, den Hügel zu halten, obwohl alle anderen geflohen waren.

In diesem Moment eröffnete der Feind ein Höllenfeuer auf diese Heldengruppe und hüllte den Hügel in Rauchwolken; die Japaner dachten übrigens nicht zweimal darüber nach, über die Köpfe ihrer eigenen Männer hinweg zu schießen. Ich sah nicht, wie das Ende aussehen würde, denn wir alle – General Kondratenko, Oberst Irman und ich – galoppierten los, um den Rückzug aufzuhalten, und obwohl die Aufgabe nicht leicht war, gelang es uns dennoch. Ich postierte die Reserve in der Nähe unseres zentralen Hügels, und die zurückgewichenen Truppen besetzten eine Position in Kontakt mit dieser Reserve, von Namako Yama bis zum Connecting Ridge. Sofort wurde eine Telefonnachricht abgeschickt , in der die Artillerie angewiesen wurde, so viele Geschütze wie möglich auf den 174 Meter hohen Hügel zu richten.

Die Gelbkappen hatten sich bereits auf dem Kamm gezeigt und eröffneten ein ziemlich schweres, wenn auch nicht sehr zielgenaues Feuer auf uns.

In diesem Augenblick wurde die Hügelkuppe von einem so gewaltigen Granathagel unserer Art erfasst, dass alles Lebende innerhalb weniger Sekunden vernichtet wurde. Auch nachdem das Feuer aufgehört hatte, wagten die Japaner nicht, sich zu zeigen.

Es ist äußerst schwierig, gewöhnliche Feldgräben gegen Belagerungsartillerie auf kurze Distanz zu halten.

Mit dem Fall von 174 Metern Hill sahen wir, dass es unmöglich war, Connecting Ridge zu halten, das daher evakuiert werden musste. General Kondratenko gab den Befehl dazu und ging dann nach Hause, da er völlig erschöpft war und kaum stehen konnte. Colonel Irman ging mit ihm.

Ich nutzte die Tatsache aus, dass die Japaner es nicht wagten, sich auf dem 174- Meter- Hügel zu zeigen, und zog die Kompanien in aller Stille vom Connecting Ridge ab. Ich postierte sie vorerst hinter Namako Yama und Division Hill.

Am 19. und 20. August verlor die 5. Kompanie 62 Mann, etwa die Hälfte ihrer damaligen Stärke. Die 9. verlor 120 Mann und hatte nur noch 48 in den Reihen. Unsere Kompanien waren die letzten, die sich zurückzogen.

Unsere Verluste bei der Verteidigung von 174 Meter Hill beliefen sich auf 1.000 Mann, von denen etwa ein Drittel getötet wurde.

Metre Hill und dem Connecting Ridge entstanden , wo nur vier Kompanien (höchstens 800 Mann) gleichzeitig agieren konnten, gibt der Verlust von 1.000 Mann an einer Stelle eine Vorstellung von der Intensität des Feuers, das die Japaner an dieser Stelle entfachten.

Hätten wir uns entschieden, den Hügel zurückzuerobern, wäre das keine große Sache gewesen, aber es hätte uns mehr als 500 Mann pro Tag gekostet, ihn zu halten, da wir nicht in der Lage gewesen wären, die Schützengräben so wieder aufzubauen, dass sie mit dem Ausmaß der Tag für Tag angerichteten Schäden Schritt halten konnten. Mein Regiment hätte nur für vier Tage ausgereicht, da unsere Stärke, einschließlich der Verstärkung durch das 28. Regiment, nicht mehr als 1.800 Mann betrug.

Wie aus dem vorstehenden Bericht hervorgeht, wurden mir bei Bedarf Einheiten anderer Regimenter geschickt, die jedoch häufig an anderen Stellen der Verteidigungslinie benötigt wurden.

Neben 1.000 Mann Verlusten verloren wir 2 lange 150-mm-Geschütze, 4 Feldgeschütze, 2 Maschinengewehre und 4 Feldmörser. Zwei davon konnten wir jedoch bei den letzten Angriffen am Fuße des 174 Meter hohen Hügels zurückerobern.

Mit dem Fall von 174 Metern Hill wurde es sofort notwendig, die Schützengräben auf Division Hill, Namako Yama, Akasaka Yama und 203 Metre Hill zu verstärken .

Diese Schützengräben waren bei weitem nicht vollständig, mit Ausnahme der Schützengräben auf dem 203 Meter hohen Hügel, wo sie splittersicher und mit einer leichten Granatsplitterabdeckung versehen sowie mit Drahtverhauen versehen waren.

Unsere Erfahrungen auf dem 174- Meter- Hügel hatten uns jedoch gelehrt, wie schwach unsere Erdwerke im Vergleich zur Zerstörungskraft der feindlichen Granaten waren, und so war es offensichtlich notwendig, alle Befestigungen auf dem 203- Meter- Hügel erheblich zu verstärken.

All dies hätte schon früher geschehen sollen, aber der Mangel an Werkzeug und Personal hatte uns während der Verteidigung daran gehindert , an anderen als den vorgeschobenen Stellungen zu arbeiten. 203 Meter Hill war eine Ausnahme, da er einer der wichtigsten Punkte, wenn nicht *der* wichtigste, auf der Verteidigungslinie war und ihm meine besondere Aufmerksamkeit gewidmet hatte.

Wir mussten uns wieder Tag und Nacht an die Arbeit machen. Ich hatte folgendes vor: die vier Schützengräben auf Namako Yama in einen langen Graben über die gesamte Länge des Hügels zu verwandeln; mehrere Verbindungsgräben auf der Rückseite des Hügels zu bauen, wo Splitterschutzvorrichtungen gebaut und Zelte für die Verteidiger des Hügels errichtet werden sollten; Küchen zu bauen und eine Verbandsstation am Fuß des Hügels in der Nähe der Batterie mit langen 6-Zoll-Geschützen einzurichten; ein Magazin für Kleinwaffenmunition, Granaten und Patronen zu bauen und auch einen Unterstand für den Kommandanten zu errichten. Außerdem schlug ich vor, den Graben auf dem Gipfel von Akasaka Yama in eine Redoute umzuwandeln und davor entlang des Hügels mehrere Gräben zu errichten; alle Splitterschutzvorrichtungen auf dem 203- Meter- Hügel zu verstärken; und solide Holzbalken zu platzieren, um die Kopfabdeckung zu stützen, damit die Splitterschutzvorrichtungen stehen bleiben, selbst wenn die Brustwehr weggesprengt wird.

Meter Hill an die Arbeit .

Die Truppen auf den von uns besetzten Stellungen waren wie folgt aufgeteilt: Auf dem Divisionshügel die 5., 7. und 11. Kompanie des 5. Regiments mit der 2. und 3. Aufklärungsabteilung des 5. Regiments und der 9. Kompanie des 27. Regiments unter Major Beedenko . Auf Namako Yama zwei Kompanien Marineinfanterie unter unseren eigenen Offizieren Afanaisev und Siedelnitski , beide Kompanien unter dem Kommando von Leutnant Shcherbachev ; die 7. Kompanie des 28. Regiments und die 2. Aufklärungsabteilung desselben Regiments unter Major Sokkatski ; außerdem eine Kompanie des 13. Regiments und die 9. Kompanie des 5. Regiments. [68] Eine Abteilung Marineinfanterie verteidigte Extinct Volcano. Auf dem 203 Meter Hügel befanden sich wie zuvor die 2. und 4. Kompanie des 5. Regiments, und ich hatte drei Kompanien des 4. Reservebataillons in Reserve. Alle arbeiteten nachts und schliefen tagsüber.

Da unsere Verteidigungslinie nun viel kleiner war, waren wir viel stärker und ich hatte keine Angst mehr vor plötzlichen Angriffen. Doch der folgende bedauerliche Vorfall störte meinen Seelenfrieden erneut.

Am frühen Morgen des 23. August wurde ich von der Meldung geweckt, dass die Japaner in der Nacht den erloschenen Vulkan eingenommen hätten.

ERLOSCHENER VULKAN: AUFGENOMEN VON DER RECHTEN
FLANKE DES NAMAKO YAMA.

Ich wollte es zunächst nicht glauben, denn die Schüsse mussten gehört worden sein und die Nacht war völlig ruhig verlaufen.

Als ich das dem Ordonnanzoffizier sagte, erklärte er mir, dass nicht geschossen worden sei, da die Marines im Schlaf erwischt worden seien.

Später stellte sich heraus, dass sie nicht schliefen, sondern arbeiteten und überrascht worden waren, weil sie es versäumt hatten, Außenposten zu errichten. Auf Extinct Volcano gab es zwei Schützengräben – einen am Fuße des Hügels für eine halbe Kompanie und einen auf dem Kamm für einen Abschnitt. Drei Tage zuvor hatte ich eine halbe Kompanie Marines zur Arbeit und Verteidigung auf diesen Hügel geschickt .

Aufgrund ihrer Unkenntnis der Außenpostenarbeit hatten sie nachts keine ständigen Wachen postiert, sondern begnügten sich mit ein paar Wachen in den Schützengräben selbst.

Eine kleine Gruppe Japaner bemerkte ihre Nachlässigkeit, schlich sich an die schläfrigen Wachen heran, überraschte sie und sprang in den Schützengraben.

Unsere Marines begriffen die Situation erst, als die meisten von ihnen bereits getötet waren. Die übrigen flüchteten in den oberen Schützengraben, wo sich eine Schützendivision befand (ich weiß nicht mehr, zu wem sie gehörte – möglicherweise zur 7. Kompanie des 28. Regiments, da sie die rechte Flanke von Namako Yama besetzten). Die Japaner rannten hinter ihnen her und drangen dicht hinter ihnen in den Schützengraben ein, wodurch sie Extinct Volcano ohne Lärm oder Feuer einnahmen.

Major Zimmermann – ein Held im wahrsten Sinne des Wortes –, der das Kommando auf Namako Yama innehatte, als er von den Vorkommnissen erfuhr, organisierte sofort einen Gegenangriff und als die Männer sich wieder einigermaßen erholt hatten, setzte er ihnen ein Beispiel, indem er mit gezogenem Schwert vorstürmte. Die Soldaten folgten ihm aufs Genaueste und Extinct Volcano wurde zurückerobert. Leider wurde Major Zimmermann am Arm und an der Brust verwundet und musste sein Kommando abgeben.

Zehn Minuten nach der Rückeroberung des Hügels eröffnete die feindliche Artillerie ein gewaltiges Feuer darauf.

Inzwischen hatte ich den Ort des Geschehens erreicht. Bei mir hatte ich eine der Reservekompanien, der ich befahl , an der Stelle des ehemaligen Biwaks des Regimentsstabs in der Nähe der Gräber von Oberst Petrow und Major Schiller zu bleiben.

Als ich den Gipfel des Namako Yama erreichte, der dem erloschenen Vulkan am nächsten liegt, sah ich, dass sich auf seinem Gipfel die gelben Spitzen befanden. Das bedeutete, dass das feindliche Feuer uns vom Hügel vertrieben hatte, was sich tatsächlich als richtig erwies.

Ich habe einen entsprechenden Bericht gesendet.

In diesem Moment traf Colonel Irman mit seinem Adjutanten ein und teilte mir mit, dass er nach drei Kompanien aus der allgemeinen Reserve geschickt habe.

Bis sie jedoch eintreffen würden, würde mindestens eine Stunde vergehen und in dieser Zeit könnte sich der Feind verschanzen, so dass es sehr schwierig wäre, ihn wieder zu vertreiben.

Wir beschlossen daher, den Hügel unverzüglich anzugreifen, und zu diesem Zweck befahl ich der 1. Aufklärungsabteilung, sofort zu mir zu kommen (sie war in der Nähe von Fort Yi-tzu Shan stationiert). Dort war alles ruhig, und ich hatte das Gefühl, dass ich Truppen von dieser Position abziehen konnte, ohne feindliche Angriffe befürchten zu müssen.

Oberst Irman forderte den Kommandeur der Festungsartillerie per Telefon auf, mit so vielen Geschützen wie möglich das Feuer auf den Gipfel des Erloschenen Vulkans zu eröffnen.

Unsere Geschütze donnerten und ein Granathagel fegte über die Spitze des Hügels. Im Nu war der Hügel in Rauch gehüllt und die gelben Gipfel verschwanden.

Um zu sehen, was auf der Rückseite des Hügels passierte, ging ich in eine Schlucht vor der linken Flanke des Division Hill. Unser Kanonadenfeuer ging weiter.

Gerade als ich meinen neuen Beobachtungspunkt erreichte, hatte ich ein sehr beunruhigendes Erlebnis. Ich hörte das Kreischen einer schweren Granate über meinem Kopf, und einen Moment später fiel sie etwa zehn Schritte von mir entfernt ein; die Erde bebte vom ohrenbetäubenden Nachhall der Explosion, und ich wurde schwer zu Boden geworfen, bedeckt mit Sand und Lehmklumpen. Es dauerte einige Zeit, bis ich mich von dem Schock erholt hatte und meinen Weg fortsetzen konnte.

Dies war auf eines unserer eigenen 11-Zoll-Geschütze auf den Küstenfestungen zurückzuführen. Es war auf dem vom Feind besetzten Hügel platziert, aber die Granate fiel in meiner Nähe – beileibe nicht das erste Mal, dass unsere Küstenverteidigungsgeschütze uns eine unangenehme Überraschung bescherten. Einmal landete eine 11-Zoll-Granate im Schützengraben der 6. Kompanie auf dem Division Hill. Glücklicherweise blieben diese Missgeschicke ohne ernsthafte Folgen. [69]

Als ich die linke Flanke von Division Hill erreichte, stellte ich fest, dass ich das Tal nicht sehen konnte. Ich rief zu Division Hill hinauf und forderte die Leute dort auf, mich zu informieren, wenn hinter Extinct Volcano etwas zu sehen sei, und erhielt bald die Antwort, dass sich keine feindlichen Truppen im Tal befanden.

Die Japaner jedoch entdeckten mich von ihren Schützengräben aus und schossen sofort auf mich, was wirklich angenehm war. Sie begannen sogar, mich mit ihren Feldgeschützen zu beschießen; sie hatten anscheinend einen enormen Vorrat an Gewehr- und Kanonenmunition und setzten ihn mit Sicherheit großzügig ein.

Als ich zu Oberst Irman zurückkehrte, waren unsere Späher bereits eingetroffen und wir beschlossen, unverzüglich anzugreifen. Die Späher sollten zusammen mit einer Kompanie aus der Reserve (der 5. des 27. Regiments) direkt auf den Hügel vorrücken, während eine Kompanie aus der Garnison von Namako Yama von der Flanke her vorrückte. Es war ein harter Aufstieg auf den hohen, steilen Hügel, und es dauerte eine Weile, bis der Feind einen Schuss abfeuerte, während unsere Kanonen den Gipfel absuchten. Als die Späher jedoch näher kamen, ebenso wie die Kompanie von Namako Yama, stellten unsere Kanonen das Feuer ein, woraufhin die gelben Gipfel sofort wieder den Hügel krönten.

Die Kompanien stürmten vor. Unter heftigem Beschuss erreichten sie die Brustwehr, kamen aber nicht weiter und legten sich in der Nähe in Bodenmulden nieder.

Die gegnerischen Kräfte standen so nah beieinander, dass sie problemlos Steine hinüberwerfen konnten. Die Gelbspitzen gingen hinter der Brustwehr in Deckung, und unsere Männer begannen mit Steinen, da sie mit Kugeln nicht getroffen werden konnten. Die Japaner antworteten in ähnlicher Weise, und das ging eine Zeit lang so weiter.

Wir waren an Gewehr- und Kanonenfeuer gewöhnt und hatten jetzt keine große Wirkung mehr auf uns, aber dieses Steinewerfen machte einen äußerst kindischen Eindruck. Es war ärgerlich, dass es keinen einzigen Mann gab, der mutig genug war, seinen Kameraden ein Beispiel zu geben, indem er auf die Brustwehr stieg. Und jemandem, der ungeduldig auf einen Angriff wartete, erschien das ganze Verfahren sinnlos.

Schließlich hörten unsere Männer auf, Steine zu werfen, und bereiteten sich offensichtlich auf einen Bajonettangriff vor.

Mehrere Männer stürmten nach vorne – ein Offizier und einige Unteroffiziere.

„Nun, Gott sei mit euch!", sagte ich zu mir selbst. „Endlich haben sie sich zusammengerissen und scharen sich über die Brüstung."

Die gelben Spitzen waren einen Moment lang über dem Brustwehrkamm zu sehen, dann wurden sie von unseren Kameraden verdeckt, und mit einem wilden „Hurra" strömten unsere Kompanien in den Graben. Dann war alles still.

„Sie haben es", sagte Colonel Irman.

„Ja, das hatten wir schon einmal", antwortete ich, „aber es ist nichts dabei herausgekommen, da ihre Artillerie uns wieder vertrieben hat. Ich habe damals Major Zimmermanns Erfolg gemeldet, aber jetzt wollen wir abwarten." Ich hatte kaum zu Ende gesprochen, als die Japaner begannen, die Spitze des Hügels mit Feuer aus ihrer schweren Artillerie zu beschießen.

Wir waren der Meinung, dass wir nichts erreichen könnten, solange diese verfluchten Geschütze nicht zerstört wären. Doch unsere Artillerie war gezwungen, mit Munition zu haushalten und konnte den feindlichen Batterien kaum Widerstand leisten.

Granaten jeden Kalibers bedeckten buchstäblich die Spitze des Hügels, aber unsere Männer kamen nicht aus dem Graben. Das schien in der Tat seltsam, da es in dem kleinen Graben keine Splitterschutzvorrichtungen gab und ein solches Feuer alle Verteidiger vernichten musste.

Zehn Minuten vergingen und es gab keine Anzeichen einer Bewegung. Weitere zehn Minuten und kein Rückzug.

Endlich stellte die feindliche Artillerie das Feuer ein .

„Jetzt", dachte ich mir, „gehört der Hügel uns." Doch plötzlich erschien auf der Brustwehr ein japanischer Soldat mit einer Flagge.

„Was soll das bedeuten? Sind unsere Männer doch nicht alle tot?" Aber praktisch war es so. Die wenigen, die noch übrig waren, brachen ihren Weg nach Namako Yama durch. Und der Japaner stand auf der Brustwehr und schwenkte seine Flagge.

In diesem Moment kam Verstärkung in Sicht – eine Aufklärungsabteilung eines Regiments. An ihrer Spitze stand Leutnant Jewstratow , ein kräftiger, großer, blonder Kerl mit rötlichem Bart. Die Männer marschierten schnell und freudig; aber es waren nicht mehr als achtzig.

„Wie kommt es, dass Sie so wenige sind? Mir wurden drei Kompanien versprochen?"

„Hier sind die drei Kompanien, Colonel", sagte der Leutnant.

„Wo?", fragte ich.

„Hier", und er zeigte auf seine Männer. „Die sind mehr wert als drei Kompanien!"

Wir beschlossen, eine weitere kleine Abteilung hinter den Spähern hinzuzufügen und wie zuvor anzugreifen, indem wir eine weitere Kompanie von Namako Yama in die Flanke schickten. Wir schickten dementsprechend einen Ordonnanzoffizier mit den notwendigen Anweisungen nach Namako Yama. Die Männer, die gerade angekommen waren, kannten das Gelände nicht, also führte ich sie selbst auf den Hügel und ging mit ihnen, bis sie alle wussten, wie und wo sie angreifen sollten.

Unsere Artillerie eröffnete erneut das Feuer auf den erloschenen Vulkan und wir sahen, wie der Mann mit der Flagge von der Brustwehr sprang, während der Gipfel des Vulkans in Rauch von unseren explodierenden Granaten gehüllt war. Offensichtlich übten wir Rache. Danach kehrte ich zu Colonel Irman zurück.

Es gab nur sehr wenige Angreifer und wir warteten ungeduldig auf Verstärkung, aber es traf keine ein. Die Späher hatten bereits fast die Spitze erreicht und das Feuer hatte begonnen. Der Offizier sprang auf die Brustwehr und schoss mit seinem Revolver auf jemanden . Alle seine Männer folgten ihm und legten sich auf das Glacis, ohne in den Graben zu springen. Offensichtlich waren die Japaner dort.

Es war noch keine Verstärkung bei uns eingetroffen. Ich konnte es nicht ertragen und lief zu einem Hügel hinter uns, um zu sehen, ob die Kompanien herankamen oder irgendwo Halt machten.

Um diesen Hügel zu erreichen, musste ich eine ziemlich breite Schlucht überqueren. Als ich in sie hinabstieg, hörte ich die Japaner auf dem Hügel feuern, und als ich meinen Beobachtungspunkt erreichte, sah ich die Verstärkungskompanien auf uns zueilen.

Ich kehrte mit den guten Nachrichten zu Colonel Irman zurück, aber er dämpfte bald meine Stimmung. „Es ist jetzt nichts mehr gut, unsere Männer sind alle durch Artilleriefeuer getötet worden." Als ich zum Hügel blickte, sah ich nichts als die Leichen unserer tapferen Kameraden.

Die Reservekompanien kamen völlig erschöpft bei uns an. Colonel Irman und ich mussten zugeben, dass es nun unmöglich war, den Hügel zurückzuerobern.

Als Oberst Irman zu diesem Schluss kam, sandte er einen entsprechenden Bericht an General Kondratenko.

Ich hörte später, dass dieser hervorragende Offizier, Leutnant Evstratov , durch ein Granatsplitter verwundet wurde und im Krankenhaus starb.

Der erloschene Vulkan blieb in der Hand der Japaner und die Berge von Leichen – sowohl russischer als auch japanischer Artillerie – dienten für den Rest der Belagerung als Vorwurf für unsere Kanonenschützen, die nicht stark genug waren, um den Feind daran zu hindern, auf entscheidende Distanz in Aktion zu treten.

Die Verteidigung dieses Hügels war kürzer als die des 174- Meter- Hügels; dafür gab es natürlich Gründe. Erstens war die Spitze des Hügels zehnmal kleiner als die des 174- Meter- Hügels, die Schützengräben boten nur Platz für einen Abschnitt; und zweitens gab es dort keine einzige Splitterschutzvorrichtung, und die Schützengräbenlinie lag jenseits unserer allgemeinen Verteidigungslinie und hatte davor eine gewisse Menge totes Gelände.

Unsere Schützen hatten keinen Schutz vor Artilleriefeuer und wenn sie sich nicht zurückzogen, wurden sie bis auf den letzten Mann vernichtet. Aber wenn wir diesen Hügel den Japanern überließen, hofften wir, dass sie ihn nicht besetzen würden, weil unsere Artillerie sie wegfegen könnte, so wie ihre Artillerie es mit unseren Truppen tat, als wir ihn besetzten. Doch das geschah nicht.

Als wir unseren Kanonenschützen befahlen, die Japaner von diesem Hügel zu vertreiben, antworteten sie, dass sie nur sehr wenige Granaten hätten und diese für wichtigere Ziele aufbewahren müssten.

also ungestraft und reparierten sie, indem sie Verbindungsgräben und Deckung vor unseren Kugeln anlegten.

Colonel Irman übergab mir die Kompanien, die im Ziel eingetroffen waren, um die Verteidigung auf Namako Yama zu verstärken, und ich brauchte sie dringend.

Welch enormen Einfluss ein einzelner Mann, ob Offizier oder einfacher Soldat, auf den Ausgang einer Schlacht haben kann!

In vielen Schlachten habe ich die psychologische Wirkung beobachtet und untersucht, die es auf einen einfachen Menschen hat, wenn er dem Tod ins Auge blickt.

Der Wunsch, der ihm drohenden Gefahr zu entkommen, ist so groß, dass er kaum in der Lage ist, die Willensstärke eines Durchschnittsmenschen aufzubringen.

Von diesem Gefühl überwältigt, verliert ein Mann seine Fähigkeit, die Umstände abzuwägen, und er handelt entweder aus Gewohnheit oder folgt dem Beispiel seines Kommandanten oder seines Nachbarn . (Dies ist ein wohlbekanntes Phänomen, das jedoch nur demjenigen bewusst wird, der während eines Kampfes unter Soldaten war.) Nehmen wir nun an, dieser Nachbar verliert den Kopf und rennt, dann gibt es nur sehr wenige, die seinem Beispiel nicht folgen würden; der Durchschnittsmann wird ebenfalls die Flucht ergreifen, sein Nachbar folgt ihm und so weiter, bis die ganze Abteilung in Unordnung den Rückzug antritt.

Ein ungeordneter Rückzug wird immer von einem Mann eingeleitet, und in den meisten Fällen ist dieser Mann körperlich schwach und manchmal, wenn auch selten, ein offensichtlicher Versager. Deshalb ist es wichtig, Soldaten aus körperlich starken Männern zu rekrutieren, denn fast jeder schwache Mann wird ein Grund für einen Rückzug und folglich für eine Niederlage sein. Hundert ausgewählte Männer sind zwei- oder dreihundert schwachen vorzuziehen, auch wenn letztere ebenso gut ausgebildet sind.

Ich möchte hinzufügen, dass die Männer lernen müssen, mit ihren Kräften zu haushalten. Auf einem langen Marsch sind ermüdete Soldaten schlimmer als nutzlos. Deshalb sage ich, dass wir das meiste von dem, was unsere Soldaten jetzt in ihren Tornistern tragen, wegwerfen und nur die folgenden Gegenstände behalten müssen: 1 Hemd, 1 Paar Hosen, 1 Paar Kitt, 1 Paar Socken, einen Ball Flusen, eine Butterdose, einige Nadeln und Faden und Zucker für zwei Tage. Alle anderen Dinge sind absolut überflüssig. Sorgen Sie für perfekte Versorgungskolonnen; aber der Soldat muss so leicht wie möglich gehen und außerdem schick aussehen, damit ein Feind es nicht wagt, ihn einen „zerlumpten Bettler" zu nennen. [70] Machen Sie einen Soldaten so schick, dass sogar aus einem Schlampen ein ziemlich gut aussehender Kerl wird. Ein gepflegtes Äußeres hebt die Moral der Truppen.

Es ist auch unabdingbar, dem Infanteristen die Feldbefestigung gründlich beizubringen, damit er einem Pionier gleichgestellt wird und im Krieg keiner Aufsicht bedarf. Beim 5. Regiment konnten nicht nur die Unteroffiziere, sondern auch die Mannschaften angeben, wo Schützengräben angelegt werden sollten und wie tief und lang sie sein sollten.

Unsere Männer warfen den Pionieren vor, Gräben mit Ellbogenstützen ausgehoben zu haben, da sie aus Erfahrung wussten, was der Verlust dieser Breite an Erde entlang der Schusslinie bedeutete. Sie sagten, die Pioniere hätten dies getan, weil sie selbst noch nie unter Granatsplitterbeschuss geraten waren und nicht wussten, wie man aus der Deckung zielt.

RECHTS DER ROTE HÜGEL, MIT DER STADT UND DER BUCHT IM TAL. IM VORDERGRUND IST DAS HAUPTQUARTIER DES 5. REGIMENTS ZU SEHEN.

KAPITEL VI

Fortsetzung der Befestigungsarbeiten an den verschiedenen Hügeln – Ende des ersten Generalangriffs, 22. und 23. August – Angriffe auf Namako Yama vom 24. August bis 19. September.

Sobald Extinct Volcano an die Japaner übergeben worden war, beschloss ich, unsere bestehenden Verteidigungsanlagen durch Schützengräben und Stacheldrahtverhaue zu verstärken und ließ die Schützengräben auf Namako Yama und Division Hill entsprechend erweitern und vertiefen.

Die 10. Kompanie postierte ich im Tal zwischen Extinct Volcano und Division Hill, in der Hoffnung, dadurch die Lücke zwischen den von uns besetzten Hügeln zu schließen.

Nachdem dies erledigt war, machten wir uns als Nächstes an die Befestigung von Akasaka Yama und nahmen die Aufgabe ohne einen Moment Verzögerung in Angriff.

Ich hatte bereits mit dem Bau eines Redoutengebäudes auf dem Gipfel des Akasaka Yama begonnen, das Platz für eine Kompanie bieten sollte und nun fertiggestellt werden musste. Außerdem mussten rund um den Hügel Schützengräben für fünf Kompanien gebaut werden.

Da ich die Möglichkeit eines feindlichen Durchbruchs über den erloschenen Vulkan im Auge hatte, befestigte ich das Gelände zwischen Fort Yi-tzu Shan und Riji Hill [71] und machte Division Hill und Namako Yama zu zwei unabhängigen Kommandos. Wir mussten auch unsere Verbindungen mit Division Hill und Namako Yama sichern , die einem Angriff ausgesetzt sein könnten. Für all diese Arbeit brauchten wir Werkzeuge, Material und Leute, und wieder fehlten uns alle drei Dinge. Glücklicherweise wurde mir in dieser schwierigen Zeit Major Gemmelmann von den Pionieren sowie mehrere Unteroffiziere zugeteilt, so dass ich nachts etwas Schlaf bekommen konnte. Ich sammelte einen großen Vorrat an *Material* in der Nähe des Lagers des Regimentshauptquartiers.

Nach zahlreichen dringenden Nachrichten begannen die zuständigen Behörden damit, uns Draht, Säcke (für Sand), allerlei Eisen und Stahl sowie einige Werkzeuge zu schicken. Alles andere, was wir brauchten, besorgten wir uns wie zuvor in den Läden der Stadt und bei den Eisenbahnern.

Unsere Regimentspferde waren vom Schleppen schwerer Materialien wie Balken, Bretter, Schienen usw. ziemlich erschöpft. Wir hatten nur sehr wenige Karren und Wagen zum Transport dieser Dinge, da wir unsere Gepäckwagen hauptsächlich dazu benötigten, um die für unseren täglichen Bedarf notwendigen Regimentsgegenstände und Vorräte zu transportieren.

Es ist außergewöhnlich, dass eine wichtige Festung wie Port Arthur fast ohne Fahrzeuge für den allgemeinen Dienst zurückgelassen werden konnte, ein Mangel, den man sehen und spüren muss, um richtig verstehen zu können, was ausreichende Transportmittel in einer Festung bedeuten und wie unverzichtbar sie sind.

Gegen Ende der Belagerung wurde eine kleine Eisenbahn bis zu meinem Hauptquartier gebaut, die aber nie in Betrieb genommen wurde, wahrscheinlich weil es an Lastwagen mangelte. Ich habe die Schienen gesehen, aber Lastwagen fehlten auffallend. Eine Festung muss wie eine Armee über eigene Transportmittel und die dafür notwendigen Pferde verfügen oder, besser noch, über gute, leistungsstarke Kraftfahrzeuge.

Ich wollte für mich und Oberst Irman auf einem unserer Hügel einen splittersicheren Beobachtungsposten errichten, aber aus Mangel an Transportmöglichkeiten mussten wir während der gesamten Belagerung an einem Beobachtungsposten bleiben, der dem feindlichen Feuer ausgesetzt war. Wir verbrachten die Nacht immer im Regimentshauptquartier, wo auch Oberst Irmans Stab (er befehligte die gesamte Westfront) untergebracht war. Unsere Quartiere waren Gebäude, die zum Artilleriehauptquartier auf dem Red Hill gehörten, und ein großes Festzelt, das dort aufgestellt war, diente als Speisesaal, in dem sich eine ganze Reihe von uns zum Abendessen niederließ.

Wir bekamen selten offiziellen Besuch aus der Stadt, da wir uns nicht außerhalb der Reichweite feindlicher Kugeln und Granaten befanden. In der Nähe des Gebäudes wurden zwei Musiker getötet und zwei verwundet, ebenso mein Ordonnanzoffizier, Private Ravinski .

General Nikischin kam jedoch ziemlich oft zu uns zum Abendessen, und wir freuten uns immer auf seine Besuche. Er war immer gut gelaunt, ein kluger und unterhaltsamer Gesprächspartner und brachte uns immer interessante Neuigkeiten, so dass wir, während er bei uns war , die Monotonie unseres Lebens vergaßen. Von ihm erfuhren wir, wie es in den anderen Teilen der Festung zuging, welche Angriffe abgewehrt worden waren und was es Neues über Kuropatkins Armee gab.

Wir tranken ungewöhnlich viel Tee, von dem die Offiziere, sowohl die Regiments- als auch die Stabsoffiziere, Gott sei Dank, reichlich hatten! Unser Mittagessen wurde jedoch etwas dürftig – Reissuppe und gebratenes Pferdefleisch, mit Reis garniert mit ranziger Butter oder Talg. Das Abendessen war ziemlich ähnlich. Gelegentlich, wenn die Männer uns eine Feldflasche voller „ Goltsies “ (kleine, dunkle Fische) brachten, die sie in den Pferdeteichen gefangen hatten, hatten wir ein regelrechtes Festmahl.

Hill aus Beobachtungen machte, schoss ich oft kleine Vögel, die in den Büschen an den Hängen des Hügels saßen, und wir aßen sie mit großem Vergnügen. Ich finde besonders Nachtfalken sehr lecker und ich weiß nicht, warum wir im normalen Leben nicht mehr davon essen.

Hinter Red Hill, auf der Nordseite, befand sich ein kleiner Tannenwald, der zu meinem Lieblingsplatz zum Ausruhen wurde und ein großartiger Beobachtungspunkt war. Man konnte durch diesen Wald gehen und die vom Tannenduft schwere Luft atmen und gleichzeitig alle Stellungen sehen. An einem hellen, sonnigen Tag konnte man jeden Mann auf den umliegenden Hügeln sehen und die Beschäftigungen der verschiedenen Einheiten, die die Stellungen verteidigten, deutlich beobachten. Dort, auf Division Hill, bereiteten sie in den Küchen der 7. Kompanie das Abendessen vor; etwas weiter links war das Abendessen der 6. Kompanie bereits serviert worden; und entlang des Verbindungsgrabens rückte eine ganze Kompanie zur Ablösung unserer Kundschafterabteilungen auf der linken Flanke von Division Hill vor, die in ständigem Kontakt mit den Japanern standen.

Unter Red Hill befand sich eine Reihe kleiner Teiche, die als Tränken für die Artilleriepferde dienten. Sie waren eine wahre Quelle des Vergnügens für unsere Männer, die häufig darin badeten und fischten, obwohl ständig Kugeln und Granaten hineinklatschten.

Auf dem 203 Meter hohen Hügel war alles ruhig und ich war dankbar, dass die Japaner uns Zeit gaben, ihn zu befestigen.

Es kam zu einem harmlosen Bombardement der Festungen Yi-tzu Shan und Ta-an-tzu Shan, wobei alle Granaten die Festung verfehlten und die Festung überflogen.

Mit welcher furchtbaren Kraft sie explodieren! Die Gase sind kaum zu erkennen und sammeln sich auch nicht in einer großen Wolke, sondern werden in kleinen, für das Auge kaum sichtbaren Streifen weggewirbelt, und dann ist oben eine schwarze Rauchwolke zu sehen.

Es war bemerkenswert, dass dort, wo die erste Granate „zu kurz" fiel, alle anderen ebenso zu kurz fielen; wenn sie „drüber" fielen, dann fielen auch alle anderen drüber.

kuan und Ehr-lung gab es eine Straße . Wenn man auf dieser Straße stand, konnte man die Übung eines bestimmten japanischen Geschützes beobachten. Die Granaten, die von hinter dem Hügel her über die Straße kamen, schlugen immer genau an derselben Stelle ein, die von allen gemieden wurde , und das ging während der gesamten Belagerung so weiter, vom Anfang bis zum Ende. Die Soldaten machten darüber Witze und sagten, es sei ein Artillerist gewesen, der sein Geschütz kalibrierte.

Auf meinem Weg durch den Wald explodierten nur wenige Granaten. Sie fielen alle auf die Batterie auf dem Roten Hügel, wo Leutnant Kornilowitsch , ein äußerst tapferer Offizier, der aus Kiew zur Batterie von Oberst Petrow gekommen war, getötet wurde.

Ich verbrachte viel Zeit im Wald auf Red Hill, durchlebte alles, was geschehen war, noch einmal und versuchte, weder an die Gegenwart noch an die Zukunft zu denken. Ich sagte den Männern immer: „Denkt nie daran, was euch passieren wird , sondern nur an das, was geschehen *ist* .“

Auf meinen Spaziergängen begleitete mich häufig unser Arzt Theodor Troitski . Er war immer gut gelaunt und hatte einen Witz im Kopf, konnte immer etwas Interessantes erzählen und war deshalb sehr gefragt. In meiner Freizeit, wenn alles ruhig war, ging ich oft zum Verbandsplatz und trank mit Troitski eine Flasche Stout , die er auf geheime Weise von einem geheimen Ort besorgt hatte . Obwohl viele ihn um seine privilegierte Stellung beneideten, konnte niemand jemals herausfinden, woher er sein Stout hatte.

* * * * *

Um die Stellungen zu verstärken, mussten wir zusätzlich zu den Schützengräben an den wichtigsten Punkten Hindernisse aller Art errichten.

Das beliebteste und wirksamste Mittel war der Stacheldrahtzaun, doch in der Festung gab es nur sehr wenig Stacheldraht.

Natürlich musste eine enorme Menge Stacheldraht verwendet werden, um die innere Hauptverteidigungslinie zu verstärken, aber als es darum ging, die Lücken zwischen den Forts zu blockieren (vor unserer Ankunft in Port Arthur), schien niemand daran gedacht zu haben, 174 Meter Hill zu befestigen. Ich sage das nicht, um diejenigen zu kritisieren, die Port Arthur befestigten. Natürlich mussten sie zuerst die Hauptverteidigungslinie verstärken , und sie hatten nicht genügend Material für 174 Meter Hill.

THEODORE SEMENOVITCH TROITKI, REGIMENTALARZT, 5. REGIMENT.

Mit Stacheldraht gesichert waren folgende Gebiete: der 203- Meter- Hügel, die linke Flanke des Akasaka-Yama (ein sehr kurzes Stück), die linke Flanke des Division-Hügels und die rechte Flanke des Namako -Yama. (Der Raum zwischen dem erloschenen Vulkan und dem Namako -Yama wurde durch Bretter mit Spitzen darin befestigt. [72]) Um zu verhindern, dass der Feind zwischen dem Falshivy- Hügel [73] und dem 203- Meter- Hügel durchbrach , wurden Fougassen gelegt, ebenso zwischen dem Akasaka-Yama und dem Namako- Yama und auf der linken Flanke des Division-Hügels. Diese Fougassen wurden von den Japanern sehr gefürchtet, und vielleicht aus diesem Grund versuchten sie nicht ein einziges Mal, in eines der Täler einzudringen, sondern zogen es immer vor, die unmöglichsten Klippen hinaufzuklettern.

* * * * *

Wir hatten seit dem 14. August und bis September viele Niederlagen erlitten, wobei uns die Japaner dank ihrer Artillerieüberlegenheit einen Hügel nach dem anderen abnahmen.

Trotzdem verzweifelte ich nicht und tröstete General Kondratenko oft, indem ich ihn darauf hinwies, dass unsere Verteidigung umso wirksamer werde, je näher wir unserer Hauptverteidigungslinie kämen , da die Kommunikation zwischen den Verteidigern der verschiedenen Stellungen dann einfacher sei.

Wie dem auch sei, in der Mitte [74] , wohin die Hauptangriffe der Japaner gingen, konnten wir uns erfolgreich verteidigen, und unsere Erfolge dort hoben unsere Moral beträchtlich.

Es gab keine Schafe mehr. Wir hatten sie alle aufgegessen. Gelegentlich gab es Lamm zum Abendessen, das wir in sehr kleine Portionen zerteilten und als Snack servierten, aber hauptsächlich ernährten wir uns von Reissuppe.

Es war immer sehr schwierig, Heu für die Pferde zu bekommen, und sehr bald würde es unmöglich sein, welches zu kaufen, und wir würden dafür Geld ausgeben müssen. Die staatlichen Futtervorräte waren noch nicht angetastet worden.

Wir schickten Leutnant Bogdanovitch nach Pigeon Bay, um uns ein paar Fische zu holen. Er brachte eine ganze Menge mit, aber alles waren Rockfische, die noch vor ein paar Monaten keiner von uns in Betracht gezogen hätte.

Wie ich bereits sagte, räumten wir nach der Einnahme des 174 Meter hohen Hügels Connecting Ridge, das die Japaner sofort besetzten und zu befestigen begannen. Sie bauten auch eine starke Schützengrabenlinie, die die Rückseite von Namako Yama durchkämmen sollte.

Am 15. August wurde mir das Kommando über die Forts und Batterien in der Verteidigungslinie vom Fort Yi-tzu Shan bis zum Fort Ta-yang- kou Nord übertragen.

Ich war ständig auf all diesen Stellungen und Forts gewesen. Fort Ta-an-tzu Shan war das einzige, das fertiggestellt war, während Fort Yi-tzu Shan im Landesinneren fertiggestellt war, aber es gab keine Traversen, und die Garnison musste einige mit Hilfe von Sandsäcken bauen. Es gab auch keine Kaponnieren in den Gräben, und man konnte vom Graben auf der linken Seite in die Schlucht [75] hinausgehen und auf die Brustwehr klettern. Deshalb errichteten die Männer, die die Garnison bildeten, selbst eine offene Kaponniere an der vorderen Ecke (Hauptvorsprung) und versperrten den Zugang dazu durch Eisengitter.

Das Fort Ta-yang- kou Nord wurde während der gesamten Belagerung von der Garnison bearbeitet. Alles, was der Feind sehen konnte, war ein riesiger Haufen behauener Steine, vor dem sich ein etwa 4 Sagen [76] tiefer Graben mit senkrechten Böschungen und Kontereskarpen befand, die aus dem Fels gehauen waren. Vom Eingang des Forts führte ein kahler Abhang in diesen Graben. Es war geplant, ein Tor zu bauen, aber da keine Zeit blieb, es auszuhauen, konnte jeder aus dem tiefen Graben auf diesen Abhang und so von beiden Seiten des Grabens geradewegs durch den Eingang des Forts heraufsteigen. Kasematten oder Splitterschutz fehlten völlig. Auch auf der rechten Flanke gab es keine Verteidigung , so dass das Innere des Forts von den Artilleriestellungen des Feindes aus deutlich sichtbar war. Die Frontseite und der Eingang waren hervorragend flankiert, aber die linke Flanke wurde von sehr vielen japanischen Batterien komplett von hinten eingenommen.

Mit Hilfe einiger von uns heraufgeschickter Arbeiter verstärkte die Garnison die rechte Flanke mit Blenden. In der Mitte und hinter dem Eingang wurde ein starker Bombenschutz gebaut, der groß genug war, um die gesamte Garnison aufzunehmen. Das Dach dieses Bombenschutzes war speziell dafür gemacht, Granaten großen Kalibers standzuhalten (ich selbst sah den Schaden, den eine 11-Zoll-Granate an der rechten Vorderseite einer Ecke anrichtete, aber der Bombenschutz selbst wurde nicht beschädigt). Unter den Wällen wurden Splitterschutzvorrichtungen für Offiziere und Geschützabteilungen gebaut, und in der Nähe der rechten Flanke wurde ein großer Suchscheinwerfer mit einer großen Dampfmaschine ohne jegliche Abdeckung aufgestellt.

Der Raum zwischen den Forts Yi-tzu Shan und Ta-yang- kou Nord war durch eine durchgehende Linie von Stacheldrahtverhauen gedeckt, ergänzt durch eine große Anzahl von Fougassen, und darüber wiederum durch eine Linie von Schützengräben, die jedoch sehr flach waren und sehr dünne Brustwehren hatten. Wir konnten sie erst nach unserem Rückzug vom 174- Meter- Hügel zu unseren Hauptpositionen fertigstellen.

Namako Yama war von der Seite des erloschenen Vulkans bedroht und wurde vom Verbindungsgrat aus beschossen. Es war daher eine gefährliche Position, umso mehr, als die Schützengräben dort absolut keinen Schutz vor Granatsplittern boten. Es war gut, dass wir nach der Einnahme des 174 Meter hohen Hügels lange Querbögen über die gesamte Breite des Hügels gebaut hatten, sodass das Flankenfeuer vom Verbindungsgrat wenig Wirkung hatte. Als die Rückseite von Namako Yama unter dem Beschuss vom Verbindungsgrat zu leiden begann, postierte ich zwei schnellfeuernde Geschütze in der Nähe der Straße, die den Hügel hinaufführte. Sie zerstörten die Schützengräben auf dem Verbindungsgrat und zwangen die Japaner, ihr lästiges und gefährliches Salvenfeuer einzustellen. Um Namako Yama vor Nachtangriffen zu schützen, blockierte ich die Straße entlang der Rückseite mit einer Reihe von Fougasses, Drahtverhauen und aus *Brettern gefertigten französischen Reitern* (ein ausgezeichnetes Hindernis, wenn keine Artillerie vorhanden ist, um es zu zerstören). Um eine Wendebewegung auf der rechten Flanke zu verhindern, legte ich dort Fugassen und erweiterte die Schützengräben auf der rechten Flanke von Akasaka Yama, wo ich zwei Kompanien in gut ausgebauten Schützengräben postierte.

Trotz all dieser Maßnahmen war Namako Yama sehr schwach, da die Schützengräben sehr flach waren und keinen Schutz vor Granatsplittern boten. Außerdem konnten die nahen Hänge des Hügels nicht überall vom

Feuer der Verteidiger erfasst werden, was ein schwerwiegender Nachteil war, wenn man es mit einem Feind wie den Japanern zu tun hatte. All dies zeigte mir, dass Namako Yama in einem sehr prekären Zustand war, obwohl es von sechs Kompanien verteidigt wurde.

Unter Berücksichtigung aller Umstände machte ich mich an die Arbeit, die Verteidigung auf Akasaka Yama zu verstärken, doch der Mangel an Werkzeug und Personal verzögerte die Arbeit, insbesondere, da wir gleichzeitig die linke Flanke von Division Hill verstärken mussten, was dringend nötig war. Man konnte nicht nur die Köpfe, sondern sogar die Fersen der Schützen sehen, die die Schützengräben aus Richtung des erloschenen Vulkans verteidigten. Es war uns auch unmöglich, den Hügel zu erreichen, also mussten wir mindestens zwei lange Verbindungsgräben ausheben. All dies erforderte eine enorme Menge an Werkzeug und Personal, und die Schwierigkeit, Befestigungen zu errichten, wurde durch den Mangel an allem, was benötigt wurde, noch erhöht.

Glücklicherweise gab es reichlich Regen, aus dem Bäche mit sauberem, kaltem Süßwasser flossen und der für fast jede Kompanie vor Ort Bade- und Waschplätze zur Verfügung stand.

203 Meter Hill und Namako Yama waren in dieser Hinsicht noch schlimmer dran. Die Männer mussten von dort zu den Artillerie-Pferdetümpeln in der Nähe des Stabsquartiers gehen, die nicht ohne Gefahr zugänglich waren. Leutnant Ivanov wurde dort von einer Querschlägerkugel am Bein verletzt. Es gab jedoch keinen anderen, weniger exponierten Ort.

Am 22. und 23. August wurde der japanische Hauptangriff [77] auf das Zentrum unserer Verteidigungslinie zurückgeschlagen, wobei der Feind sehr schwere Verluste erlitt. Man sagte uns, dass alle Hänge der angegriffenen Hügel mit japanischen Leichen übersät seien und dass der Gestank unerträglich geworden sei, worunter auch wir litten, da es auf dem Erloschenen Vulkan so viele Tote gab.

Als Major Zimmermann am 22. August verwundet wurde, ernannte ich Major Moskvin, der für die Verwaltung zuständig war, zum Kommandeur auf Namako Yama. Ich hatte großes Vertrauen in diesen tapferen, tatkräftigen Offizier und war überzeugt, dass die Verteidigung von Namako Yama in seinen Händen sicherer sein würde als in denen eines anderen Mannes, da alle unsere Offiziere völlig erschöpft waren und sofortige Ruhe brauchten. Abgesehen davon waren sie fast alle verwundet.

Etwa um diese Zeit ereignete sich folgendes Ereignis. Leutnant Frost, unser Zahlmeister, Hauptmann Felitzin und Vater Wassili Slounin waren in meinem früheren Quartier in der Nähe des Basars in der Neustadt untergebracht. Am Morgen (ich weiß nicht mehr, um welche Uhrzeit) waren sie gerade aufgestanden und tranken Tee, als in dem Zimmer, in dem sie saßen, eine Granate explodierte. Hauptmann Felitzin wurde am Kopf verwundet, ebenso Vater Slounin (einige seiner Haare waren versengt), und Leutnant Frost wurde schwer am Kopf verwundet und erlitt außerdem mehrere kleinere Wunden im Gesicht. Gott sei Dank! Keiner von ihnen wurde getötet, und alle waren bald wieder ganz gesund.

PATER WASILI SLOUNIN, KAPLAN DES 5. REGIMENTS.

Viele unserer Pferde wurden auf unseren zweirädrigen Karren und Kompaniewagen getötet, als wir Nachschub zu den Stellungen brachten. Die getöteten Pferde wurden gegessen, was dazu beitrug, die körperliche Stärke der Mannschaft aufrechtzuerhalten. Viele von ihnen hatten keine Lust auf Pferdefleisch, aber sie folgten dem Beispiel anderer und aßen es, und fühlten sich danach umso besser. Der folgende Vorfall wird beweisen, dass Pferdefleisch schließlich sehr begehrt war. Ich weiß nicht mehr genau, wann es war, aber einmal wurde in der Nähe unseres Stabshauptquartiers ein Pferd getötet. An diesem Tag haben wir aus Mangel an Männern den Kadaver nicht weggebracht, und am Morgen war das Pferd verschwunden, nur ein paar Blutflecken zeigten, wo es gelegen hatte. Später erfuhren wir, dass die Männer von Red Hill herübergekommen waren, es in Stücke geschnitten und unter sich aufgeteilt hatten.

* * * * *

Am 24. August stand ich sehr früh auf, trank eine Tasse Tee und machte, als ich sah, dass alles ruhig war, meinen Spaziergang im Wald auf Red Hill. Es war ein herrlicher Morgen und ich konnte deutlich sehen, wie die Männer in den Stellungen hinuntergingen, um sich zu waschen.

Der Rauch der Feldküchen stieg in die klare Luft, es versprach ein prächtiger Tag zu werden.

Ich kann mich nicht erinnern, wie lange ich dort zwischen den duftenden grünen Bäumen saß, aber ich hätte eine ganze Weile dort verbracht, wenn ich nicht von unten her angefeuert worden wäre. Jemand rief mir zu, ich solle mit Oberst Irman zum Fort Ta-yang- kou Nord gehen, woraufhin ich schnell den Hügel hinabstieg, mein Pferd bereits gesattelt vorfand und in wenigen Minuten hatten wir das erwähnte Fort an der Stadtstraße erreicht. Es wäre nicht sicher gewesen, direkt hinüberzugehen.

Ungefähr auf halber Strecke kamen wir an einer Batterie mit 42-mm-Geschützen vorbei (Redoubt Nr. 4).

Ich zeigte dem Kommandeur dieser Batterie das Ende eines japanischen Schützengrabens, wo laut unseren Spähern japanische Maschinengewehre standen, die unsere Einsätze behinderten. Die Schießscharten für diese Geschütze waren durch Glasscheiben deutlich zu erkennen.

Wir richteten unsere Waffen rasch auf das Ziel und nach ein paar Schüssen auf die Ziellinie begannen die Granaten mit außerordentlicher Präzision zu fallen.

Das gefährliche Ende des Grabens wurde zerstört, aber ich glaube, die Geschütze blieben unberührt, vielleicht weil die Japaner sie in Erwartung des bevorstehenden Bombardements an eine andere Stelle gebracht hatten. Sie hätten jedoch eine ganze Nacht lang gearbeitet, um sie wieder in Position zu bringen. Das 42-mm-Geschütz ist eine sehr präzise Waffe, und es ist schade, dass die Wirkung seiner Sprenggranate so gering ist, dass es nur zum Zerlegen feindlicher Geschütze geeignet ist. Das Geschütz ist beweglich genug, um schnell und plötzlich auf jede völlig ungeschützte feindliche Batterie gezielt werden zu können, ein Fall, der jedoch selten eintreten würde, da heutzutage alle Batterien sorgfältig vor den Blicken des Feindes verborgen sind. Geschütze dieses Typs sind jedoch nicht in der Lage, mit schweren Geschützen fertig zu werden, und man würde nicht empfehlen, viele davon in einer Festung zu haben. Ihr wirklicher Platz ist in der Reserve und nicht in Batterien an den Hauptkampfpositionen.

Der Feind antwortete mit keinem einzigen Schuss auf die 42-mm-Geschütze und wir ritten ruhig weiter zum Fort Ta-yangkou- Nord , das wir wenige Minuten später erreichten.

Im Fort war alles ruhig. Die Männer arbeiteten zügig und ungehindert, aber es gab enorm viel zu tun. Die Aufgabe der Garnison bestand darin, einen gedeckten Schützengraben sowie Splitterschutzvorrichtungen zu bauen. Splitterschutzvorrichtungen für die Geschützabteilungen und Offiziere waren bereits gebaut worden, sodass das Fort mehr oder weniger autark war und eine gute Verteidigung bieten konnte .

Unsere Schützen waren ursprünglich außerhalb des Forts postiert, aber nach der Fertigstellung eines großen bombensicheren und überdachten Weges mit Quergängen im Inneren war es ihnen möglich, die eigentliche Verteidigungslinie zu besetzen und im Fort zu leben. Wie immer empfingen uns die Offiziere freudig, gaben uns Tee und nahmen uns dann mit auf einen Inspektionsrundgang. Jeder war auf seinem Posten. Die Arbeiten gingen zügig voran, und Kapitän Versi von der Marinebauabteilung, der die Arbeiten am Fort beaufsichtigte, zeigte große Energie und Einfallsreichtum. Die Ausgänge des Grabens waren gedeckt, und die Flankengräben waren von beiden Seiten gut mit Flinten bewehrt.

Für das Reservat wurde ein großes bombensicheres Gebäude errichtet, das sowohl gegen Gewehr- als auch Granatfeuer unempfindlich war, aber der Boden bestand aus massivem Fels, und deshalb gingen die Arbeiten nur langsam voran. Wir hatten unsere Inspektion beendet und sprachen gerade in einem splittersicheren Gebäude mit dem Kommandanten, als wir ein lautes Krachen hörten, das durch die Explosion einer großen japanischen Granate irgendwo in der Nähe verursacht wurde .

Wir alle folgten Oberst Irman aus dem Unterstand. Die Geschützabteilungen arbeiteten an ihren Geschützen und richteten sie auf einen weit entfernten Punkt, von dem die feindlichen Granaten gekommen waren. Es war gefährlich, im Freien zu stehen, deshalb rannte ich mit Oberst Irman zum nächsten Geschütz, wo der Signalgeber immer vor einem Granateinschlag warnen konnte. Bevor die Geschütze richtig ausgerichtet waren, rief der Signalgeber : „Achtung!" Ich rannte schnell mit einigen Matrosen in eine Traverse hinunter. Die feindlichen Granaten kreischten über unseren Köpfen und explodierten mit einem gewaltigen Knall auf der Traverse des Geschützes Nr. 2. Im Handumdrehen waren die Matrosen auf ihren Plätzen und die beiden 6-Zoll-Canet-Geschütze [78] brüllten hervor. Ich sprang hoch, um zu sehen, wo unsere Granaten eingeschlagen waren, und sah deutlich zwei Rauchwolken auf einem sehr weit entfernten Hügel direkt hinter den japanischen Stellungen. „Wollen Sie damit sagen, dass dort etwas ist?" sagte ich zum Geschützführer des Geschützes Nr. 1. „Ja, Sir, es ist tatsächlich da, wir haben es schon vor langer Zeit bemerkt." Wieder rief der Signalgeber : „Achtung!", und wir rannten wieder in Deckung, während die Granate über uns hinwegschoss, aber diesmal flog sie weit über uns hinweg und explodierte irgendwo hinter dem Fort. Fast bevor sie eingeschlagen hatte, waren die Matrosen schon an ihren Kanonen und zwei weitere Granaten wurden auf dieselbe Stelle abgefeuert, und dann schlossen sich andere Forts an und trugen zu Tod und Zerstörung bei.

Dieses Artillerieduell dauerte lange. Wir kamen abwechselnd heraus, um zu beobachten, und liefen in Deckung zurück. Oberst Irman war der Gefahr gegenüber viel gleichgültiger als ich. Mir schien, dass meine Position hinter der Traverse nicht besonders sicher war, und ich beschloss, sie gegen eine bombensichere Stellung auszutauschen. Beim nächsten Ruf „Vorsicht!" setzte ich meine Idee in die Tat um, allerdings mit unglücklichem Ergebnis. Eine Reihe von Männern eilte mit mir zum sicheren Ort, wir stürzten einer auf den anderen, und ich befand mich unter denen, die keine Zeit hatten, in die bombensichere Stellung zu gelangen, bevor die Granate des Feindes hinter uns einschlug, mit einem ohrenbetäubenden Knall explodierte und uns unter Rauch, Steinen und Staub begrub.

Glücklicherweise wurde keiner von uns schwer verletzt, aber ich hatte einen großen blauen Fleck auf dem Rücken, den ich als Erinnerung an den Anlass mitnehmen konnte.

Während des Bombardements hatten wir den anderen Hügeln keine Beachtung geschenkt, doch nun sahen wir, dass die Japaner offensichtlich etwas sehr Wichtiges vorbereiteten.

Als auf Fort Ta-yang- kou Nord wieder Frieden herrschte, bemerkten wir, dass der 203- Meter- Hügel in Rauch explodierender Granaten gehüllt war. Anscheinend hatten die Japaner statt der üblichen Tagesmenge von zwei oder drei Dutzend Granaten bereits mehr als hundert Schuss darauf abgefeuert. Das machte uns große Sorgen, und wir galoppierten so schnell wir konnten zur Position des Stabes. Als wir ankamen, erhielten wir von Major Stempnevski eine Nachricht vom 203- Meter- Hügel, dass der Feind den Hügel mit Artillerie beschießt und dass die linke Flanke unserer Schützengräben schwer unter Artilleriebeschuss gelitten hat.

Namako Yama wurde schwer bombardiert, und es war offensichtlich, dass ein Angriff unmittelbar bevorstand. Es würde schwierig werden, diesen Hügel zu halten, da er von vorne nach hinten und von Flanke zu Flanke überzogen war. Wir konnten auch sehr schweres Feuer aus dem nordöstlichen Abschnitt hören, wo die Lage offensichtlich noch ernster war als bei uns. Namako Yama wurde von sechs Kompanien ziemlich stark gehalten. [79] Auf der rechten Flanke befanden sich zwei 6-Zoll-Geschütze und ein Schnellfeuergeschütz unter dem Kommando von Leutnant

Kolmakov . Auf dem 203- Meter- Hügel befanden sich nur zwei Kompanien, die 2. und 4. des 5. Regiments, und zwei Schnellfeuergeschütze (die beiden kurzen 6-Zoll-Geschütze zähle ich nicht mit, da sie schon lange zuvor zum Schweigen gebracht worden waren). Aus Angst um die Sicherheit des 203- Meter- Hügels schickte ich eine weitere Kompanie aus der Reserve dorthin.

Im Vergleich zu anderen Punkten war die Lage der Verteidiger dort ernst. Lebensmittel konnten nur nachts zu ihnen gebracht werden, und da es auf dem Hügel überhaupt kein Wasser gab, musste auch dieses nachts heraufgebracht werden. Es war unmöglich, dass sich jemand am Horizont zeigte. Da der Feind nur einen Steinwurf von den Verteidigern entfernt war, mussten nachts acht Patrouillen mit jeweils sechs Mann aufgestellt werden. In den Kompanien gab es keine Unteroffiziere, und Munition für Gewehre war sehr knapp.

Da wir die Einnahme des 174 Meter hohen Hügels voraussahen, hatten wir am 11. August tatsächlich mit der Befestigung von Namako Yama begonnen. Die Arbeit selbst war sehr schwer, außerdem behinderten uns der felsige Boden und der Mangel an Werkzeugen sehr. Auf dem Hügel war zuvor eine Batterie für zwei lange 6-Zoll-Geschütze errichtet und eine Straße dorthin gebaut worden. Die Männer arbeiteten nur nachts, da es angesichts des schweren feindlichen Feuers Wahnsinn gewesen wäre, dies tagsüber zu tun. Es war sogar gefährlich, sich zu bewegen, und jeden Tag wurden dort mehrere Männer getötet. Die Gesamtzahl der Verteidiger belief sich auf etwa 500 Mann. Am Tag befand sich ein Abschnitt jeder Kompanie in den Schützengräben und stellte Wachposten zur Beobachtung, während drei Abschnitte hinter dem Abhang der Straße schliefen, die über die gesamte Länge des Hügels verlief, wo kleine Splitterschutzvorrichtungen aus Brettern hergestellt worden waren. Nach dem Abendessen begann die Garnison des Postens mit der Arbeit und deckte sich mit einer Reihe von Außenposten ab.

In der Nacht vom 25. auf den 26. August wurde ich durch schweres Gewehrfeuer aus Richtung Division Hill geweckt. Bald darauf kam ein Ordonnanzoffizier angegaloppiert und meldete, dass die Japaner den Namako Yama erklimmen würden. Ich zog mir meine Kleider über und galoppierte in Richtung Namako Yama. Ich befahl zwei Reservekompanien, die in der Nähe des Regimentsstabsquartiers stationiert waren, sofort dorthin zu marschieren.

Als ich einen Ausläufer des Akasaka Yama erreicht hatte, begann ich, die Schlacht zu beobachten. Das Wetter war so schlecht wie nur möglich, es wehte ein starker Wind und es regnete auch. Ich war ziemlich zuversichtlich, denn ich wusste, dass der Feind, wenn er es nicht schaffte, unbemerkt heranzukommen und unsere Männer zu überraschen, mit Sicherheit zurückgeschlagen werden würde.

Zu diesem Zeitpunkt eröffneten unsere Batterien auf Befehl von Oberst Irman das Feuer auf das Tal vor Namako Yama, und der ganze Vordergrund wurde von unseren Sternraketen erleuchtet. Eine weitere halbe Stunde später trafen unsere Reservekompanien ein, und auch Oberst Irman traf ein.

Mehrere Verwundete, die vom Hügel zurückgetragen wurden, erzählten uns, dass die Japaner nicht weiter hinaufgeklettert seien, sondern von unten feuerten, was bedeutete, dass sie vertrieben worden waren.

Nach einer halben Stunde hörte das Feuer auf, und Major Moskvin meldete, dass der Angriff unter schweren Verlusten für den Feind zurückgeschlagen worden sei. Der Feind hatte versucht, uns zu überraschen, wurde jedoch rechtzeitig von den Wachen entdeckt, da unsere Männer durch ihre Warnungen genügend Zeit hatten, ihre Posten einzunehmen.

Wir hatten 4 Tote und 16 Verwundete.

Nach diesem Angriff errichteten wir einen Verbindungsgraben von der Straße oberhalb des Hügels entlang zu den vorgeschobenen Schützengräben, da alle unsere Verluste darauf zurückzuführen waren, dass unsere Männer losrannten, um ihre Schützengräben zu besetzen.

In der Nacht vom 1. auf den 2. September versuchten die Japaner erneut, Namako Yama zu überraschen, wurden jedoch durch Gewehrfeuer vertrieben und zogen sich nach schweren Verlusten hinter den 174 Meter hohen Hügel zurück. Leutnant Afanaisev und sechs Matrosen wurden verwundet.

Für die Abwehr dieser beiden Nachtangriffe wurde Major Moskvin in einem Generalbefehl der Dank des kommandierenden Generals ausgesprochen und er und einige andere Offiziere für Belohnungen vorgeschlagen, die sie jedoch nie erhielten, da die Liste der empfohlenen Belohnungen verloren ging.

Nach diesen Angriffen begaben sich Colonel Irman und ich zu einer Inspektion nach Namako Yama, da die Japaner es offensichtlich als ihren Angriffspunkt ausgewählt hatten.

Diese Inspektion hinterließ bei mir einen sehr schlechten Eindruck. Die Schützengräben waren immer noch sehr flach, es gab praktisch keine Deckung von oben, und der Feind hatte einige Batterien hinter dem 174 Meter hohen Hügel und an den Hängen der davor liegenden Hügel in sehr geringer Entfernung von uns postiert; aber unsere Männer waren trotz des ständigen schweren Feuers in bester Stimmung.

Am 8. September wurde die Marinekompanie auf der rechten Flanke von der 7. Kompanie des 28. Regiments abgelöst. Diese Kompanie hatte sich bei den Kämpfen auf dem 174 Meter Hill nicht besonders gut geschlagen, aber ich hatte keine andere Einheit, die ich dorthin schicken konnte, und ich dachte, sie würde ihren Ruf gerne wiederherstellen.

Vom 8. bis 17. September war es auf Namako Yama ziemlich ruhig, aber zur Essenszeit, etwa um zwölf Uhr am 17., stürmten die Japaner (etwa eine Kompanie) von Extinct Volcano aus auf die rechte Flanke von Namako Yama und eroberten den von der 7. Kompanie des 28. Regiments besetzten Schützengraben, ohne einen einzigen Schuss abfeuern zu müssen. Die Männer der Kompanie aßen gerade zu Abend und hatten keine Zeit, ihre Waffen zu ergreifen, bevor die Japaner im Schützengraben waren. Als ich dies telefonisch von Division Hill erfuhr, gab ich sofort telefonisch den Befehl, die Japaner aus dem Schützengraben zu vertreiben, und erhielt die Antwort, dass Major Moskvin der 7. Kompanie befohlen hatte, ihren Schützengraben unverzüglich wieder zu besetzen. Diese Kompanie erwies sich jedoch als der Aufgabe nicht gewachsen.

Auch ein Angriff der 1. Kompanie der Marineinfanterie war nicht ganz erfolgreich, da die Japaner zwar einen Teil der rechten Flanke des Schützengrabens zurückerobern konnten, das andere Ende jedoch hielten und mit Steinen und Sandsäcken blockierten.

Beunruhigt über diesen Zustand ging ich mit Colonel Irman zum Hügel. Ich inspizierte persönlich den Ort, an dem die Japaner untergebracht waren. Sie zeigten sich überhaupt nicht, und es gab nirgendwo ein Lebenszeichen. Sie hatten eine starke Barrikade errichtet, so hoch, dass kein Mann sie ohne die Hilfe eines anderen erklimmen konnte.

Wir hätten sie leicht mit Handgranaten vertreiben können, aber wir hatten keine. Es war absolut notwendig, sie zu vertreiben, und da ich dachte, dass dies am besten nachts möglich sei, gab ich entsprechende Befehle. Aus irgendeinem Grund kam der Angriff jedoch nicht zustande, da sich der Kommandant damit begnügte, einen kleinen Hügel auf der rechten Flanke der Japaner zu befestigen.

Am Morgen des 18. September eröffnete der Feind mit Gewehren und fünf Kanonen ein so heftiges Feuer auf den Hügel, das auf sehr kurze Distanz zum Einsatz kam, dass alle unsere Schützengräben in Stücke gerissen wurden und wir schwere Verluste erlitten.

An diesem Tag wurde der hervorragende Offizier, Hauptmann Saltovski , der Kommandeur der 9. Kompanie, getötet und die Kompanie selbst verlor 26 Mann und 49 Verwundete.

Der Feind griff den Hügel im Laufe des Tages an und eroberte die vorgeschobenen Schützengräben unserer 9. Kompanie, aber die tapferen Kerle sammelten sich ganz allein auf dem Kamm, griffen mit dem Bajonett an und eroberten ihre zerstörten Schützengräben zurück. Der Hügel war in einer hoffnungslosen Lage. Er war von allen Seiten umzingelt, eine unmögliche Lage.

Oberst Irman und ich schickten einen entsprechenden Bericht an General Kondratenko und ritten dann nach Akasaka Yama, um die Lage zu beobachten und zu besprechen, wie hoch die Chancen seien, den Hügel zu halten, wenn dieser weiterhin von allen Seiten mit solch furchtbarem Feuer überschüttet würde.

Offenbar gab es genügend Männer, um den Hügel zu verteidigen. Verstärkungen hochzuschicken bedeutete nur, sie dem tödlichen Feuer des Feindes auszusetzen, da alle Deckung zerstört war und der Kommandant außerdem nicht um Hilfe bat, obwohl er jeden Moment mit einem Angriff rechnete.

Die Japaner sammelten sich in beträchtlicher Zahl unter dem Hügel und versteckten sich sehr geschickt in den Bodenfalten. Wir verlegten die Reserve jedoch näher an den Hügel, ließen aber die 10. Kompanie, die auf der rechten Flanke von Akasaka Yama stationiert war, in ihrer früheren Position. So verging der ganze Tag. Unsere 9. Kompanie kämpfte ohne Offiziere. Die *Moral* der Truppen unter diesem tödlichen Feuer war außergewöhnlich. Gegen Abend ließ das Feuer nach, den Männern wurde Abendessen geschickt und eine Kompanie (die 12. des 13. Regiments, glaube ich) wurde als Verstärkung geschickt, um zu helfen, den Ort während der Nacht zu halten.

Am frühen Morgen des 19. September begaben sich Colonel Irman und ich zu unserer Beobachtungsstation. Das Feuer hatte bereits begonnen, insbesondere auf den 203- Meter- Hügel und Namako Yama. Wir erhielten eine Meldung, dass die Japaner mit großer Kraft gegen diese Hügel vorrückten, sodass wir mit einem gleichzeitigen Angriff auf beide Hügel rechneten. Ich verlegte daher meine Reserven in die Senke hinter Akasaka Yama, damit sie unter meiner Kontrolle waren und leicht entweder zum 203- Meter- Hügel oder nach Namako Yama geschickt werden konnten . Die Lage war unverändert, aber unsere Männer litten schwer unter dem Artilleriefeuer. Daher kamen wir zu dem Schluss, dass die Japaner beabsichtigten, alles so zu lassen, wie es war, und uns zu zwingen, den Hügel zu räumen, ohne anzugreifen.

Gegen Abend waren Colonel Irman und ich überzeugt, dass die Japaner nicht vorhatten anzugreifen, da ich keine gegenteiligen Meldungen aus den Bergen erhalten hatte. Der einzige Bericht von Major Moskvin besagte, dass er einen

Angriff auf die von den Japanern besetzten Schützengräben plante und dass er durch Flankenfeuer von der linken Seite des Hügels 1.000 Japaner vernichtet hatte, die unter dem 203 Meter hohen Hügel lagen.

Ich freute mich sehr über diesen Erfolg. Gegen 18 Uhr gesellte sich Hauptmann Sirotko von der Grenzwache, der meinem Regiment zugeteilt war, zu mir nach Akasaka Yama. Ich schickte ihn sofort als Kommandeur unserer 9. Kompanie nach Namako Yama. Am Abend ließ das Feuer wieder nach, es wurden Abendessen heraufgeschickt und eine Kompanie des Reservebataillons als Verstärkung zur Unterstützung bei den nächtlichen Arbeiten abkommandiert. In dieser Nacht besichtigte ich die Arbeiten auf 203 Meter Hill und Namako Yama. Die Arbeiten auf dem ersteren waren praktisch unbeschädigt, aber auf dem letzteren waren alle zerstört. Ich verbrachte die Nacht mit meinen Ordonnanzen in einer Schlucht hinter der 10. Kompanie, im Unterstand des Kommandeurs der 10. Kompanie, und schlief drei Stunden.

KAPITEL VII

Fortsetzung des Kampfes um Namako Yama und Aufgabe des Hügels, 20. September – Die ersten Angriffe auf den 203- Meter- Hügel, 19.–22. September.

Am Morgen des 20. September begann das Kanonenfeuer sehr früh und erreichte seinen Höhepunkt gegen Mittag. Unsere Männer blieben während dieses regelrechten Höllenfeuers, das etwa zwei Stunden andauerte, in ihren Schützengräben in Deckung. „Werden sie durchhalten oder nicht?", dachte ich bei mir, während ich auf die rechte Flanke von Namako Yama blickte, die der vollen Wucht des Bombardements ausgesetzt war. Unsere Kanonenschützen konnten die feindlichen Batterien nicht orten und blieben so hilflose Zeugen der Abschlachtung unserer Kompanien.

In diesem Moment sah ich, wie die Spitze der rechten Flanke des Namako Yama von grauem Rauch bedeckt war und die Männer dort kopfüber den Hügel hinunterstürmten. Die Japaner verwendeten Handgranaten, die mit Pyroxylin und Melinit geladen waren. Dies war der erste Fall, in dem sie diese Granaten einsetzten. Ich schickte sofort einen Bericht über das, was geschah. Nachdem die Männer auf der rechten Flanke (es war die 7. Kompanie des 28. Regiments) geflohen waren, erschienen die anderen aus der Batterie und der Feind gleichzeitig auf dem Kamm. Ein paar Minuten später erschien links von der Batterie hinter dem Hügelkamm eine Gruppe unserer Männer, die das Feuer auf die Japaner eröffneten und sie vom Gipfel vertrieben.

Leider blieben unsere Männer nicht an Ort und Stelle, sondern rannten ebenfalls den Hügel hinunter. Oberst Irman kam gerade noch rechtzeitig, um die vollständige Räumung der Stellung mitzuerleben. Das alles geschah innerhalb weniger Minuten. Wir schickten sofort alle Offiziere und Ordonnanzen in unserer Nähe mit dem Befehl an die sich zurückziehenden Kompanien, auf Akasaka Yama anzuhalten und die dortigen Schützengräben zu besetzen, und ich verlegte auch meine gesamte Reserve dorthin.

Unsere Artillerie beobachtete offensichtlich den Verlauf des Kampfes auf Namako Yama, denn sobald wir ihn geräumt hatten, fielen unsere Granaten wie Hagel auf den Gipfel und die Japaner verschwanden wie Rauch vor dem Wind. So konnten wir Akasaka Yama bequem besetzen und in der Nacht befestigten wir uns stark.

Ich denke, es wäre interessant, die Aktionen unserer 9. Kompanie während der letzten Minuten der Verteidigung von Namako Yama zu beschreiben.

Als Captain Sirotko eintraf, fand er die Kompanie in einer kritischen Lage vor. Das Kommando hatte der stellvertretende Fähnrich Anikin vom 27.

Regiment. Die Schützengräben waren zerstört und von zwei Seiten mit Gewehrfeuer und auch von 174 Meter Hill mit Gewehrfeuer beschossen. Überall lagen Berge von Leichen, die die Schützengräben an verschiedenen Stellen blockierten.

Die rechte Flanke des Schützengrabens der Kompanie war mit der Flanke der 7. Kompanie des 28. Regiments verbunden, die nun vom Feind besetzt war, [80] und von der aus der Schützengraben der 9. Kompanie beschossen wurde. Weiter unten, hinter den Felsen vor dem Schützengraben, befand sich eine weitere kleine Abteilung Japaner.

Um herauszufinden, in welcher Stärke der Feind den Schützengraben der 7. Kompanie hielt, rief Kapitän Sirotko Freiwillige zum Angriff auf. Zwölf Männer rückten vor und stürmten, wurden jedoch von einer Salve von etwa 100 Japanern empfangen, wobei fünf Männer verloren gingen und sie sich zurückzogen. Nachdem Kapitän Sirotko dies Major Moskvin gemeldet hatte, erhielt er den Befehl, dass die 7. Kompanie des 28. Regiments und eine Kompanie Marines angreifen und den Feind aus dem Schützengraben vertreiben sollten.

Gegen 8 Uhr morgens eröffneten drei japanische Batterien schwerer Geschütze, die in einem Tal hinter dem 174 Meter hohen Hügel postiert waren, vier Schnellfeuergeschütze vom 174 Meter hohen Hügel selbst und fünf oder sieben schwere Geschütze, die auf dem Connecting Ridge in der Nähe des chinesischen Tempels zum Einsatz kamen – alle vor unseren Batterien verborgen – das Feuer mit hochexplosiven Granaten und Splittern.

Gegen 14 Uhr waren von den ursprünglich 155 Mann der 9. Kompanie nur noch 48 übrig; viele von ihnen waren verwundet und fast alle durch Steine und Erdklumpen mehr oder weniger verletzt. Der Graben war voll mit den Leichen der Gefallenen.

Captain Sirotko bat darum, eine Stellung zu seiner Linken zu besetzen, und Major Moskvin schickte zu diesem Zweck 50 Mann des Reservebataillons. Diese besetzten jedoch statt der ihnen zugewiesenen Stellung einen Verbindungsgraben in der Nähe der 9. Kompanie und rannten anschließend überstürzt davon, als ein paar Granaten in ihrer Nähe einschlugen. In diesem Moment ließ das Feuer nach, aber auf der rechten Flanke wurde weiter geschossen, und man sah starke Kolonnen vom Extinct Volcano vorrücken, von denen eine begann, die rechte Flanke der Nr. 9 Kompanie zu umrunden.

Hauptmann Sirotko konnte in den obersten Schützengräben über ihm keinen einzigen Mann sehen – sie hatten sich alle zurückgezogen. Dann befahl er den Resten der Kompanie sowie Melinkov und seinen 30 Marines, die Schützengräben zu verlassen. Zu diesem Zeitpunkt befand sich auf Namako Yama kein einziger Unteroffizier , abgesehen von denen, die in den

Splitterschutzbunkern zurückgeblieben waren. In den Schützengräben der 12. Kompanie des 13. Regiments befanden sich nur ein Wachposten und ein Unteroffizier, die von ihrer Kompanie vergessen worden waren und nicht wussten, dass ihre Kameraden sich zurückgezogen hatten. Auf Akasaka Yama wimmelte es von Männern, die sich zurückzogen. Hauptmann Sirotko eröffnete mit dem Rest seiner Kompanie das Feuer auf die Japaner, die auf der Hügelkuppe auftauchten, und zwang sie, in Deckung zu gehen. So hatten alle Überlebenden Zeit, sich leise nach Akasaka Yama zurückzuziehen.

DER ERSTE ANGRIFF AUF DEN 203 METER HOHEN HÜGEL

Die Japaner begannen gleichzeitig mit dem Beschuss von 203 Meter Hill und Namako Yama. Ich dachte, sie würden zuerst Namako Yama angreifen, aber ich irrte mich. In diesem Zusammenhang muss ich erwähnen, dass die Befestigungen auf 203 Meter Hill inzwischen so stark waren, dass sie für 6-Zoll-Granaten praktisch undurchdringlich waren, und ein schwerer Beschuss mit Geschossen dieser Art würde nur langsame Fortschritte bringen. Daraus schlussfolgerten wir, dass ein Angriff auf 203 Meter Hill etwas später erfolgen müsste als der auf Namako Yama, das nur durch schwache Verschanzungen verteidigt war. Wir dachten, es würde sich für den Feind nicht lohnen , sich lediglich auf „umfassendes" Feuer zu beschränken. [81]

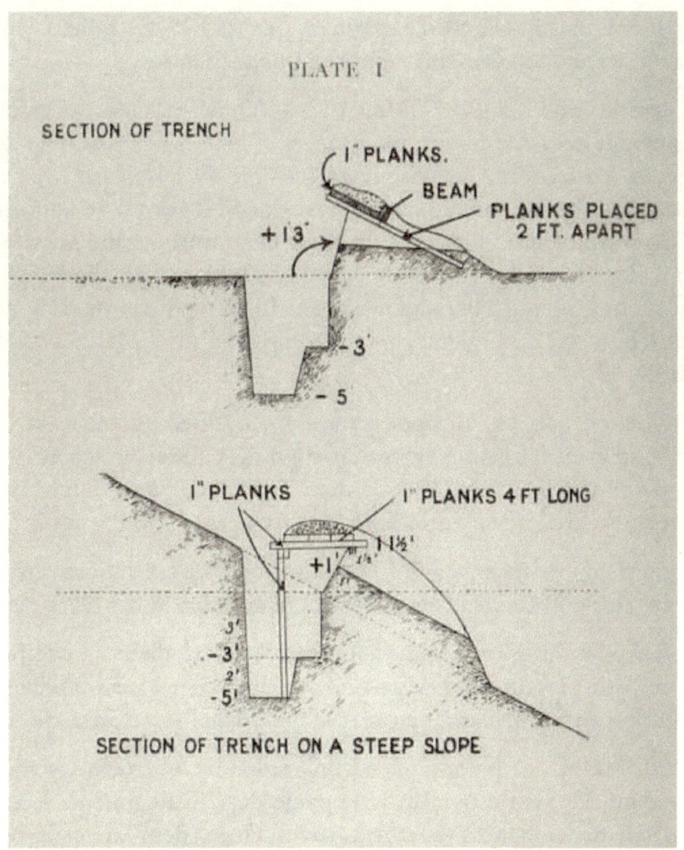

PLATTE I GRABENABSCHNITT
GRABENABSCHNITT AN EINEM STEILHANG

Am 5. September gegen 15 Uhr eröffnete eine japanische Batterie das Feuer auf 203 Metre Hill, und am 6. wurde beobachtet, dass der Feind in der vorangegangenen Nacht zwei Kanonen in einer gedeckten Stellung hinter 174 Metre Hill platziert hatte, mit denen er begann, die Schützengräben auf 203 Metre Hill zu säubern (siehe Tafel I). Ab dem 7. wurde beobachtet, dass der Feind Truppen hinter Siedlovy (Sattel) [82] und 174 Metre Hills zusammenzog, bis er dort am 14. September etwa eine Brigade Infanterie mit einer Schwadron Kavallerie hatte; und von diesem Tag an begann der Feind, sich auf Connecting Ridge und seinen Ausläufern stark zu verschanzen.

Bei Tagesanbruch des 19. Septembers griffen zwei Kompanien [83] unsere Vorposten auf den Ausläufern des 203 Meter hohen Hügels an, nahmen deren Stellungen ein und begannen, sich einzugraben. Unser Artillerie- und Gewehrfeuer stoppte ihre Arbeit mehrere Male und zwang sie, in Deckung zu gehen, aber nichtsdestotrotz gelang es ihnen schließlich, die

Schützengräben zu halten und begannen, den 203 Meter hohen Hügel mit heftigem Gewehr- und Geschützfeuer zu überziehen .

Aus all dem konnte man vernünftigerweise schließen, dass sie beschlossen hatten, anzugreifen. Als Major Stempnevski (sen.), der Kommandant des Hügels, um Verstärkung bat, schickte ich ihm die 1. Kompanie des 28. Regiments unter Leutnant Protasevitch , die den Hügel um 18 Uhr erreichte, die 11. Kompanie des 27. Regiments unter Hauptmann Churbanov und die 7. Kompanie des 27. Regiments unter Major Jeltkevitch , die beide um 20 Uhr eintrafen. Insgesamt befanden sich am 19. September 480 Bajonette, 50 Kanonenschützen, 2 Bergleute, 6 Telefonisten und 6 Marinesoldaten auf dem Hügel . [84]

An Geschützen gab es folgendes: zwei 6-Zoll-Geschütze, zwei schwere Batterien und zwei Schnellfeuergeschütze auf dem Sattel zwischen 203 Meter Hill und Akasaka Yama, außerdem zwei 37-mm-Geschütze, vier Maschinengewehre und einen Mörser zum Abwerfen von Pyroxylinbomben.

Am 19. wurde der Mörser gegen 17:00 Uhr durch eine Granate zerstört und ein 6-Zoll-, ein schweres und zwei Maschinengewehre außer Gefecht gesetzt.

Bei der Ankunft der Kompanien teilte der Kommandant sie wie folgt auf: die 1. Kompanie des 28. Regiments und die Hälfte der 11. Kompanie des 27. Regiments in den Schützengräben am rechten Flügel, der Rest in der Reserve.

Als um 20.30 Uhr der Feind auf der linken Flanke vorrückte, schickte der Kommandant die Hälfte der 11. Kompanie des 27. Regiments los, um die aus Stein gehauenen Schützengräben ganz oben auf dem Hügel zu besetzen. Von dort aus konnten sie die Japaner abschießen, als diese auf die Dächer der bombensicheren Stellungen entlang der Hauptgräben kletterten.

Zu dieser Zeit gab es auf dem Gipfel des 203 Meter hohen Hügels noch keine Schanzen.

Die 7. Kompanie des 27. Regiments wurde als Reserve hinter die 11. Halbkompanie gestellt.

Der Feind stellte seinen Gewehr- und Maschinengewehrbeschuss von Saddle Hill keine Sekunde ein. Er begann seine Angriffe um 22 Uhr und rückte dabei immer in dichten Kolonnen vor. Obwohl unsere Schützen und Kanonenschützen aus den benachbarten Batterien und Schützengräben fürchterliche Verwüstungen unter den Angreifern sorgten, erreichten die Japaner dennoch das Stacheldrahtgeflecht und durchschnitten es an zwei Stellen; sie konnten jedoch nicht weiter vordringen, da unsere Salven sie zu Hunderten hinwegfegten. Unsere 8. Kompanie, die False Hill besetzte und somit an der Flanke des Feindes operierte, leistete bei der Vernichtung des Feindes große Dienste. Einige Japaner schafften es jedoch, unsere

Schützengräben zu erreichen, wurden dort jedoch durch Handgranaten getötet. Die ganze Nacht hindurch setzte die feindliche Infanterie ihren Angriff fort, unterstützt durch Feuer aus allen Arten von Geschützen, aber gegen 9 Uhr zogen sie sich in die Schluchten und Täler hinter Connecting Ridge zurück. Bei diesen Angriffen verloren die Japaner allein durch Gefallene mehr als 1.500 Mann.

Am 20. um 7 Uhr morgens feuerte die feindliche Artillerie den Hügel ab, änderte aber gegen 10 Uhr ihr Ziel auf Namako Yama, das schließlich um 14 Uhr eingenommen wurde, wie bereits beschrieben. Um 16 Uhr richtete sich das Feuer erneut auf 203 Meter Hügel, und die feindliche Infanterie begann sich hinter Connecting Ridge zu konzentrieren.

Die betreffenden Truppen wurden zusammengezogen, um diejenigen abzulösen, die am 7. den Hügel angegriffen hatten. In dieser Nacht führten sie mehrere Angriffe nacheinander durch, wurden jedoch jedes Mal unter schweren Verlusten zurückgeschlagen. Wir waren unseren Sternraketen sehr dankbar für die Abwehr all dieser Nachtangriffe. Eine Abteilung Japaner kämpfte sich jedoch in unsere Schützengräben vor und besetzte einen großen bombensicheren und einen kleinen, in dem wir eine Maxim hatten. [85]

Die Nachricht hierüber erreichte mich am 21. bei Tagesanbruch auf Akasaka Yama, wo die Arbeit an den Schützengräben im Gange war und von wo aus ich die Kämpfe [86] auf dem 203 Meter hohen Hügel beobachtete. Diese Nachricht war so alarmierend, dass ich zum Stabsquartier zurückkehrte, wo ich Oberst Irman traf, der auf Ersuchen von Major Stempnevski eine Kompanie aus der Reserve (unsere 6. Kompanie) hinaufschickte.

Verstärkt durch diese Kompanie startete die Garnison des Hügels einen Gegenangriff und eroberte einen großen Teil des halb zerstörten Schützengrabens zurück, den die Japaner zuvor eingenommen hatten. Ein kleiner Teil der Japaner hielt jedoch noch die beiden Bombensicherungen und konnte nicht vertrieben werden, sodass auch der Teil des Schützengrabens zwischen diesen beiden in ihren Händen blieb. Unglücklicherweise war dies derselbe Teil des Schützengrabens, vor dem für alle unsere Batterien „totes Gelände" lag. Der Feind konnte daher ungehindert und sicher zu seinen in unserem Schützengraben liegenden Kameraden und von ihnen weg gelangen. Das war für uns keine neue Erfahrung, aber ich kannte die Gefahr gut.

Um zu verhindern, dass die Japaner sich entlang des Grabens ausbreiten, wurde unserer 6. Kompanie befohlen, beide Enden des Grabens zu besetzen. Unsere Angreifer versuchten mehrmals, bis ganz auf den Gipfel des Hügels zu klettern, wurden aber jedes Mal zurückgedrängt. Schließlich schickte der Kommandant einen Teil der 6. Kompanie dorthin, und die tapferen Kerle, die den ganzen Tag im Freien unter Granatsplitterfeuer standen, hinderten den Feind daran, den Gipfel des Hügels zu erreichen. All dies war für das Personal deutlich sichtbar, das vom großartigen Verhalten unserer Männer enorm beeindruckt war .

An diesem Abend wurde auf meinen Befehl die Spitze des Hügels mit einem Ring kleiner Schützengräben umgeben, und während der Nacht wurden diese Schützengräben mit den Batterien auf der rechten Flanke des Hügels verbunden, was unsere Position ziemlich sicher machte.

Mehrere verzweifelte Angriffe konnten erfolgreich abgewehrt werden, obwohl der erste davon vor der Fertigstellung der Schützengräben erfolgte, als unsere Männer ohne Deckung unter einem regelrechten Granathagel stehen mussten. Sie mussten stehen , da sie nicht im Sitzen den steilen Hang hinunterschießen konnten. Die Lage war kritisch. Wir verloren unter dem schrecklichen Feuer so schnell Männer, dass die Kompanien buchstäblich von Minute zu Minute dahinschmolzen. Die ganze Nacht hindurch wurde ein endloser Strom Verwundeter vom Hügel weggebracht. Angesichts dessen schickte Colonel Irman Verstärkung aus der allgemeinen Reserve, da alle unsere lokalen Reserven aufgebraucht waren.

Nachbarformationen des 203 Metre Hill waren in Gefahr , insbesondere der linke Flügel des Akasaka Yama, wo sich direkt unter den Schützengräben noch totes Gelände befand.

Meine persönlichen Beobachtungen vom frühen Morgen des 20. September von Akasaka Yama aus waren wie folgt: Auf der Rückseite des 203 Meter hohen Hügels war trotz der darüber explodierenden Granaten alles ruhig, als ob die Garnison überhaupt nicht in Gefahr wäre. Die Kompanien standen ruhig in den Schützengräben, für uns sichtbar. Die Schützengräben selbst waren anscheinend kaum beschädigt. Gott sei Dank! Nur ein paar Granaten hatten die Dächer der bombensicheren Stellungen durchbohrt. Nur eine bombensichere Stellung auf der rechten Seite des Hügels, gegenüber dem 174 Meter hohen Hügel, war ernsthaft beschädigt. Nirgendwo war ein einziger Japaner zu sehen. Sie sind wirklich ein wunderbares Volk! Aber das Gewehrgeknatter hörte keine Sekunde auf. Der Feind feuerte aus den Schützengräben rund um den Hügel, hauptsächlich vom Sattelhügel. Die dumpfen Knallgeräusche explodierender Granaten machten die Männer in den bombensicheren Stellungen nur taub. Ein wahrer Bleisturm fegte über die Rückseite des Hügels und die Straße, die an seinem Gipfel entlangführte, und unter dessen steilem Damm saßen zusammengekauert einige der Reservisten.

Dem gegenwärtigen Anschein nach ging es uns anscheinend nicht so schlecht, obwohl mir der von den Japanern besetzte Teil unserer Schützengräben ein Dorn im Auge war. Ich wusste aus Erfahrung, dass dies die endgültige Eroberung des Hügels und damit auch die Zerstörung unserer Flotte ankündigte. Ich glaube, Colonel Irman beobachtete 203 Metre Hill von der Seite des False Hill aus. Von dieser Seite aus war kein lebender Mensch zu sehen, aber sowohl von Akasaka Yama als auch von False Hill aus waren die japanischen Toten in Haufen zu sehen. In der Schlucht am Fuße des 203 Metre Hill lagen Hunderte, wenn nicht Tausende von ihnen.

Nach einer halbstündigen Beobachtung kehrte ich zum Stab zurück. Dort war alles so ruhig, als ob der Festung keine Gefahr drohte. Doch dunkle Wolken zogen auf.

Von Division Hill kam die Meldung, dass große Truppenteile japanischer Infanterie auf den 174 Meter Hill zumarschierten.

Es wurde zwingend notwendig, den Feind aus unserem Schützengraben auf dem 203 Meter hohen Hügel zu vertreiben. Mir kam die Idee, eine große Seemine auf die Besatzung zu werfen, wie es einige der anderen Forts getan hatten. General Kondratenko und Oberst Irman waren mit meinem Plan einverstanden, und ich ließ sofort Leutnant Podgourski rufen , der auf diesem Gebiet ein Spezialist war. Es war schon spät am Abend, also versprach er, am Morgen mit einigen Minen zu kommen. Da ich mit den großen Minen wenig Erfolg hatte, bat ich ihn, zusätzlich noch kleine mitzubringen (6- bis 10-Pfund-Bomben), und wir beschlossen, die Japaner in den bombensicheren Stellungen mit diesen Raketen anzugreifen.

Unsere Verluste während dieser zwei Tage (*d. h.* 19. und 20. September) waren wie folgt: In der 2. Kompanie blieben von 141 Mann, einschließlich Leichtverletzter, 83 übrig; in der 4. Kompanie 48 von 167; in der 11. Kompanie des 27. Regiments 96 von 140; und von der 7. Kompanie des 27. Regiments und der 1. Kompanie des 28. Regiments war die Hälfte ihrer Stärke *kampfunfähig* . Während dieser Zeit wurden auch folgende Offiziere getötet: Major Jeltkevitch , Kommandeur der 7. Kompanie des 27. Regiments, und Fähnrich Diantrougov , der Unteroffizier der 1. Kompanie des 28. Regiments.

Es war eine unglückliche Idee von Pater Slounin , die Toten in der Nähe der Straße zu begraben, die vom 203 Meter hohen Hügel zum Stabsquartier führt. Der Anblick unserer toten Helden, die in langen Reihen entlang dieser Straße lagen, hinterließ bei den Vorbeigehenden zwangsläufig einen schlechten Eindruck.

Als der Abend zu Ende ging, nutzte ich eine vorübergehende Ruhepause und schickte eine weitere Kompanie aus der Reserve mit Werkzeug und Sandsäcken zur Arbeit auf den 203 Meter hohen Hügel. Es war absolut notwendig, unsere Schützengräben auf dem Gipfel des Hügels mit Sandsäcken zu verstärken. Diese Kompanie, unsere letzte Reserve, sollte am Morgen zurückkehren. Soweit ich mich erinnere, trafen in dieser Nacht zwei Kompanien des 27. Regiments ein, die wir General Kondratenko zur Verstärkung der Arbeiten auf Akasaka Yama angefordert hatten. Sie wurden sofort dorthin geschickt und blieben bis zum Ende der Belagerung.

Ich war an diesem Tag völlig erschöpft und als ich Gelegenheit dazu hatte, warf ich mich hin und schlief ein paar Minuten. Aufgrund des großen Einsatzgebietes unseres Kommandos waren sowohl Colonel Irman als auch ich völlig erschöpft.

Am Morgen des 21. September verstärkte sich das feindliche Feuer auf den 203 Meter Hill. Von den Schützengräben in der Nähe der Stabsquartiere hatten wir eine herrliche Sicht auf den Hügel. Während ich beobachtete, sah ich deutlich eine japanische Flagge über dem bombensicheren linken Flügel wehen. Ich lief zum Telefon und fragte, was das zu bedeuten habe, worauf der Kommandant antwortete, er wisse nichts über die Flagge und auf dem Hügel sei alles in Ordnung. Die Japaner saßen ruhig in ihren Schützengräben. Ich gab den Befehl, die Flagge herunterzunehmen, und war froh, als ich sah, dass sie wenige Minuten später verschwunden war. Ein japanischer Soldat war während der Nacht hinaufgekrochen und hatte sie in die Decke gesteckt; aber wie er das gemacht hatte, wusste niemand. An diesem Morgen waren der 203 Meter Hill und der ihm am nächsten gelegene Teil von Akasaka

Yama einem gewaltigen Feuer der japanischen schweren Artillerie ausgesetzt, und wir erwarteten jeden Moment einen Angriff; umso mehr, als wir bemerkten, dass der Feind eine sehr große Streitmacht direkt unter dem 203 Meter Hill konzentriert hatte. Außerdem erhielten wir eine telefonische Nachricht von Laotieh Shan , in der uns mitgeteilt wurde, dass sich eine Einheit Japaner in einer großen Schlucht mit flachem Boden am Fuße des 203 Meter hohen Hügels in Position befände.

Wir konnten sie von keinem Punkt aus sehen, aber es war offensichtlich, dass sie für den entscheidenden Angriff auf den betreffenden Hügel dorthin verlegt worden waren. Als Antwort auf einen Ruf nach sofortiger Verstärkung erhielten wir zwei Kompanien, die ich näher an den Hügel schickte, um sie leicht erreichen zu können. Das Dröhnen der Kanonade rund um den Hügel nahm inzwischen zu.

Podgourski traf nun mit seinen Minen ein, die auf den Hügel gerichtet waren. Die Japaner hatten offensichtlich vor, wenn möglich alles Lebende auf dem Hügel zu vernichten und ihn dann zu besetzen. Jedenfalls verzögerten sie ihren Angriff, den wir jeden Moment erwarteten.

Gerade dann erhielt ich schlechte Nachrichten. Beim Versuch, den von den Japanern besetzten Graben einzunehmen, wurde Leutnant Pogdanovitch sofort getötet und der Angriff schlug fehl. Die 1. Kompanie des 28. Regiments erlitt schwere Verluste, kämpfte aber großartig. Der Tod dieses tapferen jungen Offiziers war ein schwerer Schlag für mich. Es gab nicht mehr viele wie ihn.

„Nun, wenn Podgourskis Minen versagen, weiß ich nicht, was wir als nächstes tun werden. Gott gebe, dass wir unsere Positionen halten können, und dann wird es Zeit, diese schwierige Frage zu entscheiden", dachte ich mir. Das Feuer hörte auf, was bedeutete, dass der Angriff unmittelbar bevorstand. Ich befahl den Reservekompanien, bis zum Fuß des 203 Meter hohen Hügels vorzurücken, und Oberst Irman meldete dies General Kondratenko und bat um zwei weitere Kompanien zur Verstärkung.

Meter Hill besser sehen konnte , aber obwohl der Angriff auf seinem Höhepunkt war, sahen wir keinen einzigen Japaner. Offenbar griffen sie entlang des schmalen Felsstreifens auf dem 203 Meter Hill an, der von all unseren Stellungen aus nicht zu sehen war. Wir schlussfolgerten, dass der Angriff in kleinen, abgetrennten Gruppen durchgeführt wurde.

Das Gewehrfeuer, das von allen von den Japanern besetzten Nachbarhügeln auf den 203 Meter hohen Hügel gerichtet wurde , war einfach furchtbar. Kugeln flogen in alle Richtungen; es war gefährlich, im Freien zu stehen, selbst weit hinten, und eines meiner Pferde, das an einem scheinbar völlig sicheren Ort stand, wurde am Vorderbein getroffen. Jetzt war eine der

Reservekompanien auf den Hügel geklettert; eine Stunde später war die zweite fast da. Es wurde notwendig, über weitere Verstärkungen nachzudenken. In einer ununterbrochenen Linie wurden die Verwundeten vom Hügel zurückgebracht. In diesem Moment hörte ich schweres Gewehrfeuer vom Division Hill, aber ich hatte keinen einzigen Mann, den ich dorthin schicken konnte. Wenn der Feind jetzt auch dort angreifen würde, wären wir tatsächlich in einer sehr schlimmen Lage.

Jetzt eröffnete Midshipman Doudkin das Feuer mit seinen kleinen Geschützen. Unsere Telefone waren stumm. Die Spannung war furchtbar. Wenn die Japaner Division Hill einnahmen, würde die Kommunikation zwischen 203 Metre Hill, Akasaka Yama und False Hill äußerst schwierig werden. Ich beruhigte mich mit dem Gedanken, dass Fort Yi-tzu Shan die Japaner daran hindern würde, zu weit vorzudringen. In der Zwischenzeit schickte ich einen Ordonnanzoffizier nach Division Hill, um herauszufinden, was dort vor sich ging. Wir hatten eine herrliche Sicht auf die Rückseite von 203 Metre Hill und konnten deutlich sehen, was jeder Mann tat. Wir sahen, wie die Kompanien, als sie den Hügel erreichten, sich wie Schlangen zu den verschiedenen Teilen der Schützengräben schlängelten und dann in ihnen verschwanden, wie ab und zu ein Mann einen Sprint zum bombensicheren Schutz des Kommandanten unternahm und sich dann wieder seinen Weg zurück zur Spitze des Hügels bahnte, wie sie die Verwundeten zum Verbandsplatz zurückbrachten – mit einem Wort, jede Bewegung der Verteidiger war von unserem Beobachtungspunkt aus deutlich sichtbar. Lange Zeit erhielten wir keine Meldungen, aber schließlich kam einer vom 203 Meter Hill. Drei Angriffe waren mit enormen Verlusten für den Feind zurückgeschlagen worden; aber der Kommandant war überzeugt, dass die Angriffe wieder aufgenommen würden, und deshalb waren beträchtliche Verstärkungen unabdingbar. Er berichtete auch, dass es ihnen unmöglich gewesen sei, die Minen auf die Japaner zu werfen, und dass die Lage im Allgemeinen sehr schlecht sei. Es waren nur noch sehr wenige Männer übrig und praktisch keine Offiziere.

Bald darauf kam Leutnant Podgourski [87] mit seinen Matrosen vom Hügel zurück (wir waren inzwischen zum Stabsquartier zurückgekehrt) und versprach, am nächsten Tag kleinere Bomben mitzubringen, von 6 bis 10 Pfund Gewicht.

Podgourski teilte uns mit, dass wir, wenn wir nicht eine Kompanie zum 203 Meter hohen Hügel schickten , diesen einnehmen würden, da die Männer körperlich und moralisch erschöpft seien. Glücklicherweise traf eine Reservekompanie ein, die ich sofort zum Hügel schickte. Oberst Irman schickte eine verzweifelte Nachricht, dass wir mindestens zwei weitere Kompanien zur Verstärkung schicken sollten. Später hörten wir, dass der Anblick der Kompanie, die ihnen zu Hilfe kam, eine äußerst beruhigende

Wirkung auf den Kommandanten, die Offiziere und die Männer gehabt hatte.

Die Lage schien so hoffnungslos, dass einer der Artillerieoffiziere vorschlug, den Hügel aufzugeben, da es keine Hoffnung gab, ihn zu halten. Aber Major Stempnevski war der erste, der sagte, dass er, selbst wenn alle anderen den Hügel verließen, bei seiner einzigen Kompanie bleiben würde. Captain Alander unterstützte ihn und erklärte, dass die vierte Kompanie bei der 2. Kompanie bleiben würde, wenn diese bliebe. Genau in diesem Moment sah man die Verstärkungskompanie herankommen. Ein lautes Beifallschrei erschallte und die heldenhafte Verteidigung ging weiter. Von Division Hill wurde gemeldet, dass der Feind eine Stellung vor dem Hügel eingenommen und ein sehr schweres Gewehrfeuer eröffnet hatte; worauf wir antworteten, dass der Feind dort anscheinend keine Reserven hatte und dass dies wahrscheinlich nur eine Demonstration war, wie sich schließlich herausstellte.

STABSQUARTIER DES 5. REGIMENTS. IN DER FERNE, IN DER ZENTRALE, LIEGT EIN 203 METER HÖHERER HÜGEL.

Die Japaner, die den 203- Meter- Hügel angriffen, beschränkten sich nicht nur auf ein Gebiet, das von keinem Punkt aus unter Beschuss stand , sondern wären auch die Nordseite des Hügels hinaufgekrochen, wenn sie nicht durch das Feuer von Akasaka Yama und den mehr oder weniger unbeschädigten Schützengräben auf dem 203- Meter- Hügel zurückgedrängt worden wären . Infolgedessen waren sie dort nicht mehr zu sehen.

Am Abend (21. September) trafen zwei Kompanien des 14. Regiments ein. Hauptmann Yarsevitch , der eine davon befehligte, war allgemein für seinen Mut und seine Unternehmungslust bekannt. Ich gab ihm die nötigen Befehle und äußerte die Hoffnung, dass seine Kompanie die Japaner aus dem von ihnen eroberten Schützengraben vertreiben und uns den Hügel in die Hände geben würde. Verstärkt durch diese Kompanien sollte der Kommandant einen Gegenangriff starten und ich war überzeugt, dass sie den Hügel im Laufe der Nacht von den Japanern säubern würden. Die Kompanien des 14. Regiments marschierten ab. Major Stempnevski (sen.) bat um Erlaubnis, sich ausruhen zu dürfen (er war völlig erschöpft) und kam noch am selben Abend zum Stabsquartier. Mit ihm wurden die 2. und 4. Kompanie des 5. Regiments und die 1. Kompanie des 28. Regiments abgelöst. Die Männer der letztgenannten hatten etwas den Mut verloren und waren nach den drei Tagen unaufhörlichen Kämpfen völlig erschöpft.

Colonel Irman und ich empfingen die tapferen Kompanien und überschütteten sie mit Dank und Lob. Die Männer waren guter Laune, aber man konnte ihre Gesichter wegen der dicken Staubschicht auf ihnen nicht erkennen.

Anstelle der von mir abgezogenen Kompanien schickte ich die 2. Kompanie des 13. Regiments und die 4. Kompanie des 28. und ernannte Hauptmann Sichev als Nachfolger von Major Stempnevski (sen.) zum Kommandanten des Hügels .

Die Nacht brach herein. Alles war scheinbar ruhig. Manchmal feuerte der Feind ein paar schwere Granaten auf den 203 Meter hohen Hügel, manchmal brach Gewehrfeuer aus und hörte dann wieder auf, während gelegentlich die vom Hügel abgefeuerten Leuchtraketen die Stellungen des Feindes hell erleuchteten und die schweren Geschütze auf unseren Hügeln ein paar Schüsse abfeuerten, während die Schützen das Feuer auf alle Japaner eröffneten, die sich im Freien aufhielten.

Colonel Irman, Captain Baum, [88] Lieutenant Kostoushko [89] und ich saßen im Stabsquartier und berieten darüber, was mit den Japanern geschehen sollte, die in unseren Schützengraben auf dem 203 Meter hohen Hügel eingedrungen waren. Es schien uns, dass ein Gegenangriff ohne sehr sorgfältige Organisation bei Tag kaum Aussicht auf Erfolg hätte. Andererseits war es unmöglich, diesen Angriff in der Nacht durchzuführen, da der Feind große Reserven gegen uns zusammenziehen, uns den Hügel hinauf folgen und, da er uns zahlenmäßig weit überlegen war, dicht hinter uns schleichen konnte, als wir uns zurückzogen, und uns schließlich vollständig vom Hügel vertreiben konnte.

Angesichts der dringenden Notwendigkeit eines entschlossenen Vorgehens auf dem 203 Meter Hill hatte ich Major Stempnevski (der sich etwas ausgeruht hatte) bereits mit 20 Männern zurückgeschickt, die sich freiwillig aus der 2. und 4. Kompanie meines Regiments gemeldet hatten. Da Major Stempnevski jeden Zentimeter des 203 Meter Hill kannte, wurde ihm befohlen, dem neuen Kommandanten bei der Organisation eines Angriffs auf die Japaner zu helfen, die damals unsere bombensicheren Stellungen besetzt hielten.

Angesichts der Wichtigkeit des geplanten Angriffs wollte ich selbst zum Hügel gehen. Ich schickte General Kondratenko nach zwei weiteren Kompanien, aber er weigerte sich, sie mir zu überlassen und schlug vor, selbst einige Schritte zu unternehmen. So blieb mir nur noch, am Morgen zu sehen, aus welchem Teil ich am besten zwei Kompanien zurückziehen konnte.

In diesem Augenblick wurde ein Offizier auf einer Bahre hereingebracht, und ich war entsetzt, als ich sah, dass es unser tapferer Hauptmann Yarsevitch war , der an der Brust verwundet war. Ich lief zu ihm und fragte ihn, ob er schwer verletzt sei, worauf er auf seine rechte Brust zeigte und mit sehr schwacher Stimme sagte: „Es ist nichts – ich werde darüber hinwegkommen. Auf dem Hügel ist alles in Ordnung … sie können noch ein bisschen weiter kämpfen … erfolgreich … aber sie müssen abgelöst werden … sie haben nicht geschlafen und sind völlig erschöpft. Sie sollen mich ins Krankenhaus bringen." Nachdem wir ihm versichert hatten, dass seine Wunde nicht gefährlich sei, machten wir uns auf den Weg, entschlossen, um jeden Preis Männer zu holen, um die Garnison des Hügels abzulösen, wohl wissend, dass dies fast unmöglich war, da *wir* keine Männer hatten, und in der Mitte [90] , wo es einige Reserven gab, könnten sie nötiger sein als bei uns, da auch dort die Kämpfe sehr heftig gewesen waren. Nicht ohne Grund hatte General Kondratenko uns uns selbst überlassen.

Captain Yarsevitch wurde verwundet, als er an der Spitze seiner Kompanie in den von den Japanern besetzten Schützengraben stürmte. Als die Männer von einem heftigen Feuer getroffen wurden und sahen, wie ihr Kommandant am Boden lag, hoben sie ihn auf und rannten zurück. Wie wichtig ist es, dass eine Kompanie ihren Kommandeur respektiert und liebt! Die Männer taten alles für ihn, was nur möglich war.

Am frühen Morgen des 22. wurde das Kanonadefeuer mit dem daraus resultierenden Strom an Verwundeten vom 203- Meter- Hügel wieder aufgenommen. Die Reserven waren noch nicht eingetroffen, aber wir erhielten die Information, dass sich der Feind in großer Stärke unter dem 203- Meter- Hügel sammelte. Man könnte fast sagen, wir waren hilflos, da wir keinen einzigen Mann in Reserve hatten.

Dann kam ein Befehl von General Smirnov, der uns anwies, „sofort zwei schnellfeuernde Geschütze nach hinten gegen die Japaner zu schicken, die sich unter dem 203- Meter- Hügel sammeln". Oberst Irman, Oberst Romanovski , Major Gobiato und andere Artillerieoffiziere diskutierten lange darüber, welche Geschütze abgezogen werden sollten. Schließlich beschlossen sie, Leutnant Yasinski anzurufen, er solle von den Laotieh-Shan-Stellungen durch den Kao-Liang nach Pigeon Bay vorrücken , in *den Rücken* der Japaner. Die Nachricht wurde abgeschickt, und Oberst Irman selbst ritt in diese Richtung davon und ließ mich am Telefon zurück. Es waren kaum zwei Stunden vergangen, als ihn jemand erblickte, wie er, so schnell er konnte, auf unser Hauptquartier zugaloppierte. Wir liefen ihm entgegen. „Sieg! Sieg!", rief unser Oberst und ritt zur Tür. Wir überschütteten ihn mit Fragen.

„Die Japaner sind auf dem Rückzug von unterhalb des 203 Meter hohen Hügels und den Schützengräben in der Nähe", rief er, als er abstieg. Leutnant Yasinski hatte sich genau in der Mitte der Japaner positioniert und in einer Minute die Hälfte von ihnen und in der nächsten die meisten Überlebenden vernichtet. Völlig demoralisiert rannten sie Hals über Kopf davon wie Rebhühner und räumten sogar ihre Schützengräben auf dem Saddle Hill.

Wir waren wie verrückt. Ich glaube nicht, dass ich jemals ein solches Gefühl der Freude erlebt habe.

Etwas später traf Leutnant Podgourski mit seinen kleinen 6–10 Pfund Bomben ein. Da wir aber keine Reserven hatten , konnten wir keinen einzigen Mann abziehen, da der Feind vor allen Hügeln in voller Stärke kämpfte.

Podgourski ging weiter zum 203 Meter hohen Hügel. Dort war jetzt alles ruhig; sogar das Gewehrfeuer hatte aufgehört. Ich wartete noch immer auf die Ankunft der beiden Kompanien, die ich hochschicken wollte, um die Japaner zu vertreiben, weil ich so wenig Vertrauen in die Wirksamkeit der Bomben setzte. Es schien mir, dass diejenigen, die sie werfen mussten, nicht nahe genug an die japanischen Schützengräben herankommen würden.

Podgourskis Abmarsch vergangen , als vom 203 Meter hohen Hügel mehrere gewaltige Explosionen zu hören waren , gefolgt von einigen Dutzend kleineren und dann einer Salve Gewehrfeuer. Wir hörten ein „Hurra!" durchs Telefon schreien. Die Japaner wurden durch die Bomben dezimiert und die übrigen erschossen, als sie den Hügel hinunterrannten. Unsere Stimmung hob sich, und wir hörten ein erleichtertes Aufatmen, als wir diese Nachricht erhielten. Ich schickte General Kondratenko sofort einen Bericht über das Ergebnis.

Folgendes war geschehen. Bei der Ankunft von Leutnant Podgourski schmiedeten Hauptmann Sichev , Major Stempnevski und Hauptmann Kramorenko (auf dessen Initiative der Angriff hauptsächlich zurückzuführen war) folgenden Plan: Sie sollten unter den Offizieren und Mannschaften Freiwillige suchen, um die Japaner mit Bomben anzugreifen, sie in zwei Gruppen aufteilen und beim Abfeuern einer Rakete sollte eine Gruppe von der einen Seite des Schützengrabens aus und die andere von der anderen Seite aus vorgehen. Leutnant Podgourski sollte eine Gruppe leiten. Wie abgesprochen machten sich die beiden Gruppen in völliger Stille auf den Weg zu ihren Zielen. Dann kroch Leutnant Podgourski mit drei Freiwilligen, den Schützen Trufanov und Butorin von der 4. Kompanie des 5. Regiments, und Fomeenitch , einem Matrosen, auf dem Bauch in den Schützengraben und setzten dort die Zünder ihrer Bomben. Die Entfernung war zum Werfen noch zu weit, aber da es unmöglich schien, unbemerkt näher heranzukriechen, beschlossen sie, es zu versuchen. Fomeenitch warf als erster seine Bombe, aber sie verfehlte ihr Ziel. Der Feind schenkte ihm nicht die geringste Aufmerksamkeit. Da das Signal noch nicht gegeben worden war, wurde beschlossen, vorerst keine weiteren Bomben zu werfen. Als Leutnant Podgourski und Fomeenitch dann sahen, dass sie sich in keiner guten Position zum Werfen befanden, krochen sie auf die andere Seite und schlossen sich Hauptmann Kramorenkos Abteilung an. Dann gelang es ihnen, ganz nah an die Bombensicherung heranzukommen, und Leutnant Podgourski warf seine Bombe, die jedoch ebenfalls ihr Ziel verfehlte.

„Lassen Sie mich es noch einmal versuchen, Sir", sagte Fomeenitch zu Leutnant Podgourski , und das 10-Pfund-Geschoss, mit starkem Arm und präzisem Zielen geschleudert, fiel genau in den Eingang des bombensicheren Gebäudes. Es gab ein ohrenbetäubendes Gebrüll, und eine große Rauchsäule, vermischt mit Bruchstücken von Brettern, Balken, Eisenträgern und zertrümmerten Gliedmaßen, schoss hoch in die Luft. Alle anderen Männer rannten dann ins Freie und warfen ihre Bomben. Mit einem fürchterlichen Gebrüll wurden die bombensicheren Gebäude in Stücke gesprengt. Erdklumpen, Bruchstücke von Brettern und Balken und Überreste menschlicher Körper fielen rund um unsere tapferen Kameraden herab. Diejenigen Japaner, die noch am Leben waren, flohen den Hügel hinunter, wurden aber alle von Hauptmann Kramorenkos Männern niedergeschossen. In zwei Minuten war alles vorbei. [91]

Lob und Ehre für Podgourski und Kramorenko ! Unsere Freude kannte keine Grenzen, während die Japaner buchstäblich sprachlos waren.

JAPANISCHE LEICHEN AUF DEM GIPFEL EINES 203 METER
HOHEN HÜGELS.

Ihre vergeblichen, aber verzweifelten Angriffe hatten ihnen mehrere tausend Mann gekostet, [92] deren Leichen über alle Hänge des 203 Meter hohen Hügels verstreut lagen und die Schluchten an seinem Fuße verstopften.

Am folgenden Tag (23. September) sammelten wir eine Menge Gewehre und Grabwerkzeuge ein. Wir gingen frei auf dem 203 Meter Hill und in der Umgebung umher und hörten keinen einzigen Schuss der Japaner. Auch die feindliche Artillerie schwieg, und wenn wir nur eine Division mehr gehabt hätten, hätten wir alle unsere alten Stellungen zurückerobern können, da die Japaner sie anscheinend aufgegeben hatten.

Trupps von Chinesen wurden ausgesandt, um die Leichen auf dem 203 Meter hohen Hügel einzusammeln. Sie gruben an Ort und Stelle Gruben und begruben die Toten darin. Unsere Männer wurden in der Nähe des Hauptquartiers des Stabes beigesetzt. Viele der Toten lagen schon lange Zeit in den Schützengräben auf dem 203 Meter hohen Hügel unter den lebenden Verteidigern.

Ruhet in Frieden, tapfere Männer! Eure Heldentaten werden auf russischem Boden solche Früchte tragen, dass Tausende wie Ihr später auferstehen werden.

KAPITEL VIII

Beseitigung der Schäden sowie Verstärkung und Ergänzung der Arbeiten auf den verschiedenen Hügeln.

Am nächsten Morgen (24. September) wurden die Schäden an unseren Schützengräben und Batterien gründlich begutachtet und wir machten uns sofort eifrig an die Arbeit, um die zerstörten Stellen zu erneuern und die unberührten Stellen fertigzustellen.

Mehrere bombensichere Konstruktionen waren durch schwere Granaten zerstört worden, andere wiederum waren eingestürzt, weil die Granaten die Brüstung getroffen hatten, auf der die Dachbalken ruhten.

Die Schützengräben selbst waren so flach, dass man in den Blenden nicht aufrecht stehen konnte. General Fock, der ebenfalls auf den Hügel kam, um die Arbeiten zu inspizieren, war sehr unzufrieden. Er gab Befehl, die Schützengräben auf 7 Fuß zu vertiefen (der Boden bestand aus massivem Fels) und die Abdeckung der Blenden mit ausreichend Steinen zu verstärken, um sie widerstandsfähig gegen schwere Granaten zu machen (3½ Fuß Stein und 14 Zoll Erde). Die 6 und 8 Zoll starken Balken, die die Dächer hielten, sollten auf 8 Zoll starken Pfosten gestützt werden. Für den Kommandanten und die Offiziere sowie für den Sergeant Major und die Unteroffiziere sollten bombensichere Unterkünfte gebaut werden. Die Batterie auf der rechten Flanke sollte zu einem Redoute ausgebaut werden. Auf der linken Flanke sollte ein Redoute aus dem Fels gehauen und mit einem 3 Fuß tiefen Innengraben mit senkrechten Wänden versehen werden. und dass davor ein Mauerzaun aus Stacheldraht errichtet werden sollte und dass im Inneren bombensichere Gebäude mit Eisendächern gebaut werden sollten.

Den ganzen Tag über fuhren Wagen mit Materialien aller Art zum 203 Meter hohen Hügel. Die Arbeiter schwärmten wie Bienen auf dem Hügel, aber der Feind störte uns nicht durch einen einzigen Schuss.

Ich war froh, dass mir zwei Pionieroffiziere unterstellt wurden – Major Gemmelmann und Fähnrich Yermakov, ein fähiger und praktischer Mann. Letzterem beauftragte ich die Überwachung der laufenden Arbeiten auf dem Gipfel des 203 Meter hohen Hügels.

Er schlug vor, auf Sprengungen zurückzugreifen, und ich war damit völlig einverstanden, da unsere Grabwerkzeuge in dem harten, felsigen Boden nahezu nutzlos waren.

Ich hatte bereits für eine Kompanie auf Akasaka Yama den Umriss eines Redoutengeländes gezeichnet, dessen Boden ähnlich war, und hatte Major Mousious mit seiner Kompanie dorthin geschickt, um das Redoutengelände zu errichten.

Ich gab den Befehl, die bestehenden Schützengräben auf False Hill zurückzubiegen, damit die Hänge von 203 Meter Hill von Südwesten aus unter Beschuss genommen werden konnten. Überall wurden die Arbeiten mit Höchstgeschwindigkeit vorangetrieben.

gelähmt , zeigten die Japaner drei Tage lang kein Lebenszeichen. Während dieser drei Tage waren die etwa hundert Chinesen, die wir einsetzten, nicht in der Lage, alle Leichen einzusammeln, und auf dem 203 Meter hohen Hügel war es wegen des überwältigenden Gestanks kaum möglich zu atmen. Die Leichen der Japaner blieben bis zum Ende der Belagerung in den Schluchten in der Nähe des Hügels.

Es war mir gelungen, einige Hundert Pud Stacheldraht zu beschaffen, und damit hoffte ich, den 203 Meter hohen Hügel gegen alle gewöhnlichen Angriffe uneinnehmbar machen zu können. Die Arbeit wurde für die gesamte Garnison interessant, insbesondere für das 5. Regiment, dessen Ehre mit dem Schicksal dieser blutbefleckten Höhe verknüpft war.

Nachdem die Angriffe im September gescheitert waren, herrschte in meinem Verteidigungsabschnitt eine ziemlich ruhige Zeit , und mein erster Gedanke bestand darin, den Kompanien, die den 203 Meter hohen Hügel besetzt hielten, jede Gelegenheit zur Ruhe zu geben.

Wir ersetzten sie durch andere, und die Verteidiger wurden in der Nähe des Stabsquartiers einquartiert. O Gott! Ich werde nie den Anblick vergessen, den sie boten, als sie den Hügel hinabstiegen. Abgemagert, zerlumpt und so mit Schmutz verkrustet, dass man die Farbe ihrer Gesichter nicht erkennen konnte, aber dennoch in prächtiger Stimmung. Alle Kompanien hatten mindestens zwei Drittel ihrer Stärke an Toten und Verwundeten verloren. Oberst Irman und ich machten ihnen abwechselnd Komplimente und lobten sie. Es waren nur noch 70 meiner Männer übrig. Als ich einige von ihnen für Georgskreuze vorschlug, erhielt ich von General Fock die ironische Antwort, dass „ich von 70 Männern die Hälfte für Belohnungen vorgeschlagen hatte". General Fock vergaß natürlich, dass diese 70 ein Drittel der ursprünglichen Stärke darstellten und dass sich ursprünglich mehr als 200 von ihnen [93] auf dem 203 Meter hohen Hügel befunden hatten.

Als wir sahen, dass die Japaner ziemlich lustlos geworden waren, begannen wir, tagsüber offen zu arbeiten. Das machte es uns überall viel leichter, besonders auf Akasaka Yama und der linken Flanke von Division Hill.

Fast das gesamte 27. Regiment wurde mir zur Besetzung unserer Verteidigungsstellungen und Kampflinien unterstellt, die im Großen und Ganzen sehr schwach waren. Da sie nicht alle zusammen, sondern in Kompanien ankamen, wurden sie auf verschiedenen Hügeln postiert, ebenso wie Kompanien anderer Regimenter, die zu verschiedenen Zeiten heraufgeschickt wurden.

Auf Befehl von General Kondratenko wurde das 5. Regiment über alle Hügel verteilt, um die Verteidigung stärker zu machen.

Die Japaner ließen uns vergleichsweise ruhig, begannen am 24. September mit dem Bombardement der Stadt und es wurde gefährlich, sich dort aufzuhalten.

Auch unsere zentralen Festungen litten zunehmend unter dem feindlichen Feuer. Wir sahen ständig große Granaten in der Nähe der Festungen Yi-tzu Shan und Ta-an-tzu Shan explodieren.

* * * * *

Ab Anfang September wurde es nachts kalt und wir mussten uns Gedanken über Wintervorkehrungen für die Truppen machen. Wieder mussten wir Material sammeln und es zur Stellung bringen, aber wie sollten unsere Pferde diese Arbeit ohne Futter verrichten? Auch für die Männer war es nicht gut, ohne Fleisch zu sein. Wir hatten seit dem 10. September kein Rindfleisch mehr und aßen nur noch Pferdefleisch.

Im Sommer konnten die Männer in der eigentlichen Kampflinie untergebracht werden; Offiziere und Männer schliefen im Freien in ihren Schützengräben oder in Zelten, die in sicheren Positionen hinter den Schützengräben aufgestellt wurden. Im Winter war dies jedoch unmöglich. Auf meinen Befehl wurden daher warme, bombensichere Unterkünfte (von der Art, wie sie auf Tafel II zu sehen sind) in den Schützengräben errichtet, die von den Kompaniechefs selbst entworfen worden waren. Wir mussten auch geschlossene Räume für die Kompanieküchen schaffen, und schließlich mussten wir Bäder einrichten, da die Männer anfingen, stark unter Ungeziefer zu leiden.

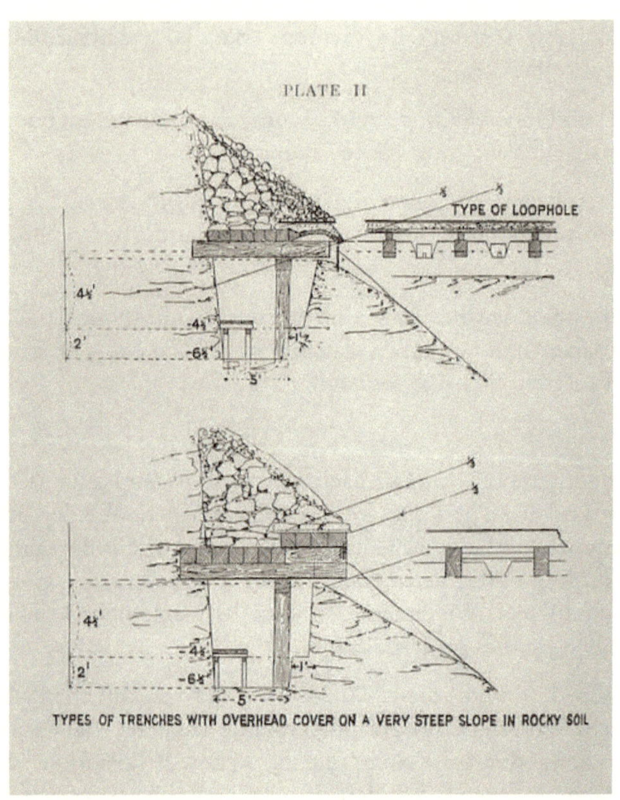

PLATTE II ARTEN
VON GRÄBEN MIT ÜBERKOPFABDECKUNG AN EINEM SEHR
STEILHANG IN FELSIGEM BODEN

Wir brauchten eine enorme Menge Sandsäcke zum Ausbau der Gräben und Stacheldraht zum Bau von Verhauen. Unsere Regimentsvorräte an Material und Werkzeug mussten daher aufgestockt werden, und wir mussten uns auch nach Zimmerleuten umsehen.

Wir baten die Kanonenschützen um Hilfe, alles Notwendige auf die Stellungen zu bringen, und als Gegenleistung gaben sie uns mehrere Dutzend Vierspännerwagen.

Dank der kurzen Ruhepause und der Ruhe, die in unserem Abschnitt herrschte, erholten sich Offiziere und Mannschaften einigermaßen. Unter verschiedenen Vorwänden begannen sich die Offiziere im Stabsquartier und in den Quartieren des Offiziers zu versammeln, der die Westfront kommandierte.

verschiedene , natürlich übertriebene Gerüchte verbreitet, die wahrscheinlichen Absichten der Japaner besprochen und interessante

Anekdoten erzählt; kurz gesagt, wir waren alle bester Laune, trotz der Kargheit unseres Tisches, an dem es kaum mehr als Pferdefleisch und Meerrettich gab.

Mit welcher Begeisterung haben wir diese bittere Wurzel verzehrt! Wodka und Wein gab es in Hülle und Fülle, aber ich habe kaum jemals jemanden gesehen, der betrunken war.

Der Feind richtete nun seine ganze Aufmerksamkeit auf unsere Mitte , [94] und das Dröhnen des Kanonen- und Gewehrfeuers drang unaufhörlich aus dieser Richtung zu uns herab. Während meiner Inspektionsrunde um die Stellungen sah ich oft über den Forts in der Mitte kräuselnde Rauchwolken von explodierenden Granatsplittern .

In der Stadt war es alles andere als angenehm. Granaten fielen nicht nur auf die Häuser, sondern auch auf die Krankenhäuser. Eine in der Stadt explodierende Granate verwundete unseren Zahlmeister, Leutnant Frost, im Gesicht und am Kopf, Leutnant Bobirev am Kopf, Vater Vasili leicht am Kopf und auch Captain Felitzin . Ich befahl daher, die Pferde auf der linken Flanke in der Nähe des Stabes des 28. Regiments anzubinden, da es zu gefährlich war, sie an ihren alten Plätzen auf Red Hill zurückzulassen. Der Vorteil der starken bombensicheren Befestigungen, die ich für die Reserven hinter Red Hill und auf der rechten Flanke vor der Marinekaserne im Herzen der Stadt gebaut hatte, wurde nun deutlich.

Am 1. Oktober erfuhren wir, dass der Feind 11-Zoll-Haubitzen herangebracht hatte. Das war eine ernste Nachricht für uns. Man konnte spüren, dass der 203- Meter- Hügel gegen 6-Zoll-Geschosse praktisch sicher war, aber 11-Zoll-Geschosse waren eine ganz andere Sache. Ich hatte geglaubt, dass der Feind den 203- Meter- Hügel und Akasaka Yama niemals einnehmen könnte . Was war jetzt zu tun?

Colonel Irman und ich dachten lange und ernsthaft über diese schwierige Frage nach, sahen aber nur eine Lösung: tiefer in den Fels vorzudringen. Wir beschlossen, dies zu tun, in der Hoffnung, dass die Genauigkeit der 11-Zoll-Haubitzen nicht besonders groß sein würde, obwohl ich zugeben muss, dass ich dieser Annahme nicht viel Glauben schenkte . In Berichten hieß es, dass die 11-Zoll-Granaten von hinter Feng- huang Shan kamen , das nur 5 Werst von unseren Stellungen entfernt war, und ich wusste, was unsere langen 10- Zoll-Geschütze auf 10 Werst anrichten konnten.

An diesem Abend versammelte sich eine große Anzahl von Offizieren im Stabsquartier. Offiziere aller Waffengattungen waren anwesend. Unter ihnen wurde viel über die 11-Zoll-Haubitzen diskutiert und geredet. Schließlich trösteten sie sich mit der Bemerkung, dass Port Arthur nicht mit einer einzigen 11-Zoll-Kanone eingenommen werden könne.

Daraufhin begannen einige gegen ein solches Argument zu protestieren. „Warum glauben Sie", sagten sie, „dass die Japaner nur ein einziges 11-Zoll-Geschütz haben und nicht ein Dutzend?" „Weil es sehr schwierig und langwierig wäre, sie herbeizuschaffen und in Stellung zu bringen; und außerdem, woher sollten sie sie nehmen?" „Woher haben sie dann die 700.000 Mann, statt der 350.000, die wir ihnen zugeschrieben haben?" Diese Frage war unbeantwortbar.

$$* * * * *$$

Die Japaner hatten sich eine Zeit lang nicht vorwärts bewegt, aber jetzt zeigten sie wieder Anzeichen von Aktivität. Es war der 3. Oktober; auf dem 203 Meter hohen Hügel saßen unsere Leute um die Samoware [95] , die sie auf die Straße gestellt hatten, und wuschen ihre Kleider und flickten ihre Stiefel, die auf dem steinigen Boden stark gelitten hatten. Ich ging zum oberen Redoute, wo ich feststellte, dass dank der erfolgreichen Sprengungen gute Fortschritte erzielt worden waren. Erst vor kurzer Zeit hatten wir die Spur [96] des Redoute gelegt, und nun war es voll verteidigungsfähig . Die Entwässerungs- und Wasserversorgungssysteme auf der Spitze des Hügels waren fast fertig. Oberst Doubeedi von der Marinebauabteilung, der auf meine Bitte hin mit der Aufsicht über den Bau der Befestigungen in meinem Abschnitt abkommandiert worden war, beschaffte für uns viele Werkzeuge und Material. Er hatte eine Dampfmaschine und Rohre zum Hochpumpen von Wasser besorgt und versprach, dass in einer Woche ein Tank auf dem Hügel stehen würde mit so viel Wasser, wie nötig sei; und angesichts der gegenwärtigen Fortschritte scheint dies sehr wahrscheinlich.

In dieser Nacht meldeten unsere Wachen, dass große feindliche Truppen zwischen Saddle Hill und Namako Yama im Einsatz waren. Als ich am nächsten Morgen nachschaute, sah ich eine durchgehende Reihe von Schützengräben, die mit Sandsäcken befestigt waren und sich von Saddle Hill bis Namako Yama erstreckten. Auf einem nicht weit entfernten Hügel im Westen bemerkte ich einen kurzen Schützengraben, der ebenfalls befestigt war . Der Feind arbeitete offensichtlich von beiden Seiten daran. Das war eine Sackgasse !

Von drei Punkten des Grabens zwischen Akasaka Yama und Saddle Hill aus hatten die Japaner begonnen, Passagen für Sapping-Operationen zu schaffen. Hurra! Der Feind hatte genug von direkten Angriffen und wollte regelrechte Belagerungsarbeiten gegen unsere Gräben durchführen.

Ich ging von 203 Meter Hill nach Akasaka Yama. Dort waren gute Fortschritte erzielt worden, und jetzt war es möglich, in den Schützengräben zu leben, und man konnte mit einer hartnäckigen Verteidigung rechnen. Von Akasaka Yama musste ich nach Division Hill hinübergehen. Dies musste so schnell wie möglich geschehen, da die Japaner immer auf Männer schossen, die im Freien überquerten, und die Notwendigkeit eines Verbindungsgrabens zwischen diesen Punkten immer dringender wurde. Ich war nach meinem Marsch durch die Schützengräben sehr müde, und als ich die 7. Kompanie auf Division Hill erreichte, rang ich nach Luft. Alle feindlichen Stellungen gegen meinen Abschnitt waren von hier aus deutlich zu sehen. Jeder Hügel und Erdhügel, die mir so vertraut waren, war von japanischen Schützengräben gekrönt. Sie waren beträchtlich näher an uns herangekommen, und die Zugänge zwischen den vorderen und hinteren Schützengrabenlinien waren deutlich sichtbar. Hinter Extinct Volcano sah ich einen typischen Pfad mit Quertraversen, der geradewegs zur linken Flanke von Division Hill hinaufführte. Durch mein Fernglas konnte ich die Männer tatsächlich bei der Arbeit sehen.

Ich erklärte den Offizieren und Mannschaften auf allen Hügeln die Bedeutung dieser Arbeiten und befahl ihnen, Freiwillige zu rufen und Ausfälle zu fliegen, um die Sabotagezentren und die darin arbeitenden Männer zu vernichten. Auf diese Weise gab ich der russischen Unternehmungslust freien Spielraum, die ich stets mit allen Mitteln förderte, die mir einfielen.

Die Einnahme von Namako Yama erschwerte die Kommunikation im hinteren Teil unserer Stellungen enorm. Nun mussten wir ein regelmäßiges Netzwerk von Verbindungsgräben errichten, was sehr schwere Arbeit bedeutete. Ich hatte das Glück, Major Gemmelmann , Fähnrich Yermakov und Leutnant Fetter bei mir zu haben, die mir bei der Befestigung meiner Felder halfen.

Es war für mich jetzt nicht notwendig, die Position jedes einzelnen Grabens anzugeben, da unsere Offiziere den Zweck und das Ziel der Arbeit der Pioniere genau verstanden und selbst in der Lage waren, diese durchzuführen.

Die furchtbare Wirkung kleiner Handgranaten machte uns deutlich, wie wichtig es war, einen Vorrat bzw. ein Magazin davon anzulegen. Deshalb wandte sich Oberst Irman an General Kondratenko, der unverzüglich die erforderlichen Befehle erteilte.

Leutnant Melik- Porsadanov wurde beauftragt, eine Melinitfabrik zu bauen, und erhielt die notwendigen Arbeitskräfte, um sie zu betreiben. In wenigen Tagen konnten wir die Leistungsfähigkeit dieser Fabrik testen. Bevor wir jedoch ihre Produkte nutzten, schlugen unsere Kanonenschützen vor, einige dieser kleinen Granaten mit Zeitzündern aus ihren Gebirgskanonen auf den Feind abzufeuern . Einige Hundert wurden ihnen sofort geliefert, zusammen mit Anweisungen zu ihrer Verwendung. Sie wurden unter den Kanonenschützen in den vorgeschobenen Stellungen verteilt.

Von da an machten wir uns abends daran, eine Methode zu entwickeln, wie man die Zeitlupenzünder in den Granaten durch eine Art Zündmechanismus ersetzen könnte. Unsere Bergleute zeigten höchste Erfindergeist und erdachten und probierten mehrere hervorragende Konstruktionen aus. Es ist schade, dass ihre Herstellung so lange dauerte, denn Bickfords Zeitlupenzünder blieb bis zum Ende der Belagerung praktisch die einzige Zündmethode. Die Soldaten waren natürlich alle dafür, Granaten zu haben, die beim Aufprall explodieren würden.

Eine Granate mit Zeitlupe ist eine sehr unvollkommene Waffe. Man muss sich nur in die Lage eines Schützen versetzen, der dem Feind fast Auge in Auge gegenübersteht und die Zeitlupe der Granate im Wind anzündet. Die Lunte wird ausgeblasen – er zündet eine neue an; aber der Feind kommt die ganze Zeit immer näher. Schließlich zündet die Zeitlupe, die Granate wird mitten unter den Feind geschleudert, in einer Sekunde gibt es eine furchtbare Explosion und der Feind ist verschwunden. Es bleibt nichts übrig als eine schwarze Rauchwolke und darüber, hoch in die Luft, fliegen Fetzen von Kleidung und Teile menschlicher Körper – Arme, Beine und Köpfe. Das ist ungefähr die Wirkung einer 5-Pfund-Pyroxylinbombe. Unsere Männer rufen „Hurra!" und die Überlebenden des betäubten Feindes fliegen kopfüber den Hügel hinunter und verstecken sich in ihren Schützengräben. Aber manchmal kommt es vor, dass die Zeitlupe ausgeht oder die Bombe explodiert, nachdem der Feind sie passiert hat. Für die Zukunft muss vor Ausbruch eines Krieges eine Art praktischer Mechanismus an den Pyroxylin- und Melinit-Granaten angebracht werden.

Am 19. Oktober ritt unser tapferer Oberst Irman mit einer Verletzung am Oberschenkel ins Stabsquartier. Ich hatte ihm unzählige Male gesagt, er solle sich in den Schützengräben nicht gefährden.

Während er auf False Hill von einem Schützengraben zum anderen ging, hatte er eine gute Lektion für die Zukunft gelernt! Gott sei Dank! Die Kugel traf den Knochen nicht. Er war ein sehr tapferer Mann, unser Colonel, aber etwas tollkühn, und als Offizier, der die gesamte Westfront der Verteidigungslinie befehligte, hätte er vorsichtiger sein sollen.

Ich war fast immer bei ihm, und früher war es die größte Ausnahme, dass ich ohne ihn an einem der Posten war. Aber mit der Zeit wurde es offensichtlich, dass immer einer von uns in der Nähe des Telefons in unserem Hauptquartier sein musste, damit Befehle ohne Verzögerung weitergegeben werden konnten.

Der erste Abschnitt der Westfront gehörte mir, aber da andere Abschnitte unter Oberst Irmans Kommando zu diesem Zeitpunkt noch außerhalb der Reichweite des feindlichen Feuers lagen, richtete er sein Hauptquartier innerhalb des Kreises meines Abschnitts ein, und als der Feind mich zwang, mein Hauptquartier an einen weniger gefährlichen Ort zu verlegen, ließ ich es in einer Linie mit dem Hauptquartier des die Westfront befehligenden Offiziers aufstellen, was insgesamt eine bessere Lösung war.

Nachdem das 27. Regiment Akasaka Yama besetzt hatte und die Kompanien des 4. Reservebataillons auf verschiedene Teile der Verteidigungslinie verteilt waren, begann man, Matrosen in die Reserve zu schicken. Diese Matrosen waren sehr gute Männer, aber wo Geduld, Nachsicht und Kenntnisse der Infanterietaktik unabdingbar sind, sollte man sie nie schicken, denn dann sind sie schlimmer als nutzlos.

So war beispielsweise das linke Redoute auf dem 203 Meter hohen Hügel von einigen Matrosen besetzt. Es war Teezeit, und die Matrosen verließen unter den Augen des Feindes einer nach dem anderen das Redoute und stiegen den Hügel hinab, ohne auch nur Wachen aufzustellen. Ich weiß nicht mehr, was ich wollte, aber ich hatte einen Ordonnanzoffizier zum Redoute geschickt. Eine Minute später kam er eilig zurück, da er sich der Gefahr der Lage voll bewusst war, und meldete: „Es ist überhaupt niemand im Redoute, Sir!" Natürlich schickte ich sofort einige Männer der Reserve dorthin und schickte alle Marineoffiziere – die nicht glauben wollten, dass ihre Männer zu einer solchen Torheit fähig gewesen sein könnten – hinter den Matrosen her.

Ich hatte viel Ärger mit den Matrosen. Manchmal hatten sie keine Kessel, manchmal hatten sie keine warme Kleidung und mussten vom Regiment versorgt werden, manchmal waren sie müde und wollten sich ausruhen und so weiter und so fort; aber sie waren hervorragende Kämpfer, besonders wenn sie von guten Offizieren geführt wurden.

Jetzt mussten wir jedoch überlegen, was wir gegen die japanischen Sabotageakte unternehmen sollten, die sich allmählich in unsere Richtung ausbreiteten. Nach sorgfältiger Untersuchung stellten wir fest, dass sie Folgendes gemacht hatten: Gegen den 203 Meter hohen Hügel, Parallelen von Westen und Norden; eine lange Annäherung von jenseits von Namako Yama, quer durch das Tal; gegen den Division Hill in einiger Entfernung davon, mehrere separate Parallelen.

Ungefähr zwei Tage nach dem Bau der Parallelen unter dem 203 Meter hohen Hügel bemerkten wir mehrere Grabhügel, deren Brüstungen vollständig aus Sandsäcken bestanden. Offenbar machte die steinige Beschaffenheit des Bodens tiefes Graben unmöglich.

Ungefähr zwei Tage später waren die Zugänge unter dem 203 Meter hohen Hügel deutlich zu erkennen. Es waren fünf an der Zahl – zwei von Westen und drei von Norden.

Von der Rückseite des Extinct Volcano aus war ein Vorstoß auf die linke Flanke des Division Hill erfolgt. Dank der Verwendung von Sandsäcken aus Stroh kam der Feind ziemlich schnell vor. Manchmal wurde in einer Nacht mehr als eine Sagen (7 Fuß) zurückgelegt. [97] Wir beobachteten ihren Vormarsch aufmerksam.

Die Kommandanten der Hügel organisierten kleinere Einsätze, um die Arbeiten zu behindern. Wir beschlossen auch, General Kondratenko von Zeit zu Zeit zu bitten, allen Haubitzen in der Festung zu befehlen, ihr Feuer auf die Punkte zu konzentrieren, an denen der Feind mit seinen Sapping-Operationen Fortschritte machte. Das wäre ausgezeichnet gewesen, wenn das Feuer der Haubitzen präziser gewesen wäre, aber wir selbst hatten manchmal unter ihrer schlechten Schussqualität zu leiden. Wir hatten besonders Angst vor den großen Schiffskanonen, deren Granaten häufig ungünstig in unserer Nähe einschlugen. Allerdings bereiteten sie dem Feind auch viel Ärger. Leider konnten sie aufgrund des Munitionsmangels kein Dauerfeuer aufrechterhalten. Wenn bei Tageslicht Arbeiten an den Sapping-Operationen bemerkt wurden, hielten wir ein schweres Gewehrfeuer auf die Sapping-Operationen aufrecht. Die Kugeln durchbohrten offensichtlich die Sandsäcke, da der Feind aufhörte, sie aufzuschütten, und erst wieder mit großer Vorsicht mit der Arbeit begann, als das Feuer aufhörte. Um zu verhindern, dass sie nachts arbeiteten, ließ ich Stützen für die Gewehre anfertigen, die mit größter Sorgfalt auf die Sap-Köpfe gelegt wurden, und die ganze Nacht hindurch wurde von diesen Gewehren aus geschossen. Auf den Rat von General Fock klemmten wir die Gewehre mit Grasnarben und Erde fest, so dass sie sich nicht aus ihrer Position bewegen konnten. [98]

Da wir unsere Feldgeschütze wirkungsvoll gegen die Angriffsstellen auf der linken Flanke von Division Hill einsetzen konnten, besorgte ich mir ein Geschütz, stellte es auf den Gipfel von Division Hill, völlig abgeschirmt von den Blicken des Feindes, und eröffnete das Feuer auf die Angriffsstelle. Der dritte Schuss traf sie genau, zerstreute die Sandsäcke und öffnete den Graben im Inneren. Nach etwa drei Tagen zwang die hervorragende Leistung dieses Geschützes den Feind, die Angriffsstelle ganz einzustellen, und ich fühlte mich infolgedessen in Bezug auf Division Hill wesentlich besser. Aber die Angriffsstelle um 203 Meter Hill herum ging sicher und stetig weiter. Unsere Vorstöße waren das einzige wirksame Mittel, um die Arbeit aufzuhalten.

Ich vergaß, unsere erfolgreichen Vorstöße gegen die Sabotage an der linken Flanke von Division Hill zu erwähnen. Wir hatten dort unser 1. Scout-Detachment und die 3., 7. und 12. Kompanie des 5. Regiments. Unsere Scouts unter dem stellvertretenden Fähnrich Elechevski , einem hervorragenden Offizier unseres Regiments, machten neben mehreren eher erfolglosen Vorstößen zwei sehr erfolgreiche Vorstöße. Bei jeder Gelegenheit wurden die Japaner durch Granaten und Bajonettangriffe vernichtet und ihre Erdwerke zerstört. Nach diesen Vorstößen und dem ausgezeichneten Feuer meines Feldgeschützes kamen wir bei dieser Sabotage nicht weiter voran; aber das Feuer vom Extinct Volcano und Namako Yama ließ uns keine Ruhe. Um die linke Flanke von Division Hill zu sichern und Kommunikationswege dorthin zu schaffen, mussten wir im Rücken Gräben und Kommunikationsgänge von mindestens 2 Werst Länge ausheben. Die Arbeit wurde unter Leutnant Kostoushko (der gegen Ende der Belagerung mein Ordonnanzoffizier war) mit nur einer begrenzten Anzahl von Männern durchgeführt. Es war sehr schwere Arbeit. Aufgrund der Nachlässigkeit und Gleichgültigkeit unserer Männer gegenüber der Gefahr verging kein Tag ohne Verluste.

In den ersten Oktoberwochen verstärkten die Japaner ihre Stellungen gegenüber unserem Zentrum (Fort Erh -lung, West Pan-lung Redoubt und das Tal des Lun-ho), und ebenso wie bei uns auf dem 203 Meter Hill und Akasaka Yama hörte das Gewehrfeuer dort weder Tag noch Nacht auf, und ständig fielen japanische Granaten aus allen Arten von Geschützen rund um die Stellungen.

Bei meinen Inspektionen beobachtete ich oft vom Division Hill aus die Bewegungen des Feindes gegen unsere zentralen Stellungen. Ich hatte eine ausgezeichnete Sicht auf das Gelände vor den Forts Erh -lung und Sungs-hu . Bei einer Gelegenheit beobachtete ich etwas sehr Interessantes und Aufschlussreiches, das ich nun beschreiben werde.

Während ich auf Division Hill eine Position für eine Feldhaubitze und ein Schnellfeuergeschütz aussuchte, ging ich zum äußersten rechten Flügel und sah vor mir das folgende Bild. Die Forts Erh -lung und Sung- shu wurden buchstäblich von einem Granathagel überrollt, und aus den Schluchten darunter kletterten große Massen japanischer Infanterie zu den betreffenden Forts hinauf, und wir konnten ihre Plänklerreihen auf dem offenen Gelände deutlich sehen. Diese Bewegung war von den Forts Erh -lung und Sung- shu aus anscheinend unbemerkt geblieben, aber vom Fort Yi-tzu Shan aus muss alles ganz deutlich sichtbar gewesen sein.

„Warum", dachte ich bei mir, „feuert Fort Yi-tzu Shan nicht?" Ich stellte die Frage telefonisch und erhielt die Antwort, dass Munition im Fort knapp sei und ausschließlich für die Abwehr von Angriffen reserviert werden müsse. Ich gab sofort den Befehl, das Feuer auf den auf Fort Erh -lung vorrückenden Feind zu eröffnen.

BEOBACHTET EINEN BOMBARDETANFALL AUF FORT ERH-
LUNG. RECHTS IST OBERST IRMAN MIT PELZMÜTZE ZU
SEHEN, RECHTS VON IHM GENERAL TRETYAKOV.

Das Feuer wurde eröffnet und ich hatte das Vergnügen zu sehen, dass unsere Granaten die japanischen Plänkler zwangen, in den Falten des Bodens in Deckung zu gehen. Danach hörten wir auf zu schießen und die Linien kamen wieder hervor und begannen, in Richtung des Forts und der Batterie aufzusteigen.

Ich gab den Befehl, das Feuer wieder aufzunehmen, erhielt jedoch die Antwort, dass die gesamte Munition verbraucht sei und selbst wenn sofort Munition angefordert würde, vor Einbruch der Nacht keine weitere eintreffen würde. Und das zu einem Zeitpunkt, als die Japaner bereits fast das Glacis erreicht hatten und begonnen hatten, sich direkt vor den Augen unserer gesamten Artillerie einzugraben.

Unter solchen Umständen war dies sicherlich absolut irrational. Hätten sie nur etwas Munition in Fort Yi-tzu Shan gehabt, wären die Japaner vor Fort Erh -lung wie Staub vor einem Besen vom Boden gefegt worden, da sie sich dort in kurzer Reichweite unserer Geschütze befanden. In Wirklichkeit befanden sie sich jedoch in einer unhaltbaren Lage, da sie den schweren Langstreckengeschützen in Fort Erh -lung gegenüberstanden und von Fort Yi-tzu Shan aus beschossen wurden, das ebenfalls gut bewaffnet war. Aufgrund einer ähnlichen Einsparung an Geschützmunition blieben ihnen auch Namako Yama und Extinct Volcano unbestritten in der Hand.

Berichten zufolge wurden nach der Übergabe der Festung große Mengen Granaten erbeutet. Warum ließ man den Feind also unbehelligt von der Artillerie in Stellungen nahe unserer Linien verbleiben?

Es stimmt, dass die schweren Geschütze auf Fort Ta-yang- ku Nord die japanischen Schützengräben auf Extinct Volcano mehrmals beschädigt haben, aber das Feuer hätte kontinuierlich auf diesen Hügel gerichtet sein müssen, um den Feind daran zu hindern, die linke Flanke von Division Hill anzugreifen und auf unsere Männer in den Verbindungsgräben dahinter zu schießen.

KAPITEL IX

Befestigung des 203 Meter hohen Hügels – Situation Anfang November –
Bergbauarbeiten.

Bei meinen Inspektionen musste ich jetzt wie eine Ziege von Traverse zu
Traverse laufen und springen und sogar auf allen Vieren kriechen. Ich hatte
tatsächlich gute Gründe, mich vielleicht öfter als irgendjemand sonst über
die Untätigkeit unserer Artillerie zu beschweren.

Kurz zuvor hatten die Japaner unseren Wasserwagen auf dem Weg nach
Division Hill zertrümmert. Nun, wir haben die Pferde gefressen, aber der
Wagen selbst wurde in Stücke gerissen, und das alles, weil unsere Waffen es
dem Feind ermöglichten, zu nahe an unsere Stellungen heranzukommen.

Gott sei Dank! Die Japaner konnten unser Stabsquartier nicht sehen, sonst
wäre das Gebäude dem Erdboden gleichgemacht worden. Allein
Querschläger haben einen gewissen Schaden angerichtet, man kann sich also
vorstellen, was passiert wäre, wenn die gegnerische Artillerie tatsächlich
darauf gezielt hätte.

Als die Japaner vor kurzem einen Ballon steigen ließen, kletterte ich auf das
Dach eines der Gebäude, um zu sehen, ob die Männer im Ballon uns sehen
konnten.

Ich konnte den Ballon deutlich durch mein Teleskop sehen, aber es schien
sehr zweifelhaft, ob die Japaner die Schornsteine unserer Häuser sehen
konnten, also machten wir uns keine Sorgen mehr um ihre Sicherheit.

Ich habe bereits erwähnt, dass die japanischen Sabotageoperationen nahe
203 Metre Hill zügig vorankamen, und deshalb zerbrachen wir uns nun den
Kopf darüber, wie wir ihr Werk behindern könnten. Ich schlug vor, einen
groß angelegten Ausfall zu machen. Um den Erfolg sicherzustellen, machte
ich vom 203 Metre Hill aus ein Foto von unseren und den japanischen
Stellungen und befahl Major Fofanov , dem Kommandeur unserer 5.
Kompanie, den ich für die Leitung des Ausfalls ausgewählt hatte, das
Gelände selbst sorgfältig zu untersuchen. Doch schließlich verweigerten uns
unsere Vorgesetzten die Erlaubnis für einen groß angelegten Ausfall. Wir
mussten uns daher mit einer Reihe kleinerer Ausfälle zufrieden geben. Immer
meldeten sich zahlreiche Männer freiwillig für diese Ausfälle, unter denen
sich insbesondere Fähnrich Makurin und Schütze Stoliarov von der 1.
Aufklärungsabteilung hervortaten.

Einer ihrer Vorstöße war ein voller Erfolg. Die Japaner in den
Schützengräben und Gräben wurden mit Bajonetten erstochen, die Gräben

zerstört und eine Menge Grabwerkzeuge erbeutet, während unsere eigenen Verluste unbedeutend waren. Ein Vorstoß Makurins in der Nacht vom 20. auf den 21. Oktober war jedoch ein Fehlschlag, wahrscheinlich aus dem Grund, dass die Japaner ihn vorausgesehen hatten, und unsere Männer wurden daher mit Gewehrfeuer und Handgranaten empfangen. Unsere Verluste waren hoch, Makurin selbst wurde schwer am Arm verwundet.

Diese Einsätze waren unsere einzige Möglichkeit, die japanische Angriffstaktik zu bekämpfen, bis wir schließlich eine neue Methode entdeckten – eine, die Fähnrich Vlassev in der Mitte unserer Stellungen ausprobiert hatte. Wir erhielten eine Beschreibung des Verfahrens, als wir alle im Stabsquartier Tee tranken (von dem wir immer reichlich hatten), und wir beschlossen sofort, das Experiment selbst durchzuführen.

Am folgenden Tag schleppten wir ein 42-Linien- Geschütz [99] auf den 203 Meter hohen Hügel, stellten es in einem Schützengraben auf und baten mit General Kondratenkos Erlaubnis den Fähnrich Vlassev , herüberzukommen. Unter seiner Anweisung wurde ein etwa 4 Fuß langer Stock in den Boden einer zylindrisch -konischen Granate des Kalibers 41,5 Linien gesteckt . Dieses hölzerne Ende wurde in die Bohrung des Geschützes geschoben, das zuvor mit einer kleinen Menge Pulver geladen worden war. Beim Abfeuern flog das Geschoss mit seinem Ende auf den Feind zu, wo die 20-Pfund-Ladung Pyroxylin explodierte und alle feindlichen Anlagen sowie die Männer zerstörte, die sie errichtet hatten. Fähnrich Vlassev und Major Gobiato (ein Kanonier) versuchten es mit dieser Schussmethode. Obwohl die ersten paar Schüsse nicht erfolgreich waren, da das hölzerne Ende entweder verbrannt oder zerbrochen war und die Granate nicht dort einschlug, wo sie hinsollte, flößten sie den Japanern dennoch Angst ein. Danach wurde das Schießen präziser und die Granaten fielen häufig direkt in die Schützengräben.

Für den Festungskrieg der Zukunft müssen praktische Mittel entwickelt werden, um 20-Pfund-Geschossen präzise über eine kurze Distanz zu werfen. Andernfalls wird eine Annäherung aus nächster Nähe so schwierig, dass sie fast unmöglich wird.

Der Feind hatte die Position dieses gefährlichen Geschützes bemerkt und ein gewaltiges Feuer darauf eröffnet. Er brauchte jedoch einen Monat, um es zu demontieren, und auch das nur, weil es uns in den Schützengräben nicht möglich war, es vor dem ständigen Einschlag schwerer Granaten zu schützen.

Unsere Schützen beobachteten den Abschuss dieser Granaten mit großem Schweif mit größtem Interesse. Doch der Feind wollte sich nicht übertrumpfen lassen und begann ebenfalls große Minen auf uns abzufeuern, deren Explosionswirkung erheblich größer war als die seiner 11-Zoll-Granaten, aber ihre Wirkung war schwach und beschränkte sich auf ein fürchterliches Brüllen und eine unbeschreibliche Rauchmenge.

BLINDUNG AUF DER LINKEN FLANKE EINES 203 METER HÜGELS. DIE MÄNNER SIND SCHÜTZEN DER 2. KOMPANIE, 5. REGIMENT.

Im letzten Monat wurden bei der Befestigung des 203 Meter hohen Hügels rasche Fortschritte erzielt. Man konnte jetzt frei in den Schützengräben umhergehen, ohne Gefahr zu laufen, sich den Kopf an den Querbalken der Schützengräben zu stoßen. An der Rückseite der Schützengräben waren Unterstände angelegt worden, so dass sich ein Drittel der Verteidiger nachts darin niederlassen und ausreichend Ruhe finden konnte. Die Schützengräben an den exponiertesten Stellen waren mit Geländer und ½-Zoll-Eisenplatten verstärkt worden, auf denen Erde und Steine bis zu einer Höhe von etwa 6 Fuß aufgeschüttet worden waren, und die Schießscharten waren mit ½-Zoll-Eisenschilden versehen, in deren Mitte sich eine kreuzförmige Öffnung für das Gewehr befand, so dass sich die Männer bei Schusswechseln mit den Japanern ziemlich sicher fühlten.

Leider begann der Feind jedoch, sein Feuer auf den Hügel mit 11-Zoll-Haubitzen merklich zu verstärken. Eine Granate traf einen 9 Fuß dicken Quergang, sprengte ihn in Stücke, obwohl er fast vollständig aus massivem Fels bestand, und zerstörte alle Gänge um ihn herum. Ich ging hin, um zu sehen, welche Schäden angerichtet worden waren, und sah, dass es sehr viel Arbeit erfordern würde, ihn zu reparieren. Der Gang um den Quergang war bis zu einer Tiefe von 7 Fuß aufgesprengt worden. Drei Schützen, die neben dem Quergang in der Nähe einer Schießscharte standen, wurden getötet.

Ich fragte die Männer: „Na, wie gefällt Ihnen diese Art von Besuchern? Finden Sie sie anstrengend?" „Überhaupt nicht, Sir. Sie richten selten großen Schaden an, außer dass sie uns ein bisschen versengen – sehen Sie da!", und ein Soldat zeigte auf einen der Hügel in der Nähe des Shipinsin- Passes, wo eine Rauchwolke hing. Im nächsten Moment raste eine riesige 11-Zoll-Granate über den Hügel, schlug irgendwo dahinter ein und explodierte mit einem gewaltigen Gebrüll. Tausende Splitter flogen in alle Richtungen. „Meilen weit ", sagte einer der Männer unbekümmert.

„Deshalb hat man Sie hierhergeschickt", fuhr ich fort. „ Jeder weiß, was für großartige Männer Sie sind – dass Sie sich nicht ergeben werden; Sie müssen stolz darauf sein, dass die ganze Garnison Ihnen diese Ehre erweist . Männer des 5. Regiments sind an allen gefährlichsten Stellen postiert."

„Wir *sind* stolz, Sir", antwortete ein Stimmenchor.

So war es, wenn kein Angriff stattfand. Aber das Ende musste kommen. Die feindlichen Truppen waren bis zur Hälfte des Hügels vorgerückt, und wir verstärkten weiterhin unsere Stellungen.

Der 203 Meter hohe Hügel war inzwischen von einem ganzen Gürtel aus Stacheldraht umgeben. Um dieses Hindernis noch weiter zu verstärken, gab ich den Befehl, dort Abattis zu errichten. In der Nähe des Stabsquartiers wurden Bäume gefällt und auf den Hügel geschleppt. Auf diese Weise wurde ein offener Angriff absolut unmöglich gemacht. Die Schanzen und Schützengräben auf Akasaka Yama wurden ebenfalls fertiggestellt. Der stellvertretende Fähnrich Yermakov und Major Mousious übertrafen sich selbst. General Fock kam nach Akasaka Yama und war mit der dort geleisteten Arbeit sehr zufrieden, was er, glaube ich, in seinen „Notizen" erwähnt hat. [100]

Ich hatte viele Kompanien anderer Regimenter auf den Stellungen in meinem Abschnitt. Wie ich bereits sagte, wurden diese Kompanien nach Bedarf eingesetzt und vermischten sich daher ziemlich. Das war in jeder Hinsicht höchst unerwünscht, denn wenn etwas schiefging, konnte man nie feststellen, wer wirklich schuld war.

Dabei wurde mir sehr deutlich, dass es keineswegs dasselbe ist, ob vier Kompanien verschiedener Einheiten eine Stellung halten oder ob diese von einem Bataillon unter einem eigenen Kommandeur verteidigt wird.

Angesichts dessen wurde dem gesamten 27. Regiment, mit Ausnahme der 1. Kompanie, befohlen, sich auf Akasaka Yama und dem 5. auf Division Hill zu konzentrieren. 203 Meter Hill wurde wie zuvor von der 2., 4. und 6. Kompanie des 5. Regiments mit vier Maschinengewehren, der 1. Kompanie des 27. Regiments und der 7. Kompanie des 14. Regiments unter Leutnant Vanikovski verteidigt . Diese Männer waren alle mit ihren verschiedenen Positionen vertraut und waren gegenüber ständiger Gefahr gleichgültig geworden und daran gewöhnt, von oben auf den Feind herabzuschauen, der sich unter ihnen grub, ohne besondere Angstgefühle zu verspüren.

Ich muss gestehen, dass ich aufgrund der Erfahrungen der Vergangenheit meine bewährten Kompanien nicht gern gegen neue eintauschte. Deshalb organisierte ich sie in Ablösungen – zwei Ruhetage in der Nähe des Stabsquartiers, einen auf der Position.

Den Interval Hill besetzte eine Kompanie des 25. Regiments unter Major Veselovski . In der Reserve befanden sich die Kompanien des 4. Reservebataillons.

* * * * *

Gegen Ende November waren die Befestigungen auf allen Hügeln fertig. Auf dem 203- Meter- Hügel befand sich ein riesiges Redoute mit zwei Bergfrieden, das vollständig von Stacheldraht umgeben war. [101] Der Bereich zwischen dem 203- Meter- Hügel und dem False Hill war durch mehrere Reihen von Fougassen abgedeckt. Akasaka Yama war von einer gut gebauten Schützengrabenlinie umgeben und hatte ein starkes Redoute auf der Spitze sowie zwei schwächere auf der rechten Flanke. Auf dem Division Hill gab es ein großes Redoute mit zwei Verschanzungen, deren Feuer auf den Extinct Volcano gerichtet war, da wir dachten, ein Angriff würde mit Sicherheit aus dieser Richtung kommen.

Die Verbindungsgräben nach Akasaka Yama und Division Hill waren gut vor Blicken geschützt und unempfindlich gegen Gewehrfeuer. False Hill war ebenfalls von gut ausgebauten Schützengräben umgeben, zu denen überdachte Verbindungsgänge führten.

Der Raum zwischen False Hill und Fort Ta-yang- kou Nord war der einzige Teil des Abschnitts, der im üblichen Sinne des Wortes einer befestigten Stellung glich, und er wurde nur von zwei Kompanien und vier kleinkalibrigen Geschützen gehalten . Alle Hügel waren in sich geschlossen und konnten einzeln Widerstand leisten, und im Bedarfsfall konnte ich jeden von ihnen durch zwei oder drei Kompanien aus der allgemeinen Reserve verstärken.

Die Männer in den Stellungen lebten nun in weitaus größerem Komfort als zuvor, zumal nachts in geeigneten, überdachten Unterständen Platz für alle war.

Sie alle hatten gute Küchen, und auf Akasaka Yama gab es sogar Bäder. Was das Essen anging, gab es allerdings wenig Abwechslung, da weder Butter noch Rindfleisch verfügbar waren. Wohin waren die Artilleriepferde gebracht worden? Wir haben keines davon gesehen. Wir aßen oft Maultiere und Pferde, die auf den Stellungen getötet worden waren, aber einige Regimenter waren nicht einmal in der Lage, sie zu bekommen. Die Garnison begann infolgedessen an Skorbut zu leiden, und schließlich fand diese verfluchte Krankheit heimlich auch bei uns ihren Weg und legte viele unserer besten Männer nieder.

* * * * *

Während wir es sozusagen ruhig angehen ließen, spielten sich im Zentrum wichtige Ereignisse ab . [102] Immer wieder erhielten wir von dort Berichte über die Niederlage der feindlichen Angriffe und seine schweren Verluste. Wir wussten aber auch, dass die feindlichen Vorstöße in Reichweite der Forts lagen und dass es nicht mehr lange dauern würde, bis die Minenarbeiten beginnen würden.

Am Abend des 8. November erhielt ich eine Nachricht von General Kondratenko, in der er mich einlud, die Bergwerksarbeiten bei Fort Chikuan [103] zu besichtigen, wo man bereits die feindlichen Bergleute arbeiten hörte. Das Hauptziel dieser Besichtigung war, festzustellen, in welcher Entfernung ihre Arbeiten andauerten.

Am Abend fuhr ich nach Port Arthur und traf dort Oberst Grigorenko [104] . Nachdem wir mit ihm und einer ziemlich großen Schar von Offizieren, bei denen man sich wie zu Hause fühlte, Tee getrunken hatten, machten wir uns alle in Kutschen auf den Weg nach Fort Chikuan , wo wir ohne Zwischenfälle ankamen.

In Begleitung von General Nikizhin , Oberst Reiss und mehreren Stabsoffizieren passierten wir das Nordtor der Stadt, wo der Wachposten uns anhalten wollte, da er, wie er sagte, keinen Befehl erhalten habe, uns durchzulassen.

Die Straße führte durch einige dunkle Schluchten und über einen Weg, den ich völlig unbekannt war. Nach einer halben Stunde erreichten wir General Nadyeins Hauptquartier, das aus zwei Kasernenräumen bestand, die von allen Seiten umgeben und mit mehreren Reihen Sandsäcken überdacht waren.

General Nadyein hatte sich viel Zeit genommen, um dieses splittersichere Gebäude zu bauen, und hatte Tausende von Sandsäcken für den Bau verwendet. Innen war es bequem und hell. Es stand dicht unter einer steilen Klippe. Auf dem Weg dorthin hatten wir viele Kugeln herumpfeifen hören, aber die Stabsquartiere selbst waren an einem absolut sicheren Ort.

Von der Zentrale aus verliefen an Strommasten angebundene Telefonleitungen in alle Richtungen.

Hier schlossen sich uns General Kondratenko und Oberst Irman an, die uns zu den Stellungen begleiteten, zu deren vorgeschobenen Linien wir zu Fuß vordrangen.

Von allen Seiten ertönte ununterbrochen Gewehrfeuer, und es war bereits ziemlich dunkel. Wir gingen durch die schmalen Verbindungsgänge, kamen manchmal in eine tiefe Schlucht und von dort in die Schützengräben, wo unsere Schützen schweigend mit halb aufgeschlagenen Mänteln standen (ein umgestülpter Mantel sieht aus der Ferne wie ein Stein aus, und die Männer in meiner Abteilung trugen ihre Mäntel immer so). Gelegentlich zielten einige von ihnen und schossen in die Dunkelheit.

Gerade als ich an einem der Männer vorbeiging, betäubte er mich für einen Moment buchstäblich mit dem Knall seines Gewehrs. „Worauf schießen Sie?", fragte ich. „In den Graben dort, Sir." „Warum schießen Sie in den Graben?" „Ich habe dort etwas sich bewegen sehen", sagte er. Ich blickte über die Brustwehr. Der feindliche Graben war zwar sehr nah, [105] aber ich bezweifle, dass man darin etwas hätte bewegen sehen können.

So ging es eine ganze Weile weiter, mal krochen wir auf dem Boden, mal standen wir in voller Größe, wobei Oberst Reiss die meisten Unannehmlichkeiten zu spüren bekam. Er musste sich die ganze Zeit bücken, da er so groß war, dass sein Kopf sonst gut einen Fuß über die Brustwehr der Schützengräben hinausgeragt hätte.

Endlich hielten wir an. „Was ist los?", fragten wir die vor uns. „Wir müssen einer nach dem anderen über dieses Stück offenes Gelände rennen." Ich war an der Reihe, hinüberzurennen. Hier wurde heftig geschossen, vermutlich, um den Japanern zu signalisieren, dass wir in Alarmbereitschaft waren. Das Gewehrfeuer wurde jedoch von ziemlich häufigen Schüssen aus anscheinend schweren Geschützen begleitet.

Nachdem wir noch eine Runde gedreht hatten, bot sich uns ein großartiges Schauspiel, das sofort die Schüsse erklärte, die wir gehört hatten. Es waren keine Schüsse , sondern die Explosion japanischer Handgranaten, die auf Fort Chikuan geworfen wurden . Ich dachte, wie angenehm es wäre, von einem solchen Projektil am Kopf getroffen zu werden.

Aber es war wirklich ein wunderbarer Anblick. Hinter der Brustwehr von Chikuan (wir befanden uns in der Nähe der Schlucht) schossen zischende Feuerstrahlen einzeln oder in „Bündeln" hoch in die Luft und schossen, als sie in das Fort eindrangen, mit einem Knall wie von einem schweren Geschütz.

Etwa fünf Minuten lang sahen wir uns dieses wunderbare Feuerwerk an. Ein Offizier, der weiter vorne gewesen war, erklärte, dass es sich bei den Geschossen um Pyroxylin- oder Melinitpatronen handelte, an denen eine mit Kerosin getränkte Watte befestigt war. Die Watte wurde angezündet und die Patrone mit einer mechanischen Vorrichtung in das Fort geworfen, wo sie explodierte, sobald die Zündschnur heruntergebrannt war.

Auf diese Weise hofften die Japaner, die am Eingang des Forts aufgestapelten Sandsäcke, Bretter und Balken in Brand zu setzen.

Da wir nicht wussten, wie lange diese Show dauern würde, gingen wir über den Eingang des Forts in einen bombensicheren Bereich auf der anderen Seite, ohne dass jemand verletzt wurde. Dank des Lichts einiger kleiner Laternen und der Flammen der Wattierung, die überall loderte, konnte ich sehen, dass das Fort fast vollständig zerstört war; Brustwehren und Traversen boten ein absolut ruinöses Bild, überall waren Stücke von Brettern und Balken aus gesprengten bombensicheren Bereichen aufgehäuft, und es gab zahlreiche tiefe, breite Löcher, wo 11-Zoll-Granaten explodiert waren.

Ich bemerkte mehrere Schützen auf der Brustwehr, die hinter Sandsäcken lagen. Es waren Wachposten. Außerdem fiel mir im Hauptvorsprung des Forts eine gut ausgebaute Verschanzung auf.

Als ich den anderen so schnell wie möglich in den bombensicheren Steinblock folgte, wurde mir bewusst, dass ich einen Moment zuvor noch ein wenig unsicher gewesen war, ob ich entkommen würde, ohne dass mein Gesicht verletzt würde (kurz zuvor hatte ich einen Soldaten mit schrecklich verbrannten Gesicht und Armen gesehen).

Die große gewölbte Kasematte, die wir betreten hatten, war voller Soldaten, die ruhig um sie herum saßen. Wir gingen hindurch, bogen nach links ab und gingen dann weiter durch mehrere Türen, bis wir uns plötzlich in der hell erleuchteten Kasematte des Offiziers befanden, der das Fort kommandierte. Dort machten wir eine kurze Pause. Oberst Grigorenko erklärte uns die Situation und machte uns klar, dass die Minenkommandos des Feindes, die sich in zwei Richtungen durchbohrten, bereits sehr nahe an die Mauer der Halbkaponniere gekommen waren, die im Hauptvorsprung des Forts aufgestellt waren, während wir an zwei Stellen Gegenminen gelegt hatten.

Nun galt es festzustellen, wie nahe wir den feindlichen Bergleuten waren und die erforderliche Angriffskraft zu berechnen. Es gab nur sehr wenige erfahrene Bergleute unter den Offizieren und Mannschaften. Die Pionierkompanie war erst vor kurzem gegründet worden und ihr Kommandant war ein Pontonexperte, während alle anderen Offiziere jung waren. Major Linder (der Kommandant der Kompanie) hatte nie Erfahrung mit Bergbauarbeiten, und die einzigen, die etwas darüber wussten, waren Oberst Grigorenko und Oberstleutnant Raschewski . Ersterer hatte mit mir im 6. Bataillon gedient und wusste, dass ich einige Jahre an der Ingenieurschule in Kiew offensive und defensive Bergbauarbeiten geübt hatte , und deshalb hatte er mich gebeten, ihm in diesem kritischen Augenblick zu helfen. Dem Offizier, der die Arbeiten in unseren Minen beaufsichtigte, zufolge war der Feind extrem nahe, aber im Moment konnte man nur gelegentlich das Geräusch sehr vorsichtiger Grabarbeiten hören.

Nachdem wir diesen Bericht gehört hatten, gingen wir alle in die Halbkaponier. Wir gingen ein beträchtliches Stück durch einige dunkle Kasematten und kamen dann zu der Stelle, an der vermint wurde. Wir befahlen jedem, aus der Mine zu kommen, und kletterten hinein, um zu lauschen. Oberst Grigorenko und Oberstleutnant Raschewski waren bei mir. Wir begannen zu lauschen, aber unsere Bewegungen und unsere Atmung verhinderten, dass wir gut hören konnten, also gingen meine beiden Begleiter hinaus und ich blieb allein zurück. Ich legte mein Ohr dicht an die dem Feind am nächsten gelegene Wand, hielt den Atem an und lauschte gespannt, aber kein Laut durchbrach die Totenstille.

Ich gebe zu, dass ich nicht gerade glücklich war, als meine Kameraden aus der Mine kletterten, die steil in Richtung des Feindes abfiel.

Angenommen, der Feind hätte seine Ladung gelegt und wäre kurz davor, sie zur Explosion zu bringen! Dann wäre von mir nicht mehr viel übrig!

In meiner Vorstellungskraft beschworen sich einige sehr beunruhigende Bilder herauf, und die ganze Zeit war kein Laut vom Feind zu hören. Dies bestätigte mich eher in der Richtigkeit meiner Vermutung.

Lange und aufmerksam lauschte ich und wechselte mehrmals meine Position, da meine Beine steif und verkrampft wurden, weil ich sie nicht ausstrecken konnte. Ich spitzte die Ohren, ... kein Laut. Plötzlich ... ein Schlag, ein sehr vorsichtiger, dann ... noch einer und noch einer; ich versuchte, die Richtung des Feindes zu erraten und wie weit er entfernt war. Obwohl die Formation etwas von Sandstein hatte, sollte man sie dennoch ziemlich genau einschätzen können. Der Mann arbeitete sehr vorsichtig mit einer Spitzhacke, und ich konnte sie von allen Seiten unserer Mine hören. Als wäre es jetzt (solche Momente vergisst man nicht!), erinnere ich mich, dass die Schläge nahe der linken Seite des Ganges und etwas darüber ertönten. Die Entfernung betrug weniger als eine Sagine (7 Fuß), aber mehr als eine Archine (28 Zoll).

Obwohl der Arbeiter mit seiner Spitzhacke sehr vorsichtig umging, verursachte das Wegkratzen der losen Erde und der Steine ziemlich viel Lärm.

Dieses Kratzgeräusch war durch die dazwischenliegenden Felsen deutlich zu hören, man ging jedoch davon aus, dass ein Feind auf der anderen Seite es nicht hören konnte.

Als ich genau herausgefunden hatte, wie Angreifer und Verteidiger zueinander standen, kletterte ich aus der Mine und berichtete über das Ergebnis meiner Beobachtungen. Oberst Grigorenko und seine Bergleute akzeptierten meine Schlussfolgerungen und beschlossen, ihren Angriff zu starten. Dem Kommandanten des Hügels wurde ein Bericht zugestellt, der selbst den Feind bei der Arbeit gehört hatte, und er persönlich sprengte unsere Mine, die die der Japaner vollständig zerstörte und, als sie entlang der Galerie explodierte, Bretter, Werkzeuge und Menschen in die Vernichtung schleuderte.

Nachdem die Japaner jedoch einen Teil der Kaponniere freigelegt hatten, der nun nicht mehr durch Erde geschützt war, sprengten sie ihn mit Dynamit und wurden so Herr über einen Teil des Inneren, und von da an gab es einen ständigen Kampf um den Besitz dieses Ortes, der sehr lange andauerte. Jemand, der tatsächlich dort war, muss jedoch beschreiben, was passiert ist. Ich weiß nur, was ich gehört habe, und kann keine zuverlässigen Informationen geben, außer dem, was ich persönlich bei einem Besuch des Forts gesehen habe, nachdem die Japaner das Dach der Galerie gesprengt hatten.

Ich weiß nicht mehr, warum ich an jenem Tag in das Fort ging, aber ich glaube, es war einfach aus Neugier. Das Dach eines großen bombensicheren Gebäudes im Inneren war damals von einer 11-Zoll-Granate zerstört worden, und ich bemerkte das Ausmaß des Schadens. Ich sah die Holzwand, die den zerstörten Teil der Kasematte von dem unbeschädigten und bewohnbaren Teil trennte, in dessen Nähe General Kondratenko und sieben von General Gorbatovskis besten Offizieren getötet worden waren.

Als ich die Halbkaponier verließ, war sie voller Rauch aus unseren Gewehren, den man allerdings einatmen konnte. In der Nähe der Sandsackmauer, die den von den Japanern besetzten Teil von unserem trennte, standen zwei Schützen, die weiter durch die Schießscharten auf den im Dunkeln auf der anderen Seite versteckten Feind feuerten. Um sie herum war ein riesiger Haufen leerer Patronenhülsen aufgetürmt, der ihnen fast bis zur Hüfte reichte.

✶ ✶ ✶ ✶ ✶

Der Feind in meinem Abschnitt arbeitete an seinen Sabots, und wir feuerten weiter auf die Sabots, warfen Granaten hinein und machten häufig Einsätze, von denen die meisten sehr erfolgreich waren. Viele der Männer, die an diesen Einsätzen teilnahmen, verdienten das Georgskreuz und wurden dafür empfohlen; aber General Fock bescheinigte dem 5. Regiment keine besondere Tapferkeit und hielt die Belohnungslisten zurück (er ließ sie kürzen und auf einem allgemeinen Blatt zusammenfassen), so dass sie wahrscheinlich alle verloren waren, als die Festung schließlich fiel, und viele Heldentaten blieben unbelohnt.

OFFIZIERSGRUPPE BEIM ABENDESSEN. AM ENDE DES TISCHS OBERST SEMENOV, RECHTS VON IHM GENERAL KONDRATENKO, LINKS VON IHM GENERAL GORBATOVSKI (MIT KREUZ) UND NEBEN IHM OBERST IRMAN.

Wir nutzten diese Zeit relativer Ruhe und machten gelegentlich etwas Abwechslung in die alltägliche Routinearbeit, indem wir in die Stadt ritten oder andere Teile unserer Verteidigungslinie besuchten . Ein Ritt in die Stadt war jedoch kein großes Vergnügen, da sie ständig unter Beschuss stand und einmal wurden meine Pferde fast von einer Granate getötet, die direkt vor ihnen explodierte.

Normalerweise besuchte ich Oberst Grigorenko, aber auch den Kommandanten (General Smirnov) und General Stessel besuchte ich, wenn auch selten. Wir konnten immer mit ihnen Tee trinken und die neuesten Nachrichten über alles erfahren.

Am interessantesten war es, nach Golden Hill zu fahren, wo sie ununterbrochen auf die Torpedoboote des Feindes feuerten und wo man in letzter Zeit einen Angriff durch Brander erwartete. Die Suchscheinwerfer brannten die ganze Nacht, und wenn eines der japanischen Schiffe zufällig das beleuchtete Gebiet durchquerte, erging es ihm schlecht. Alle Küstenbatterien eröffneten sofort ein fürchterliches Feuer auf das unglückliche Schiff, und das Meer um es herum brodelte und spuckte Wassersäulen aus, die von den fallenden Granaten hochgeschleudert wurden. In der Stadt klang das Feuer wie Donner, und da der Beschuss fast immer nachts andauerte, erzeugte das Mündungsfeuer der Kanonen die Wirkung von Blitzen; tatsächlich schien es, als wäre dies nicht das Werk von Menschenhand, sondern ein großartiges Naturphänomen, wenn man das tiefe, unaufhörliche Grollen und Krachen hörte und die häufigen Blitze sah. Aber dieses Schauspiel kostete uns Hunderte wertvoller Granaten, die wir nicht ersetzen konnten.

Die Japaner hielten auf See sehr genau Ausschau, und selbst chinesische Dschunken hatten große Schwierigkeiten, an ihnen vorbeizukommen. Stellen Sie sich unsere Überraschung und Freude vor, als eines Nachts ein *Dampfer* in Pigeon Bay einlief. Die allgemeine Vermutung war, dass er Maschinengewehre und Granaten mitgebracht hatte.

Man sagte uns, das Schiff habe Vorräte mitgebracht und meine Frau habe mir eine große Menge Lebensmittel aus Tientsin geschickt. Doch Major Dostowalow, der für Vorräte und Transport zuständige Offizier, wollte mir nicht sagen, um welche Art von Lebensmitteln es sich handelte und wie viel davon vorhanden war. Alles, was mitgebracht worden war, wurde vom Proviantpersonal beschlagnahmt, und mehrere Tage vergingen, ohne dass ein Wort über unsere Geschenke verloren ging.

also zu Major Dostowalow und bat ihn, mir die mir zugesandten Unterlagen auszuhändigen.

„Ja, ich habe etwas für dich", sagte er, „aber ich konnte es dir noch nicht schicken. Wenn du willst, gebe ich dir fünf westfälische Schinken und wir sind dann alle gleich, ja?"

Ich muss gestehen, dass ich nicht damit gerechnet hatte, so viel zu bekommen, und beim Gedanken an die fünf Schinken lief mir das Wasser im Mund zusammen.

„Ja, das stimmt", sagte ich. „Ich werde vollkommen zufrieden sein."

Ich erhielt meine fünf Schinken und kehrte triumphierend nach Hause zurück.

Die Offiziere waren sogar noch erfreuter als ich, und wir verschlangen die Schinken mit größtem Genuss und waren Major Dostowalow gegenüber sehr wohlgesonnen. Als ich ging, hatte er noch hinzugefügt: „Es tut mir leid, dass Sie etwas zu spät gekommen sind, Oberst. Ich hätte Ihnen gern noch mehr gegeben, aber das kann ich jetzt nicht, denn ich habe nur noch für die Generäle übrig."

Später erfuhr ich, dass meine Frau mir zwölf Schinken, Obst, Würstchen, Kaffee usw. im Gesamtwert von 300 Rubeln [106] geschickt hatte. Nach Abzug der fünf Schinken, die ich tatsächlich erhielt, blieb also ein gutes Geschäft übrig, das von den höheren Offizieren aufgekauft wurde.

Obwohl wir darüber ziemlich verärgert waren und viel gemurrt haben, machten wir Major Dostovalov und unserem Chi-fu-Konsul (Tiddeman) noch mehr Vorwürfe, weil sie uns keine Zeitungen geschickt hatten.

KAPITEL X

Veranstaltungen auf dem 203 Meter hohen Hügel vom 23. bis 30. November.

Gegen den 23. November hatten die Japaner die linke Flanke des 203 Meter hohen Hügels fast bis zur unteren Linie des Stacheldrahtzauns vorgerückt, aber die vor ihnen liegenden waren noch sehr weit entfernt. Wir kamen daher zu dem Schluss, dass ein Angriff auf den Hügel in nächster Zeit unwahrscheinlich war; und was einen Angriff auf die Mitte unserer Stellungen, in General Gorbatovskis Abschnitt, anging, rechneten wir ganz bestimmt nicht damit, da es für die zahlenmäßig so gewaltig überlegenen Japaner vorteilhafter wäre, die Festung gleichzeitig entlang ihrer gesamten Front anzugreifen.

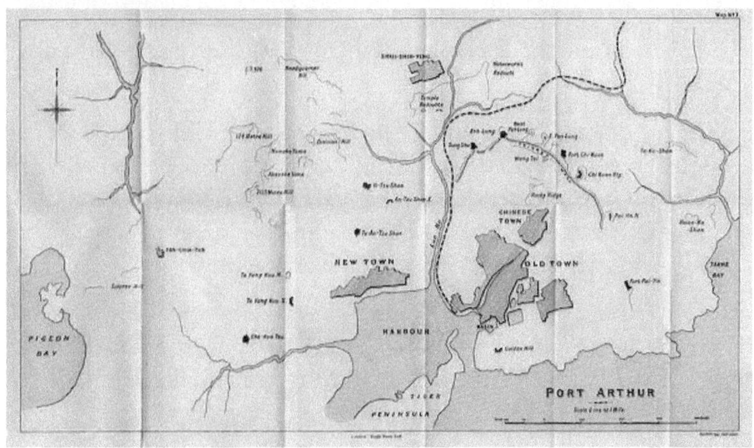

PORT ARTHURKarte Nr · 3.

London: Hugh Rees, Ltd.

Stanford's Geog ¹. Estab ᵗ., London.

Ungeachtet unserer Schlussfolgerungen bemerkten wir jedoch von unseren Beobachtungspunkten aus, dass am 23., 24. und 25. November auf der feindlichen Seite ungewöhnliche Bewegungen stattfanden. Offenbar trafen neue Truppen ein. Dasselbe konnten wir von unseren Stellungen und Batterien aus beobachten.

Meter- Hügel geschickt . „Die sind für *uns bestimmt* ", sagten wir uns. Der Beschuss all unserer Stellungen durch schwere Geschütze wurde heftiger, und unsere linke Flanke auf dem 203- Meter- Hügel erlitt schwere Verluste. Der Feind hatte von seinem ersten Graben aus einen nach rechts verlaufenden Graben ausgehoben, und da er von dort aus höchstwahrscheinlich in den Hafen sehen konnte , beschlossen wir, einen Ausfall zu machen, um ihn zu zerstören.

Am 26. wurde der Beschuss des 203 Meter hohen Hügels und der zentralen Forts unserer Stellung noch heftiger, so dass klar wurde, dass ein Angriff unmittelbar bevorstand, und wir trafen entsprechende Vorbereitungen. Von diesem Moment an hielten wir unsere Stürmer, *d. h.* die Truppen, die dem Angriff Widerstand leisten sollten, in den Schützengräben. Skorbutkranke wurden für diesen Dienst abkommandiert, und da es für Männer, die an dieser Krankheit litten, sehr hart war, in den Schützengräben bleiben zu müssen, schickten wir sie gewöhnlich nach hinten, außer Gefahr, wo sie sich in der Sonne aalen konnten. Sobald ein Angriff erwartet wurde, wurde der Befehl „Stürmer auf ihre Posten!" gesendet, woraufhin sie ihre Verstecke verlassen und den Hügel hinauf in die Schützengräben klettern mussten.

Es kam eine telefonische Meldung, dass unser Zentrum angegriffen würde. [107]

Ich ging nach Akasaka Yama und stellte fest, dass die Erdwerke an der linken Flanke schwer beschädigt und die Befestigungen davor ebenfalls zerstört waren. Mir war sofort klar, dass unsere Befestigungen auf dem 203 Meter hohen Hügel trotz ihrer Robustheit unsere Männer nicht vor der Zerstörungskraft der 11-Zoll-Granate schützen würden.

Am 26. November feuerte der Feind 25 11-Zoll-Granaten, acht 6-Zoll-Granaten, 60 Minen [108] und 300 Granaten kleinen Kalibers ab . Das Redoute auf der linken Flanke des 203 Meter hohen Hügels wurde schwer beschädigt.

Von der rechten Seite des 203 Meter Von den Hügeln aus beobachteten wir einen furchtbaren Beschuss der Forts Erh -lung und Sungshu . Von allen Seiten hörten wir Gewehrfeuer, aber ich sah keine Anzeichen eines Angriffs. Als ich zum Stabsquartier zurückkehrte, hörte ich die gute Nachricht, dass alle Angriffe unter enormen Verlusten des Feindes zurückgeschlagen worden waren. Diese Nachricht übermittelte ich sofort telefonisch an alle unsere Hügel und befahl den Garnisonen, sich zum Angriff bereit zu machen. Um unsere Linie noch weiter vor Durchbrüchen zu schützen, rief ich die nichtkämpfenden Kompanien [109] des 5., 13. und 28. Regiments zusammen und besetzte mit ihnen eine zweite Verteidigungslinie .

Der Feind überzog 203 Meter und die anderen Hügel buchstäblich mit Feuer. Aus verschiedenen Anzeichen am 26. November schlossen wir, dass die Japaner einen Angriff vor meiner Front vorbereiteten, also ließ ich die Reserve vorrücken und gab den Befehl, dass alle für den bevorstehenden Angriff bereit sein sollten.

Am frühen Morgen des 27. glich der [110] 203 Meter hohe Hügel einem ausbrechenden Vulkan. Offenbar wollte der Feind ihn mit seinen Granaten vom Erdboden fegen. Jede Minute gingen Telefonnachrichten vom Kommandanten ein, die den furchtbaren Schaden meldeten, den die 11-Zoll-Geschosse angerichtet hatten.

Schließlich waren gegen 8 Uhr alle Telefone außer Betrieb, und gegen 9 Uhr galoppierte ein Ordonnanzoffizier heran und meldete, dass der Hügel in den Händen der Japaner sei. Dies war offensichtlich ein Fehler, da wir keine Anzeichen unseres Rückzugs vom Hügel sehen konnten und alles dort wie vorher zu sein schien. Tatsächlich waren die Anlagen auf dem Hügel fast vollständig zerstört, aber die Verluste waren gering, da sich nur Wachposten und kleine Ablösungen in den Schützengräben befanden.

Um 17 Uhr griffen die Japaner an, wurden jedoch zurückgeschlagen. Der Kommandant ließ jedoch Verstärkung und weitere Offiziere anfordern, von denen jedoch nur noch sehr wenige übrig waren. Ich schickte einige Verstärkungen und mit ihnen Marinefähnrich Deitchman, der uns bereits als außerordentlich tapferer Offizier bekannt war und den ich mit Zustimmung von Colonel Irman zum Ordonnanzoffizier des Kommandanten ernannte.

Es war bereits dunkel, als Deitchman den Hügel erreichte, und bei seiner Ankunft stellte er fest, dass nicht alles in Ordnung war. Es stellte sich heraus, dass der Angriff nicht vollständig zurückgeschlagen worden war und dass eine kleine Gruppe Japaner in einer Deckung in der Nähe der Zentralbatterie auf Verstärkung wartete. Der Kommandant berief sofort einen Kriegsrat ein, der sofort beschloss, die Japaner aus dieser Festung zu vertreiben. Der stellvertretende Fähnrich Yermakov, der mit den Positionen aller Befestigungen genau vertraut war, wurde beauftragt, den Gegenangriff zu organisieren. Er stellte drei Gruppen von Freiwilligen auf, mit denen er seine Pläne ausführen sollte. Die erste unter Flottenfähnrich Morosov sollte die Japaner von der rechten Flanke aus angreifen; die zweite unter einem Offizier, dessen Namen ich nicht erfahren habe, sollte dasselbe von der linken Flanke aus tun; und die dritte unter Deitchman sollte den Feind von vorne angreifen. Auf das Signal hin stürmten alle Kolonnen auf die Deckung, aber Fähnrich Deitchman wurde in den Kopf geschossen und auf der Stelle getötet. Allerdings wurden Granaten in die Deckung geworfen und vernichteten die Japaner. Flottenfähnrich Morosov war der erste, der hineinstürmte.

auf den 203 Meter hohen Hügel dreißig 11-Zoll-Granaten, etwa dreihundert 6-Zoll-Granaten und eine große Zahl kleinerer Kaliber ab .

Bei Tagesanbruch am 28. November setzten die Japaner den Beschuss des Hügels fort und zerstörten alles, was in der Nacht repariert worden war. Ab dem frühen Morgen nahm das Feuer zu, und schließlich gingen die Japaner zum Angriff über.

Bis zum Mittag hatten sie die Schützengräben auf dem Hügel mit ihren Granaten völlig zerstört, und da General Kondratenko zum Stabshauptquartier gekommen war, bereitete ich mich darauf vor, persönlich zum 203 Meter hohen Hügel zu gehen, um die Angelegenheiten zu leiten. Im Laufe des Tages schlugen wir zwei Angriffe zurück, und ich schickte alle meine Reserven zur Unterstützung – die 6. Kompanie Matrosen und die nicht kämpfenden Kompanien des 14. und 16. Regiments.

Im Hauptquartier hatten sich zahlreiche Offiziere verschiedener Korps versammelt und verfolgten gespannt durch ihre Ferngläser den Verlauf der Kämpfe auf dem 203 Meter hohen Hügel.

Am 28. um 16.30 Uhr griffen die Japaner den unglückseligen Hügel erneut an. Unsere dezimierten Überreste wurden in Stücke gerissen und der Feind eroberte die beiden oberen Brustwehren. [111]

Auch auf Akasaka Yama lief es nicht gut und gegen 14 Uhr schickte ich die gerade eingetroffene 7. Kompanie des 27. Regiments hinauf.

Um 17 Uhr stieg ich auf mein Pferd und ritt zum 203 Meter hohen Hügel. Pater Vasili gab mir ein kleines silbernes Kruzifix als Talisman, das ich anlegte.

Ich erreichte den Fuß des Hügels. In der Schlucht in der Nähe des Verbandsplatzes lagen unzählige verwundete und unverwundete Männer. Die hinteren Hänge des Hügels waren mit Männern bedeckt, die in unterschiedlichen Stellungen lagen, verwundete Männer, die auf dem Rückweg gestorben waren. Die Reservekompanie stand bewaffnet, die Männer drückten sich dicht an die Klippe, während überall Granaten explodierten. Die Spitze des Hügels war von Rauch eingehüllt, der von den Explosionen aller Arten von Geschossen herrührte.

Ich ließ mein Pferd in der Nähe des Verbandsplatzes zurück und rief alle unverletzten Männer zusammen, die unter dem Hügel Schutz gesucht hatten. Dann begann ich mit dem Aufstieg und erreichte das Ende der Straße ohne einen Kratzer.

Hier bot sich mir ein wahrhaft furchtbares Bild der Verwüstung. Die leichten, bombensicheren Bretter, die an der steilen Seite des Einschnitts, entlang dem die Straße verlief, errichtet worden waren, waren fast alle zerstört und mit verstümmelten Körpern und abgerissenen Teilen menschlicher Gliedmaßen vollgestopft. Die ganze Straße war einfach mit zerbrochenen Balken und Leichen blockiert.

Ich überschritt alles und rutschte auf den mit Blut getränkten Brettern herum. Dann gelangte ich zu dem bombensicheren Telefon, das wie durch ein Wunder unberührt geblieben war. Hier traf ich den Kommandanten und mehrere Offiziere, die alle offenbar nicht wussten, was sie tun sollten.

Durch Granatenbeschuss zerstörte Blenden auf einem 203 Meter hohen Hügel. Die Männer sitzen inmitten der Ruinen einer Blendenanlage, die durch eine 28 cm große Granate völlig zerstört wurde.

Der Kommandant erklärte mir in wenigen Worten die Situation. Sie war noch schlimmer, als ich befürchtet hatte, und es musste sofort etwas unternommen werden.

Alle Reserven waren aufgebraucht, also bildeten wir eine Einheit aus den Männern, die ich mitgebracht hatte. Obwohl beide Brustwehren in den Händen der Japaner waren, hielten sich unsere Männer mit aller Kraft am Boden dahinter fest, an den Blenden, engen Durchgängen und Verbindungsgräben. Der gesamte Raum zwischen den beiden Brustwehren war noch in unserer Hand. Der untere, kreisförmige Graben war fast vollständig zerstört, aber unsere Männer steckten noch fest in den wenigen unberührten Teilen davon. Es schien mir daher, dass wir die Japaner mit einem gezielten Schlag vertreiben mussten und dass dies zudem keine schwierige Angelegenheit sein würde.

Um meinen Plan in die Tat umzusetzen, formierte ich die Männer, die ich mitgebracht hatte, zu einem Kommando, ließ jedem Mann Handgranaten austeilen und schickte sie nach einer kurzen Ansprache los, einige gegen die linke Brustwehr, andere gegen die rechte. Als sie sahen, dass noch nicht alles verloren war, stürmten die tapferen Kerle unter Führung junger Offiziere mit wildem Jubel auf die Wehranlage zu. Das war etwa um 19 Uhr.

Der linke wurde in einem einzigen Angriff eingenommen. Der andere fiel nicht sofort, und die Männer blieben davor stehen, stürmten aber aus eigener Initiative erneut vor und vertrieben den Feind. Viele Offiziere, darunter Leutnant Yermakov, waren Zeugen ihrer Aktion. Handgranaten wurden großzügig eingesetzt und erwiesen sich erneut als unschätzbar wertvoll.

Ich schickte sofort einen Bericht an General Stessel und General Kondratenko. Ersterer hatte mir persönlich befohlen, ihn telefonisch über alle Geschehnisse auf dem 203 Meter hohen Hügel zu informieren, und ich erhielt nun eine Glückwunschbotschaft von ihm. Sobald die Japaner aus den Brustwehren vertrieben worden waren, wurde das Artilleriefeuer des Feindes heftiger und richtete sich hauptsächlich auf die linke Flanke des Kreisgrabens und auf die Brustwehr darüber.

Um meine Männer, die die nun völlig zerstörte untere Schützengrabenlinie hielten, nicht unnötig zu gefährden, befahl ich ihnen, sich auf die obere Straße im hinteren Bereich zu begeben und dort eine Reserve zu bilden. Wir gaben den zerstörten Kreisgraben mit Ausnahme seines linken Flügels auf, doch der Feind, der davon nichts wusste, fuhr fort, ihn zu zerstören, und verbrauchte dabei Tausende von Granaten .

Ich ließ Sandsäcke und Verstärkungen holen, um die Schäden an den Schützengräben und Brustwehren auf dem Hügelgipfel sofort zu beheben. Ein paar Stunden später trafen zwei Kompanien Matrosen und ein zweirädriger Karren mit Handgranaten ein. Ich brachte die Matrosen in Reserveunterständen (tiefe Gräben – einer über und einer unter der unteren Straße) unter, die praktisch vor Beschuss geschützt waren.

Leutnant Fenster, ein Pionier, traf auf dem Hügel ein und schlug vor, die Schützengräben und Brustwehren während der Nacht zu reparieren. Die Nordseite der linken Brustwehr und die darin befindlichen Bombensicherungen waren so zerstört, dass ich nicht über sie auf die Westseite klettern konnte, und das linke Ende des mit der Brustwehr verbundenen Grabens wurde dem Erdboden gleichgemacht, aber die Rückseite der Brustwehr blieb intakt.

Es war zwingend erforderlich, alle Schäden sofort mit Sandsäcken zu reparieren, vorausgesetzt, es kam in der Zwischenzeit zu keinem Angriff.

Alle feindlichen Schützengräben rund um den Hügel waren voller Japaner.

Am 28. November brach die Nacht herein, als Handgranaten in der linken Brustwehr zu explodieren begannen und ein Soldat mit der Meldung herankam, dass die Japaner angreifen würden. Wir eilten auf die Straße, wo die Reserven lagen. Hier trafen die Verbindungswege von allen Befestigungen auf dem Hügel zusammen, und es gab auch eine Bodenmulde, die als Verbandsplatz diente. Doch die Handgranatenexplosionen hörten plötzlich auf, und bis auf das Dröhnen der Kanonen wurde alles still; unsere Handgranaten schienen die Japaner in ihre Schützengräben zurückgetrieben zu haben. Aber wie sollte es mitten in der Nacht sein, wenn man nicht erkennen konnte, wie weit der Feind entfernt war? Ich befürchtete, dass Panik ausbrechen würde. Bei der so leichten Abwehr des feindlichen Angriffs hatten wir große Hilfe von den Abteilungen unter der Führung der Leutnants Siromiatnikov und Nejentsev erhalten, die den Feind aus der Richtung von Major Soloveievs Stellung in den Rücken genommen hatten .

* * * * *

Diese Nacht (28. November) war dunkel, und seit dem letzten Angriff war alles anscheinend ruhig. Nur das gelegentliche Dröhnen einer explodierenden Handgranate durchbrach die Stille. Ich konnte die ganze Nacht nicht schlafen, schickte aber ständig Ordonnanzen in alle Richtungen und unterhielt mich über die Telefonleitungen mit dem Personal. Jeder wollte wissen, was auf dem Hügel vor sich ging. Während der Nacht kamen mehrere zweirädrige Karren mit Handgranaten, die ich in den bombensicheren Lagern in der Nähe des Verbandsplatzes lagern ließ.

Gegen 4 Uhr morgens begann das Gewehrfeuer erneut, und ein Strom Verwundeter strömte vom Kamm zum Fuß des Hügels und darüber hinaus.

Die Japaner hatten viele vergebliche Angriffe unternommen, und wir konnten alles überleben, außer schwerem Artilleriefeuer. Aber die moralischen Auswirkungen mussten berücksichtigt werden; unsere Männer waren an die Granaten und an schwere Verluste gewöhnt und ihnen gegenüber ziemlich gleichgültig geworden, aber die Infanterieangriffe gingen ihnen auf die Nerven. Und jetzt war einer davon im Gange: Handgranaten explodierten in der linken Brustwehr, und ein Ordonnanzoffizier lief herbei und verlangte Verstärkung, Offiziere und Handgranaten. Dann begannen Granaten in der rechten Brustwehr zu explodieren, und unsere Männer dort schickten ebenfalls nach Nachschub. Ich schickte alles hinauf, was sie brauchten, und bat Oberst Irman, mir Offiziere vom Stab zu schicken. Als Antwort wurde Hauptmann Bielozerov zu mir geschickt. Es stand eine ernste Aufgabe bevor, denn das Rollen des Gewehrfeuers brach aus und kündigte einen bevorstehenden Angriff an. Ich befahl der Kompanie am Fuß des Hügels, zur oberen Straße zu kommen, und fragte telefonisch nach einer weiteren Kompanie. Die Antwort kam, dass keine verfügbar sei. Dann rief ich unsere 5. Kompanie an, sie solle ihre Stellungen auf dem Division Hill in der Nähe von Fort Yi-tzu Shan, wohin sie gerade zurückgekehrt war, verlassen und sofort zum 203 Meter Hill aufrücken . Das Feuern und die

Explosion von Granaten nahm zu, während der Beschuss aufhörte – wahrlich ein schlechtes Zeichen.

DIE LETZTEN RESERVEN FÜR DEN 203 METER HÜGEL
WÄHREND DER KÄMPFE IM NOVEMBER.

Tatsächlich flohen unsere Männer bereits aus der linken Brustwehr. Ich holte meine Kompanie Matrosen heran, schickte sie den Flüchtlingen entgegen und schrie mir heiser zu: „Halt, halt! Verstärkung!" Trotzdem wollten sie nicht anhalten, und auch die Matrosen gerieten ins Wanken und blieben stehen. Es herrschte große Verwirrung, und was ich rief und was ich tatsächlich tat, weiß ich jetzt nicht mehr genau. Es scheint mir jedoch gelungen zu sein, die Männer wieder zu sammeln, denn die Männer meines eigenen Regiments begannen sich um mich zu sammeln, und als ich merkte, dass ich an der Spitze einer beträchtlichen Anzahl von Männern stand, führte ich sie gegen die linke Brustwehr. Schützen und Matrosen stürmten vor und schwärmten mit Hauptmann Bielozerov , der als Erster hineinkam, auf die Brustwehr ein. Ähnliches geschah mit der Brustwehr auf der rechten Seite, aber die Lage war dort nicht ganz so schlimm, da keine Panik ausgebrochen war und sie mir lediglich die Nachricht geschickt hatten, dass die Japaner sie eingenommen hatten, unsere Männer aber noch immer den hinteren Wall hielten. Zusammen mit den anderen Offizieren führte ich eine Abteilung Matrosen durch die Verbindungsgänge in die Festung. Die Japaner leisteten nur schwachen Widerstand und in wenigen Minuten hatten wir den Ort mit Bajonettvorhaltung eingenommen. Ich schickte einen langen schriftlichen Bericht ab, da Granatfeuer die Telefonleitungen zerstört hatte, die unsere Pioniere jedoch innerhalb von zehn Minuten wieder verbanden.

An dieser Stelle möchte ich ein paar Worte über unsere Pioniere verlieren. Ich hatte nur sehr wenige von ihnen, entweder auf dem 203 Meter hohen Hügel oder in meinem Verteidigungsabschnitt , aber sie waren alle furchtlos und über jeden Zweifel erhaben. Trotz der ständigen Gefahr arbeiteten sie vollkommen unbekümmert. Viele von ihnen wurden *außer Gefecht gesetzt* . Eine Granate schlug in einen bombensicheren Bereich ein, in dem sie arbeiteten, und verwundete acht von ihnen schwer, doch die Energie und Kühnheit derer, die zurückblieben, waren in keiner Weise beeinträchtigt. Sie suchten immer nach Möglichkeiten, sich nützlich zu machen, und tatsächlich hatten ihre Dienste für ihr Land und ihren Zaren großen Einfluss auf die Soldaten, mit denen sie in Kontakt kamen.

* * * * *

Meter- Hügel übernommen hatte , konnte ich natürlich keine Kontrolle über die anderen verteidigten Hügel ausüben, also übernahm Oberst Irman diese Aufgabe. Da ich also nicht wusste, was jenseits des 203- Meter -Hügels vor sich ging, war mir Akasaka Yama, das der Feind erneut angriff, sehr unangenehm. Die Japaner hatten sich bis zur Schlucht vor dem 203- Meter- Hügel vorgekämpft und einen Angriffskopf aus dieser Schlucht direkt auf den Fuß des Akasaka Yama zugetrieben. Dann hatten sie ihre Arbeit etwa 70 Fuß davon eingestellt und waren in Gruppen zu einem kleinen Stück toten Bodens unter der Klippe gegenüber dem Namako Yama hinübergelaufen und hatten dort begonnen, etwas zu unternehmen, wie wir deutlich sehen konnten. Obwohl ich oberhalb dieser Klippe Abattis errichten ließ und unser Graben hinter den Abattis entlang verlief, war dieser Punkt der verwundbarste in der gesamten Verteidigung von Akasaka Yama, und meine Befürchtungen wurden wahr, denn der Feind wählte genau diesen Punkt für seinen Angriff.

Ich machte mir umso mehr Sorgen um Akasaka Yama, weil, wenn es in die Hände des Feindes fiele, die Kommunikation mit 203 Meter Hill von hinten unterbrochen wäre, letzterer dann von allen Seiten beschossen werden könnte und es unmöglich wäre, ihn länger zu halten. Andererseits bot Akasaka Yama, solange es in unserer Hand blieb, 203 Meter Hill starken Halt und verhinderte, dass der Feind es von vorne und von der rechten Flanke aus angreifen konnte. Die Japaner unternahmen einen Versuch, dies zu tun, und erlitten dabei sehr schwere Verluste. Mehrere Hundert Männer fielen an den Nordhängen von 203 Meter Hill unter dem Feuer der Gewehre und Maschinengewehre von Akasaka Yama.

* * * * *

Nachdem der Feind einen schweren Schlag erlitten hatte, stellte er seinen Angriff ein, arbeitete aber weiter an seinen Parallelen und machte einen Zickzack nach rechts. Das war für uns sehr gefährlich, da die Japaner dadurch an einen Punkt auf dem Hügel kamen, von dem aus sie den Fall ihrer Granaten im Hafengebiet beobachten konnten . Zweifellos mussten wir einen Ausfall mit der gesamten Truppe machen.

Indem wir nachts mindestens drei Kompanien auf den Feind losließen, konnten wir ihn aus seinem Parallelbereich vertreiben und ihn zerstören. Die Verluste wären hoch, aber der erzielte Erfolg wäre im Verhältnis groß. So wie es war, konnten wir den Hügel nur knapp halten, und unsere Verluste waren hoch. Wir konnten nur mit größter Mühe Verstärkungen bekommen, da diese für General Gorbatovskis Abschnitt benötigt wurden, der ebenfalls angegriffen wurde. Aber es war unmöglich, den Hügel ohne Reserven zu halten; entweder mussten mehrere Kompanien pro Tag geopfert werden, oder der Hügel musste aufgegeben werden.

Die furchtbare Wirkung der 11-Zoll-Granate ließ uns auf die Idee kommen, Höhlen in die Berghänge zu graben, um den Männern Deckung zu geben, und wir begannen damit, aber dann war es zu spät. Die Höhlen, die wir noch rechtzeitig graben konnten, waren nur groß genug, um ein paar Männern Schutz zu bieten.

Am 29. November brach bereits der Abend herein. Der Beschuss ließ nach (den Japanern musste die Munition ausgegangen sein) und an den vom Feuer geschützten Stellen unter dem Hügel, wo die Männer Feuer für ihren Tee machten, waren Rauchschwaden zu sehen. Alles schien darauf hinzudeuten, dass der Tag ruhig enden würde, und ich war ganz zufrieden, da ich nicht die geringste Ahnung hatte, was für einen Streich die Matrosen in der linken Brustwehr mir spielen würden. Ich hatte meinen Ordonnanzoffizier dorthin geschickt (ich weiß nicht mehr, wozu); zehn Minuten später kam er angerannt und meldete, dass kein einziger Mann in der Brustwehr war – sie war völlig leer.

„Aber wo sind die Matrosen?“, rief ich.

„Ich weiß es nicht, Sir! Sie müssen weggegangen sein.“

Ich ließ sofort die Marineoffiziere rufen und befahl ihnen, ihre Männer zu suchen und sie auf ihre Posten zurückzuschicken. In der Zwischenzeit schickte ich alle Männer in meiner Nähe zur Brustwehr – etwa zehn Schützen und Späher, die als meine Ordonnanzen fungierten.

Ich hatte immer ein paar Männer in meiner Nähe, die mit den Befestigungen auf dem Hügel bestens vertraut waren. Das war wichtig, denn ein Mann, der nicht alle Einzelheiten kannte, konnte sich sehr leicht im Labyrinth der Schützengräben und Verbindungsgänge verirren und meine Befehle nicht an die Empfänger weitergeben.

Eine Stunde später waren alle Matrosen versammelt, und ich vergab ihnen ihr dummes Vorgehen nur im Hinblick auf ihren glänzenden vorherigen Angriff und die Art und Weise, wie sie die Japaner aus der Brustwehr vertrieben hatten. Ich befahl den Marineoffizieren, immer bei ihren Männern zu bleiben und nicht in den bombensicheren Räumen zu bleiben, und erinnerte sie daran, dass dies das zweite Mal war, dass die Matrosen ihren Posten verlassen hatten.

Es war bereits Nacht – für mich immer eine anstrengende Zeit, da es unmöglich ist, in der Dunkelheit eine wirksame Kontrolle auszuüben – und das Einzige, was ich tun konnte, war, auf dem Hügel herumzulaufen und meine Männer durch Reden zu ermutigen. Aber meine Stimme war fast völlig weg, weil ich tagsüber ständig geschrien hatte.

Als es ganz dunkel geworden war, kamen einige Pioniere mit Sandsäcken. Auch Verstärkungen – zwei Kompanien – kamen. Ich beschloss, diejenigen, die sich bereits in der Kampflinie befanden, schlafen zu lassen und diejenigen, die gerade angekommen waren, arbeiten zu lassen. Aber welcher Schlaf und welche Arbeit war unter einem Hagel von Granaten aller Art möglich? Außer Leutnant Fenster und dem stellvertretenden Fähnrich Yermakov stand uns für die Nachtarbeit auch Leutnant Reinbott von der Fortress Mining Company zur Verfügung. Obwohl ich in den letzten beiden Tagen wirklich hundemüde war, hatte ich dennoch nicht das Gefühl, essen oder schlafen zu wollen.

Sobald der 30. Tag anbrach, wurde das Feuer lauter und wir wurden Zeugen der völligen Zerstörung der rechten Seite der linken Brustwehr durch mehrere gut gezielte 11-Zoll-Projektile. Glücklicherweise konnte der Feind auf der Seite, die seinen ständigen Angriffen ausgesetzt war, keinen großen Schaden anrichten, aber der innere Graben war vollständig mit Leichen gefüllt, sowohl von unseren eigenen Männern als auch von den Japanern, die wir nicht wegschaffen konnten. Dies war unmöglich, da diese Seite der Brustwehr tagsüber von Granatsplittern von der Seite und von hinten durchsiebt wurde und unsere Männer dort nachts immer auf der Hut vor einem Angriff waren und die Deckung der Brustwehr nicht verlassen konnten; außerdem wären sehr viele Männer nötig gewesen, um die Toten wegzubringen, und wir hatten niemanden übrig.

Um 8 Uhr griffen die Japaner plötzlich die linke Brustwehr an, eroberten den vorderen Teil und hissten ihre Flagge. Der Anblick dieser Flagge erfüllte unsere Männer jedes Mal mit Wut. Ich wusste das, und rief der Reserve zu, indem ich darauf zeigte: „Los, Jungs, holt sie runter!“, und wie ein Mann stürmten unsere Matrosen in die Brustwehr. Ich führte sie ein Stück weit, und einen Moment später war weder von den Japanern noch von ihrer Flagge etwas zu sehen. Noch zweimal tauchte die feindliche Flagge auf dem Hügel auf, aber jedes Mal wurde sie von meiner Handvoll Reservesoldaten heruntergerissen.

Gegen 11:00 Uhr oder etwas früher war ich mit dem Kommandanten Major Stempnevski , dem stellvertretenden Fähnrich Yermakov und mehreren Marineoffizieren im bombensicheren Telefonraum. Plötzlich hörten wir Rufe und unregelmäßiges Gewehrfeuer. Ich rannte auf die Straße und sah Folgendes: Unsere Männer waren in voller Flucht aus der Mitte des Hügels und von der linken Flanke, und viele von ihnen überschlugen sich in ihrer Eile, zu entkommen. Unweit des bombensicheren Raums musste ich über die Leiche eines Japaners springen, der anscheinend gerade getötet worden war. Ich begann „Halt, halt!" zu schreien, und um meinen Worten Nachdruck zu verleihen, zog ich mein Schwert und schlug einen nach dem anderen (natürlich mit der flachen Hand); Leutnant Podgourski und die anderen Offiziere taten dasselbe. Die Männer hörten auf meine Stimme, blieben stehen und eröffneten auf der Spitze des Hügels ein vereinzeltes Feuer. Ich wollte sofort in die Reserve gehen, da meine Stimme wegen des Feuers nicht weit genug reichte. Da ich jedoch befürchtete, dass meine Leute mir folgen könnten, ging ich nicht selbst zurück, sondern schickte Jermakow.

Inzwischen sahen wir japanische Soldaten auf den Gipfel springen und begannen sofort, die Straße entlang zu schießen. Im selben Moment kletterten mehrere Dutzend Männer von unten auf mich zu, umringten mich, begannen zu schießen und riefen heiser „Hurra!" Inmitten all dieses Lärms und Feuers fühlte ich, dass die Dinge außer Kontrolle geraten waren, während die Zahl der Japaner auf dem Hügel immer weiter zunahm. Glücklicherweise waren die Reserven jetzt nicht mehr als 10 Schritte von mir entfernt, und ich sah bereits Yermakov und Fenster vor mir; beide hatten Gewehre. Das Einzige, was jetzt noch zu tun war, war, mit den Neuankömmlingen und den Männern, die ich um mich hatte, loszustürmen, und das taten wir. Diejenigen, die sich zurückgezogen hatten, stellten fest, dass sie Verstärkung hatten, stürzten sich mit ohrenbetäubendem Geschrei auf die Japaner, und wir waren wieder einmal Herren des Hügels.

Wäre die Reserve im entscheidenden Moment nicht eingetroffen, wären wir vom Hügel vertrieben worden, und dann wäre es tatsächlich unmöglich gewesen, ihn zurückzuerobern, da die Japaner stark verstärkt wurden. Als wir wieder auf dem Gipfel waren, war es für uns ganz einfach, Handgranaten abzuwerfen. Sie rollten herunter und verursachten furchtbares Chaos unter dem sich zurückziehenden Feind. Unsere Gewehre und Artillerie, die beide ein schweres Feuer auf den Fuß des Hügels und die benachbarten Schluchten eröffneten, waren eine hilfreiche Ergänzung zu den Granaten. In weniger als zehn Minuten waren die Japaner in ihren Schützengräben verschwunden, und wir atmeten wieder frei.

Ohne abzuwarten, bis die feindlichen Kanonen das Feuer eröffneten, brachte ich meine Männer zurück in die bombensicheren Reservelager. Und ich hatte Glück, denn fast sofort begannen Granaten über dem Gipfel zu explodieren und bedeckten ihn mit einer Wolke aus giftigem schwarzen Rauch. Wieder einmal begannen unsere leicht und schwer verwundeten Männer zu humpeln oder wurden vom Gipfel weggetragen.

Es war ein schrecklicher Anblick; dennoch war es wunderbar zu sehen, wie diese Helden furchtlos starben oder ohne zu klagen litten.

Die Zahl der Leichen auf der Straße nahm rasch zu, und der widerliche Geruch erschwerte das Atmen.

Es war zweifellos an der Zeit, Männer zum Bergen der Toten anzufordern.

RUSSISCHER TOTER WARTET AUF EINEM 203 METER HOHEN
HÜGEL AUF SEINE BEERDIGUNG.

Ich schickte einen Bericht über alles, was geschehen war, und ging dann mit dem Kommandanten und einigen anderen Offizieren zu unserer Beobachtungsposition in der Nähe des Verbandsplatzes, wo eine enorme Zahl Verwundeter lag, die den Chirurgen schwere Arbeit abverlangten.

Ich erinnere mich, als wäre es heute gewesen, dass ich mich mit dem Gesicht nach hinten umgedreht hatte und auf die Menge der Männer blickte, die in der Nähe des unteren Verbandsplatzes standen, und mich fragte, woher sie alle kamen. Plötzlich gab es eine furchtbare Explosion, und ich wurde mit schrecklicher Wucht zu Boden geschleudert. Der Schock war so groß, dass ich eine Zeit lang benommen war. Als ich schließlich aufstand und die Erde, die mich bedeckte, aufwirbelte, lag vor mir ein großer Haufen Leichen, und unter ihnen allen lag der Kommandant, Major Stempnevski . Alle waren reglos, aber grausiges Keuchen und herzzerreißendes Stöhnen erfüllten die Luft. Ich drehte mich um. Zu meinen Füßen lagen mehrere Tote, und auf ihnen lagen mit dem Gesicht nach unten Fähnrich Reishetov und der Sergeant Major der 2. Kompanie, während ein junger Marinemechaniker auf dem Boden saß, laut vor Schmerzen schrie und sich mit beiden Händen seine linke Seite umklammerte. Andere, wie ich, kamen jetzt zu sich, und wir begannen, die Toten von den Verwundeten zu trennen. Ein Assistenzarzt lief zu dem jungen Mechaniker und trug ihn nach unten, und wir legten Major Stempnevski in den Splitterschutz. Er war bei Bewusstsein. Blut strömte aus seinem Kopf und Gesicht.

„Wo sind Sie verletzt, Stanislaw Juljanowitsch?", fragte ich ihn, und er antwortete: „Mein Rücken ist verletzt und ich kann nicht atmen."

„Sie werden Sie nach unten bringen", sagte ich.

„Nein, nein. Warten Sie, bis die Feuerung nachlässt."

Also ließ ich ihn im Splitterschutz liegen. Wahrscheinlich hatte die Granate die Klippe getroffen, in deren Nähe wir standen, aber ich war glücklicherweise etwas weiter weg und hatte nur einen schlimmen Schlag auf die rechte Schulter abbekommen. Eine Stunde später wurde unser tapferer Kommandant zum unteren Verbandsplatz gebracht, und ich fühlte mich sehr allein.

Ich berichtete, was geschehen war, und bat darum, einen der anderen Offiziere zu schicken, um den Platz des Kommandanten einzunehmen. Obwohl die Japaner mehr als eine gute Lektion von uns gelernt hatten, waren sie nicht zufrieden und kamen hier und da in beträchtlicher Zahl aus ihren Schützengräben, wurden aber sofort wieder durch Gewehr- und Maschinengewehrfeuer vom 203 Meter Hill und Akasaka Yama zurückgedrängt. Mit dämonischer Hartnäckigkeit krochen sie jedoch zweimal durch unsere Stacheldrahtverhaue und gelangten auf der linken Flanke sogar bis zur Brustwehr, aber durch Handgranaten dezimiert, brachen sie zusammen und flohen, wobei sie die Hänge des Hügels mit ihren Toten übersäten.

Dies war ein unvergesslicher Tag, sowohl für uns als auch für die Japaner. Gegen 20 Uhr war ich gerade in einen bombensicheren Wachturm gegangen, um etwas zu essen, als ich „Hurra!"-Rufe und erneute Bombenexplosionen hörte, die mir einen weiteren Angriff ankündigten. Ich stürzte aus dem bombensicheren Wachturm und sah, wie sich unsere Matrosen und Schützen auf der Brustwehr in der Nähe der Schlucht der Brustwehr drängten und Handgranaten hineinwarfen. Das sah schlimm aus, denn die Japaner mussten sie aus der Brustwehr vertrieben haben. Ich befahl den anderen Offizieren, die paar Dutzend Männer, die auf der Straße waren, hinter den Steinen und

Felsbrocken in der Nähe der Brustwehr zu platzieren, um zu verhindern, dass der Feind die Straße einnimmt, und um gleichzeitig den äußersten Punkt zu markieren, über den unsere Männer auf keinen Fall zurückweichen durften.

Ich schickte sofort nach der Reserve, die zu diesem Zeitpunkt aus unserem 1. Kundschafterdetachment bestand. Es war keine leichte Sache, einen 203 Meter hohen Hügel zu erklimmen , und es war auch nicht im Handumdrehen zu bewerkstelligen, und so verging eine beträchtliche Zeit, bis Hauptmann Vaseeliev mit seinen Männern eintraf. Die Handvoll Mann, die die Schlucht der Brustwehr darüber verteidigten, war erheblich dezimiert worden, und ich meldete, dass die Japaner bis zur linken Flanke des Verbindungsgrabens vorgedrungen waren, die nun völlig zerstört war, und sich dort festgesetzt hatten. Aber anscheinend hatten sie sich keinen sehr festen Stand gesichert, und das Innere der Festungsanlage war unbesetzt. Das bedeutete, dass unsere Männer, überrascht von der Plötzlichkeit des Angriffs, die Festungsanlage geräumt hatten, deren Vorderseite der Feind eingenommen hatte. Ich rief den Verteidigern zu, keinen weiteren Schritt zurückzuweichen, sondern mit aller Kraft durchzuhalten, da ich ihnen sofort mit den Kundschaftern zu Hilfe kommen würde. Ein Offizier, der im Bombenschutz in der Mitte des Werks geblieben war, schickte einen Ordonnanzoffizier, um mir mitzuteilen, dass der Feind die Brustwehr besetzt hatte, sich aber nicht traute, in das Werk hinabzusteigen. Leider konnte ich den Namen dieses Offiziers nicht herausfinden.

Nachdem ich Hauptmann Vaseeliev mitgeteilt hatte, wo er angreifen sollte, und die notwendigen Vorbereitungen getroffen hatte, sprach ich kurz mit den Männern und marschierte dann mit ihnen zu dem Punkt, den ich angreifen wollte – die rechte Flanke der linken Brustwehr und die linke Flanke des Verbindungsgrabens. Natürlich überholten mich die tapferen Kerle, und der Ansturm dieser Männer, zusammen mit den wenigen, die noch übrig waren und die Schlucht der Brustwehr verteidigt hatten, und einigen anderen Schützen, die von irgendwo rechts auftauchten, trieb die Japaner aus ihren Schützengräben. Es dauert nicht lange, dies zu erzählen, aber ganz so schnell ging es nicht.

Die Abteilung unter Hauptmann Vaseeliev und alle, die mit ihm vorstürmten, riefen lange Zeit ununterbrochen „Hurra!", schossen und warfen Handgranaten. Die Japaner auf der Brustwehr leisteten hartnäckigen Widerstand. Ich blieb mit einigen anderen Offizieren in der Schlucht der Brustwehr und hörte unsere Leute „Hurra!" rufen und sah, wie sie durch die engen Schützengräben zur Front rannten, die die Japaner noch immer hielten. Dann waren zwei Explosionen zu hören, gefolgt von weiteren, und im nächsten Moment waren unsere Leute auf der Brustwehr. Dutzende von

Handgranaten wurden dem sich zurückziehenden Feind hinterhergeschleudert, so dass der ganze Hügel von ihren gewaltigen Explosionen zu beben schien. Ich ging sofort zur Straße hinunter, um Befehl zu geben, dass alle, die den Hügel hinabgestiegen waren, sofort heraufgeholt werden sollten. Immer wenn Alarm ertönte, waren eine ganze Menge Leute dort.

Aber ich war vorausschauend, denn eine ganze Kompanie – etwa hundert Mann – kam mir den Berg herauf entgegen, Matrosen und Schützen, angeführt von ihrem Feldkornett, der von mir auf der Stelle das Georgskreuz erhielt. Für ihn war das eine angenehme Überraschung; mich erwartete jedoch eine unangenehme.

Ich hatte das Gefühl, dass der Hügel nun wieder sicher war, und stand auf der Straße in der Mitte meiner Stellungen, als Hauptmann Vaseeliev schnell auf mich zukam und meldete: „Ich bin schwer verwundet, Oberst, und kann das Kommando nicht mehr übernehmen. Lassen Sie mich zum Verbandsplatz hinuntergehen."

„Sehr gut", sagte ich. „Von Herzen wünsche ich Ihnen eine schnelle Genesung. Das Georgskreuz gehört Ihnen."

Das Regiment hatte einen weiteren tapferen Offizier verloren, aber, so Gott will, nicht für immer.

Da nun alles ruhig war auf dem Hügel, schickte ich einen Bericht an Oberst Irman und bat ihn, General Kondratenko um Erlaubnis zu bitten, den Hügel zu verlassen, um mich auszuruhen und meine Wunde versorgen zu lassen. Ich bat auch um Sandsäcke und Männer, um die Schäden zu reparieren. Alles, was ich verlangte, wurde heraufgeschickt, und auch drei Pionieroffiziere trafen ein. Es war nicht nötig, ihnen zu zeigen, wo die Arbeit zu verrichten war, und ich hatte mich gerade hingesetzt, um mich auszuruhen – es war jetzt etwa Mitternacht –, als ich Oberst Irman und meinen Adjutanten, Leutnant Kostoushko-Valeejinitch , ankommen sah. Nachdem ich einen vollständigen Bericht erstattet und die gegenwärtige Situation erklärt hatte, führte ich sie in den bombensicheren Raum des Kommandanten, wo Oberst Irman sofort den Wunsch äußerte, den Hügel zu inspizieren und den Männern für die Abwehr der Angriffe zu danken.

Kostoushko im Schützengraben , und ich legte mich hin, um mich auszuruhen, da ich vom Schlafmangel erschöpft war. Lautes Reden im bombensicheren Wagen weckte mich. Als ich die Augen öffnete, sah ich eine Gruppe Marineoffiziere, einige von ihnen alte Freunde, aber auch Neuankömmlinge, die vom Hauptquartier zum Hügel geschickt worden waren.

Hier möchte ich erwähnen, dass die Marineabteilungen häufig von Leitern der Marineabteilung oder von Fähnrichen der Flotte kommandiert wurden. Viele von ihnen waren großartige Kerle, unter denen sich Losev und Morosov besonders durch ihre unübertroffene Tapferkeit auszeichneten.

Ich hatte vier Tage lang kaum etwas gegessen und kaum geschlafen.

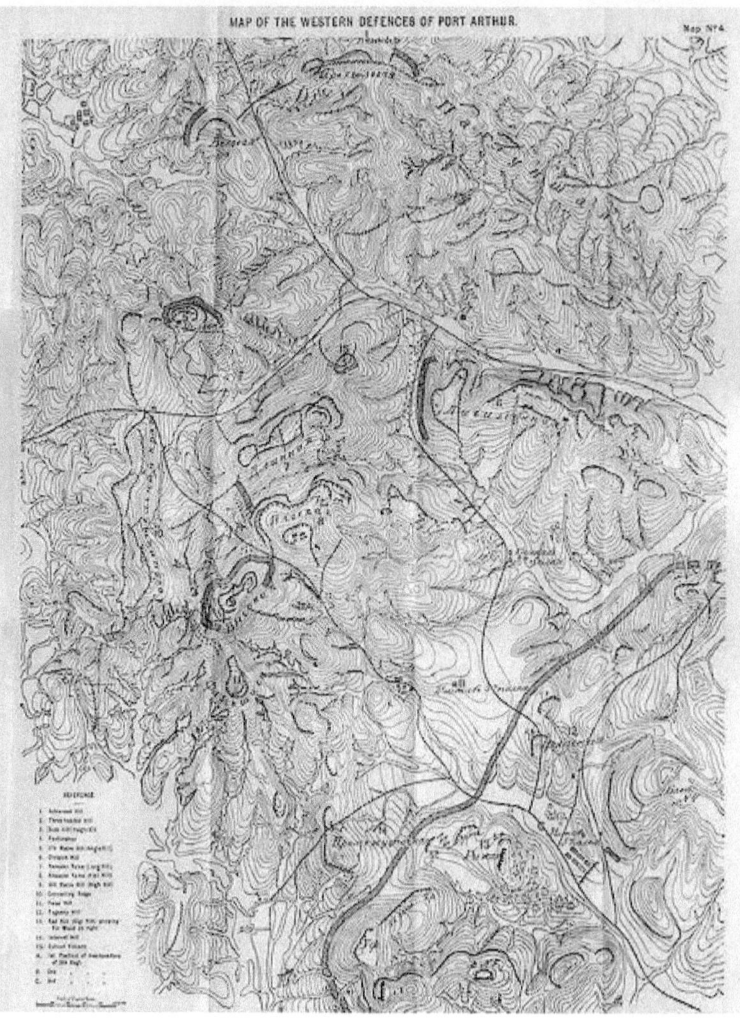

KARTE DER WESTLICHEN VERTEIDIGUNGSANLAGEN VON PORT ARTHUR. Karte Nr. 4.

Vergrößert von einer russischen Karte. London: Hugh Rees, Ltd.

Reproduziert im Stanford's Geogl. Estabt., London.

KAPITEL XI

Die Kämpfe am 1. Dezember – Aufklärung bei Nacht – Der „ideale Offizier"
– Die Angriffe auf den 203- Meter- Hügel am 4. Dezember – Ereignisse auf
Akasaka Yama vom 27. November bis 4. Dezember.

Der 1. Dezember verlief wie gewohnt, bis es dunkel wurde und etwas
ziemlich Ernstes passierte. Wegen des ständigen Alarms und meiner Angst
um die Sicherheit des Hügels war an Essen nicht zu denken. Ich nutzte
jedoch eine Zeit relativer Ruhe aus und hoffte, die Japaner würden sich etwas
Zeit nehmen, um sich von der harten Lektion zu erholen, die sie erhalten
hatten. Ich ging ins Freie (es war furchtbar eng in der bombensicheren
Anlage) und saß auf der Brüstungskante, als plötzlich Alarm geschlagen
wurde. Gewehrfeuer brach aus, begleitet vom Donnern explodierender
Handgranaten. Ich sprang auf und sah, dass unsere Männer aus der linken
Brustwehr flogen – glücklicherweise jedoch nur wenige von ihnen. Fähnrich
Soimonov war mit den Matrosen dort.

„Was soll das alles?", schrie ich.

„Die Handgranaten waren zu viel für uns. Alle sind weg, und die Japaner
haben unsere Arbeit erbeutet."

„Ihr Narren !", schrie ich ihnen hinterher. „Ihr habt wieder geschlafen.
Kommt sofort zurück und sagt Fähnrich Soimonow , dass ich ihm befehle,
die Japaner wieder hinauszuwerfen."

Daraufhin drehten sich die Matrosen um und rannten an mir vorbei. Zehn
Minuten später hörte man Schüsse von der linken Brustwehr, dann ein lautes
„Hurra!" und dann, einen Moment später, herrschte Stille. Ein
Ordonnanzoffizier von Fähnrich Soimonow rannte auf mich zu und
meldete, dass sie den Graben wieder eingenommen hätten, die Japaner aber
immer noch die Brustwehr selbst in ihrer Gewalt hätten, woraus ich schloss,
dass die Matrosen allein zahlenmäßig zu schwach waren, um die Stellung
zurückzuerobern.

Ich schickte ein Telegramm an den Stab: „Schickt mir eine frische
Kompanie", aber wahrscheinlich war keine verfügbar, denn ich bekam nicht
einmal eine Antwort. Oben auf dem Hügel war jetzt alles ruhig. Ich wusste
nicht, was ich unter diesen schwierigen Umständen tun sollte. Gegen 2 Uhr
morgens erhielt ich eine Nachricht: „Die nicht kämpfende Kompanie des 12.
Regiments kommt unter Sergeant Major Kournosov . Organisiert sofort
einen Gegenangriff und vertreibt die Japaner."

DIE LETZTEN RESERVEN GEHEN IN RICHTUNG EINES 203 METER HÖHEN HÜGELS. IN DER FERNE SEHT MAN IN DER MITTE EINEN 203 METER HOHEN HÜGEL, LINKS DEN FALSCHEN HÜGEL UND RECHTS AKASAKA YAMA.

Es dauerte nicht lange, bis diese Verstärkungen eintrafen. Ich nahm noch eine kleine Truppe von Männern mit, die ich am Fuße des Hügels gefunden hatte, und zeigte ihnen persönlich den Weg (niemand sonst kannte die Anordnung der Befestigungen so gut), ging dann mit Kournosov herum und inspizierte die linke Brustwehr von allen Seiten.

Die Japaner darin verhielten sich sehr ruhig. [112] Ich postierte meine Leute, ernannte Anführer für jede Kolonne (einer sollte von hinten angreifen, einer von der rechten Flanke) und zeigte ihnen ihre Angriffspunkte an. Auf ein gegebenes Signal hin sollten beide Kolonnen gleichzeitig angreifen. Bevor jedoch das Signal gegeben worden war, begannen die Leute plötzlich zu schießen und „Hurra!" zu rufen. Es gab ein solches Durcheinander von Geräuschen, dass man sich nicht Gehör verschaffen konnte, und wegen der Dunkelheit war an ein persönliches Beispiel nicht zu denken. Lange Zeit wurde viel sporadisch geschossen und ungeordnetes Geschrei gehört, und dann wurde es endlich für eine kurze Zeit wieder still, nur um wenige Sekunden später von erneutem Geschrei und Schießen gefolgt zu werden.

„Na ja", dachte ich mir, „mit diesen Nichtkombattanten werden wir nie etwas anfangen können", und die Dunkelheit und das Labyrinth der Schützengräben über dem Schauplatz des Geschehens machten alle Versuche der Kontrolle nutzlos. Ich beschloss, bis zum Morgengrauen zu warten und schickte einen entsprechenden Bericht.

Alles wurde wieder ruhig, also kam Soimonow herbei und berichtete, dass die Schützen angefangen hätten zu schießen und zu schreien, und dass seine Matrosen auf die Brustwehr gerannt seien, aber von Schüssen empfangen worden seien. Es war völlig dunkel, und die Männer hatten sich auf die Böschung der Brustwehr geworfen und wollten nicht weiter vorrücken. Sie dachten, dass viele Japaner im Einsatz waren, und man konnte jemanden sehen, der direkt hinter dem Eingang zum bombensicheren Bereich rauchte.

„Warum glauben Sie, dass sich so viele Japaner in den Brustwehren befinden?", fragte ich.

„Ich weiß zwar nicht genau, wie viele es sind, aber ich persönlich glaube, dass es nicht sehr viele sein können, denn ihre Salve war verstreut; aber unsere Männer verloren aufgrund der Dunkelheit die Zuversicht."

„Nehmen Sie ein paar Granaten und werfen Sie sie ins Werk", sagte ich und schickte etwa hundert Granaten zu ihnen hoch.

Nach ein paar Minuten explodierten die Granaten im Werk, und dann war alles wieder still. Diese Stille hielt lange an. Ich konnte die Spannung nicht länger ertragen und schickte einen Offizier zu Soimonov, um herauszufinden, was los war.

Etwa zwei Stunden später kehrte der Offizier zurück und berichtete, dass er die gesamte untere Schützengrabenlinie umrundet und keine Menschenseele angetroffen habe. Er sei dann in eine Schießscharte gekrochen und habe in die Schützengräben geschaut, wo nichts zu sehen war außer einem Haufen schwelender Bretter und Balken, mit dem verkohlten Kopf eines Mannes dazwischen. Unsere Männer hätten daraufhin sofort die Brustwehr wieder besetzt.

Offenbar waren die Japaner durch unsere Handgranaten vertrieben worden und der Ort war leer. Ich schickte sofort einen Bericht über den Vorfall und ersetzte die Matrosen durch eine Kompanie Schützen, die gerade eingetroffen war.

Leider habe ich den Namen des mutigen jungen Offiziers vergessen, der in die Brustwehr geklettert war, aber es ist noch nicht zu spät für ihn, sich zu melden, und wenn er das tut, wird er sicherlich das Georgskreuz erhalten.

Mein Rücken begann stark zu schmerzen und eine Art Brennen zu verspüren. Die ganze Zeit hatte ich mich nicht ausgezogen, um zu sehen, ob meine Wunde von der explodierenden Granate ernst war oder nicht, und außerdem war ich völlig erschöpft. Ich hatte das Gefühl, ich sollte versuchen, meine Kräfte wiederzuerlangen, und wartete ungeduldig auf eine Antwort auf meine Bitte um Erlaubnis, den Hügel zu verlassen, damit meine Wunde untersucht und richtig verbunden werden konnte. Schließlich wurde die Genehmigung erteilt und Leutnant Organow wurde geschickt, um meinen Platz einzunehmen; aber er sagte mir vor meiner Abreise, dass er, da er überhaupt nichts über die Befestigungen auf dem Hügel und ihre Anordnung wisse, nicht hoffen könne, ein fähiger Kommandant zu sein, und bat mich, so bald wie möglich zurückzukehren. Ich versprach, am nächsten Morgen wiederzukommen, und ging dann zum Stabshauptquartier.

Dr. Theodore S. Troitski untersuchte mich und fand eine kleine Stichwunde von einem Splitter, der sich tief in meinen Rücken getrieben hatte, sowie einen großen blauen Fleck. Als mein Diener Peter Ravinski meine graue, mit Wolle gefütterte Jacke ausschüttelte, fielen eine ganze Menge kleiner Splitter heraus. Die dicke Wattierung und der Stoff hatten sie am Durchdringen gehindert und sie hatten sich im Futter verfangen. Nur einer – wahrscheinlich größer als die anderen – war ganz durchgedrungen und hatte die Wunde verursacht. Nach einem kurzen Gespräch mit General Kondratenko legte ich mich schlafen.

Am nächsten Tag (2. Dezember) kam der Oberarzt der Festung morgens ins Stabsquartier und ließ mich ins Feldlazarett Nr. 9 bringen, wo Dr. Krjivetz operierte, den Splitter aber nicht entfernen konnte. Er sagte, um ihn zu finden, müsste man die Wunde aufreißen, und da der Splitter, der Einstichstelle nach zu urteilen, sehr klein war, hielt er es für besser, ihn vorerst zu belassen.

Nach der Operation kehrte ich zum Stab zurück. General Kondratenko, der bereits dort war, schien in einer sehr unruhigen Verfassung zu sein.

„Sie haben schon auf dem Hügel nach Ihnen gefragt. Dort oben ist nicht alles in Ordnung, und der Kommandant scheint sehr besorgt zu sein. Bitte gehen Sie so schnell wie möglich, Nikolai Alexandrowitsch .“

Ich befahl sofort meinem Pferd und ritt los.

* * * * *

anscheinend alles ruhig und es gab keine Anzeichen von Unordnung. Als ich den Fuß des Hügels erreichte, fand ich eine Menge Männer verschiedener Einheiten und Korps, die Hauptmann Fürst Nikoladze gesammelt hatte und zu organisieren versuchte. Nachdem ich den Männern „Guten Morgen“ gewünscht hatte [113], begann ich, den Hügel hinaufzusteigen.

Das Feuer war sehr ungleichmäßig und ich erreichte die Straße hinter mir ohne Zwischenfall. Der Kommandant empfing mich mit unverhohlener Freude und berichtete, dass alles in Ordnung sei.

„Warum sind Sie so beunruhigt?“, fragte ich.

„Ich fühle mich, als hätte ich mich in einem Wald verlaufen, Sir. Ich kenne weder die Offiziere noch die Männer noch den Ort. Letzte Nacht hat niemand geschlafen", antwortete der junge Kommandant, der offensichtlich sehr besorgt über seine hilflose Lage war.

Tatsächlich hätte es nicht besser laufen können. Jeder war auf seinem Posten. Mehrere Abteilungen Matrosen waren eingetroffen, die unter Leutnant Lawrow aus wirklich großartigen Männern bestanden. Alle Matrosen waren in bester Stimmung, genau wie Lawrow selbst. Er kam sofort und berichtete mir, dass seine Männer zu allem bereit waren. Diese Männer, die ursprünglich eine Ballonabteilung gebildet hatten, hatten einen Ballon gebaut, aber da es keine Möglichkeit gab, Wasserstoff zu erzeugen, konnte er nicht zum Steigen gebracht werden. Wie nützlich hätte er für uns sein können!

„Wenn Sie Freiwillige rufen", sagte der Leutnant, „werden meine Kameraden bis auf den letzten Mann antworten." Und er sprach die Wahrheit.

Spät am Abend wollte ich den leeren unteren Schützengraben und die japanischen Schützengräben vor dem Hügel erkunden und rief nach Freiwilligen, woraufhin sich jeder Mann der Abteilung meldete. Dann wurde ausgelost, und drei Männer, die sich über ihr Glück freuten, kamen in den bombensicheren Unterstand des Kommandanten; es waren Quartermaster (Kunsthandwerker) Yakov Artouk und zwei ABs erster Klasse – Ivan Nefedov und Theodore Pilshchikov . Einer von ihnen, ein bartloser Junge, beeindruckte mich besonders durch seine offensichtliche Fröhlichkeit. Ich erklärte ihnen, was sie zu tun hatten, und schickte sie los.

Jetzt war alles ruhig. Etwa zehn Offiziere hatten sich in den bombensicheren Stellungen versammelt. Wir besprachen, was zu tun sei, um unsere Straße hinter uns (wo wir immer eine Anzahl von Männern hatten) vor dem direkten Feuer einer Batterie zu schützen, die die Japaner in der Nähe des Dorfes Shui-shih-ying aufgestellt hatten. [114] Schließlich kamen wir zu dem Schluss, dass dies nur durch die Zerstörung der Batterie mit den Geschützen der Forts erreicht werden könne.

Ich schickte sofort eine Anfrage an General Kondratenko, damit dies geschehen könne. Ich gab den Befehl, dass niemand die Schützengräben verlassen dürfe, außer wenn er Dienst habe. Dann beschlossen wir, Quergänge zu machen, um denjenigen, die unterwegs sein mussten, eine Art Deckung zu geben. Die Männer verließen die Schützengräben normalerweise, um Wasser oder Handgranaten zu holen, von denen wir eine große Menge brauchten, und, Gott sei Dank! Leutnant Melik- Porsadanov und Fähnrich Vlassev versorgten uns regelmäßig damit. [115]

Da ich mich im Stabsquartier nicht ausreichend ausgeruht hatte, verspürte ich inzwischen eine überwältigende Schläfrigkeit. Ich legte mich auf eine Matratze und schlief tief und fest ein.

Erkundung ausgesandten Matrosen waren unverletzt zurückgekehrt und berichteten, dass sie zum entfernteren japanischen Schützengraben gegangen waren. Dort hatten sie nur einen Wachposten gefunden, den sie getötet hatten, aber in keinem der Schützengräben (von denen es viele gab) vor dem Hügel war ein einziger Japaner. Unser zerstörter Kreisgraben war ebenfalls verlassen, aber es war unmöglich, darin zu gehen, da er ganz voller Erde, Steinen und Holz- und Eisensplittern war.

Ich gratulierte den Männern und verlieh ihnen Kreuze (General Kondratenko hatte mehrere davon besorgt, um sie an Ort und Stelle an diejenigen zu vergeben, die sich hervortaten). Diese Art der sofortigen Belohnung machte bei allen einen tiefen Eindruck .

Ich schickte dann drei weitere Freiwillige los, um herauszufinden, wo sich die Japaner auf der linken Seite des Hügels befanden. Die ausgewählten Personen waren Bereznouk , AB 1. Klasse, Semen Boudarev (er hatte eine Mutter und eine Frau) und Kholodenko, ebenfalls AB 1. Klasse.

Ich hatte Grund zu der Annahme, dass unser runder Graben auf der linken Seite, den wir geräumt hatten, noch immer nicht von den Japanern besetzt war. Wenn dies der Fall war, war es wichtig, ihn so weit wie möglich zu besetzen, da er ein ausgezeichneter *Angriffspunkt war* , von dem aus man Vorstöße gegen die Angriffsfront des Feindes unternehmen konnte.

Lange warteten wir auf die Rückkehr unserer tapferen Drei, doch von ihnen war keine Spur zu sehen.

Der Tag brach an (3. Dezember). Auf der linken Seite explodierten Handgranaten, begleitet vom Dröhnen 11-Zoll-Granaten. Viele der Granaten fielen über den Kamm in der Nähe des Telefonhäuschens; einige explodierten überhaupt nicht, sondern schlugen auf dem Boden auf und prallten langsam in Richtung False Hill ab, wobei sie sich im Flug immer wieder überschlugen. Es war ein eindrucksvolles Schauspiel, und die Soldaten beobachteten es mit großem Interesse und machten Witze über die schlechte Schussabgabe der japanischen Kanonenschützen.

Eine nichtkämpfende Abteilung (ich weiß nicht mehr, aus welchem Regiment) unter einem Quartiermeister rückte an, um unsere Verluste vom Vortag auszugleichen. Die Männer wurden in die den Reserven zugewiesenen Schützengräben gebracht, und der Offizier stand da und blickte auf die Straße und die Berge von Toten, die darauf lagen. Ich schlug ihm vor, er solle sich in den Schützengraben setzen oder sich dicht unter die fast senkrechte Straßenböschung stellen. Aber der junge Mann sagte, er habe keine Angst vor solchen Geschossen und deutete mit der Hand auf eine 11-Zoll-Granate, die nach einem Abprall vom Boden davonraste; aber genau in diesem Moment erklang ein fürchterliches Brüllen, und er war im schwarzen Rauch einer großen Granate verborgen, die genau dort explodiert war, wo er stand. Als sich der Rauch verzogen hatte, war er nicht mehr da.

Von der linken Brustwehr kam eine Meldung, dass dort kaum ein Mann sei, und es wurde um wenigstens ein paar Verstärkungen gebeten, da die Japaner im Begriff waren, vorzurücken. Ich schickte Leutnant Shakovskoi und zwanzig Männer mit Handgranaten hinauf. Gegen 12 Uhr mittags war der Beschuss so schrecklich, dass man nicht mehr mit normaler Stimme sprechen konnte und man schreien musste, um verstanden zu werden. Unsere untere Straße war von Granaten übersät, aber wir hatten nur wenige Verluste zu beklagen. Ein neuer Kommandant traf ebenfalls ein – Major Veselevski , ein tapferer und intelligenter Offizier, der mir mehr als einmal gute Dienste geleistet hatte und meine Anweisungen immer schnell ausführte.

$$* * * * *$$

Es ist immer gut, einen Offizier in einem gefährlichen Posten ruhig und gelassen zu sehen – man fühlt sich irgendwie stärker, sowohl moralisch als auch körperlich. Das lächelnde Gesicht des Kommandanten und seine ruhigen Befehle machten einen starken Eindruck auf die Männer. Ein solcher Kommandant flößt ihnen immer grenzenloses Vertrauen ein – sie betrachten ihn mit einer Art abergläubischer Ehrfurcht und haben das Gefühl, dass sie ihm gehorchen *müssen* , selbst in Momenten äußerster Gefahr. Ich behaupte sogar, je größer die Gefahr, desto blinder werden sich die Männer dem Willen eines Kommandanten unterwerfen, der ihr Vertrauen und ihren Respekt gewonnen hat.

Ein guter Offizier ist im Kampf von großer Bedeutung, während ein schlechter Offizier irreparablen Schaden anrichten kann.

Offiziere sollten sehr sorgfältig ausgewählt und unzuverlässige Offiziere mit allen Mitteln aussortiert werden. Expertenwissen in Militärwissenschaften ist nicht unbedingt erforderlich. Was wirklich zählt, ist der Geist, die Individualität eines Mannes. Es ist jedoch schwierig, die erforderlichen Eigenschaften in genauen Worten zu definieren, und sie in Friedenszeiten zu erkennen, ist noch schwieriger, da nur wenige Männer sie äußerlich zur Schau stellen. Leider wählt ein Kommandant seine Offiziere nicht selbst aus, sondern lässt sie sich willkürlich an die Spitze stellen. Wie kann man also erwarten, dass *alle* Offiziere vom besten Typ sind? Dennoch können Gouverneure und Ausbilder an Militärakademien und -hochschulen durch umsichtige Empfehlungen eine große Hilfe sein.

Ehrenhafter Stolz, edle Gedanken, ein Gefühl für die hohe Berufung eines Offiziersberufs – das sollte jedem Militärangehörigen von Jugend an in die Natur eingepflanzt sein. Aus diesem Grund müssen Offiziere aus Familien mit edlen Traditionen rekrutiert werden.

Körperliche Stärke und Gesundheit sind ebenfalls wichtige Faktoren; deshalb müssen die Beamten ermutigt werden, Sport aller Art zu treiben, um ihre Bewegungsschnelligkeit und die Kraft ihrer Gliedmaßen zu entwickeln.

Ein Offizier sollte ein kultiviertes und sogar anspruchsvolles Leben führen und so die Rauheit unseres durchschnittlichen Armeeoffiziers abmildern. Offiziere sollten eine hohe Position in der Gesellschaft einnehmen, aber gleichzeitig darauf trainiert sein, die Härten eines Krieges bereitwillig und mit Gleichmut zu ertragen. Und zu diesem Zweck müssen sie sich immer bewusst sein, dass ihr Beruf, selbst in seinen kleinsten Einzelheiten, von großer nationaler und sogar imperialer Bedeutung ist.

Ein wirklich talentierter Offizier ist von unschätzbarem Wert, aber ein solcher Mensch ist hundertmal seltener als ein talentierter Maler, Professor oder anderer Zivilist.

* * * * *

Der Tag [116] war inzwischen weit vorgerückt, aber der Beschuss ging unvermindert weiter, und Granaten schlugen ganz in der Nähe unserer bombensicheren Stellung an der unteren Straße ein. All dies war das Werk der Batterie bei Shui-shih-ying, die unsere Geschütze noch nicht zum Schweigen bringen konnten. Obwohl unsere bombensichere Stellung mit 8- und 9-Zoll-Balken direkt an der steilen Klippe errichtet war, bestand das Dach nur aus 8-Zoll-Balken mit einer etwa ein Archin dicken Schicht großer, mit Lehm verkitteter Steine. Obwohl diese Stellung gegen 6-Zoll-Granaten gewappnet war, wie wir feststellten, als eine solche einschlug, war die Sache mit den 11-Zoll-Haubitzengeschossen etwas ganz anderes.

So saßen wir also in diesem bombensicheren Gebäude und unterhielten uns ruhig. Wir waren überrascht über die Dummheit der Japaner, die erst jetzt begannen, den 203 Meter hohen Hügel zu erklimmen, obwohl sie das schon viel früher hätten tun sollen. Sie hatten sich an unseren starken zentralen Festungen zerbrochen und bei dem Versuch, sie einzunehmen, eine ganze Armee verloren.

Was hinderte sie daran, mit einer starken Truppe in Pigeon Bay zu landen, Laotieh Shan zu besetzen , von dort aus unsere Flotte zu zerstören und dann die Neustadt einzunehmen, die von der Laotieh Shan-Seite aus sehr schlecht verteidigt war?

Es ist absurd, ihnen außergewöhnliche Kenntnisse und Fähigkeiten in der Militärwissenschaft zuzuschreiben. Ebenso wenig gebe ich zu, dass sie außergewöhnlich tapfer sind, auch wenn meine Schützen mit mir einer Meinung sind.

Die Japaner sind sehr vorsichtig und haben keinen Grund, mit ihrer Kühnheit zu prahlen. Sie greifen zwar an, ohne zu zögern; dafür gibt es mehrere Gründe: erstens ihren anfänglichen Erfolg; zweitens die zahlenmäßige Unterlegenheit unserer Garnison; und drittens die Tatsache, dass sie mit Granatsplittern übersät werden könnten, wenn sie nicht vorrücken.

Ich bin absolut davon überzeugt, dass wir sie in einem künftigen Feldzug, wenn wir in der Mandschurei eine doppelte Linie haben, wenn Wladiwostok stark befestigt ist, wenn wir über die doppelte Anzahl an Geschützen und außerdem über Maxims für jede Kompanie verfügen, vernichtend besiegen und vom Kontinent vertreiben werden.

So hielten wir durch und saßen bis zum Abend in unseren bombensicheren Zelten. Das Feuer ließ nach, und wir konnten dem Beispiel der Männer folgend unseren Samowar hervorholen und Tee trinken.

Unsere Verluste an diesem Tag waren trotz des schweren Feuers verhältnismäßig gering. Die Männer kannten die Gegend und hatten gelernt, Splittern auszuweichen und Ecken zu finden, die vor Beschuss sicher waren.

Um 20 Uhr wurde wie üblich das Abendessen serviert, mit 1 Pfund Pferdefleisch pro Stück. Die Samoware sangen und die Männer gingen frei den Hügel hinauf und hinunter, einige von ihnen badeten im Bach am Fuße des Hügels. Dann gingen alle ins Bett, außer den Wachen, die mit bereitstehenden Handgranaten dastanden und scharf nach dem Feind Ausschau hielten. Wenn eine Granate zu hören war, griffen alle zu den Waffen. Die Männer in den Schützengräben wurden der Reihe nach in kleinen Abteilungen abgelöst.

Die Pioniere, die zu den Reserven gehörten, die gegen 20 Uhr unter dem stellvertretenden Fähnrich Jermolow eintrafen, begannen mit der Reparatur oder, besser gesagt, dem Wiederaufbau der Schützengräben mit ihren Sandsäcken. Außerdem begannen sie, einen Verbindungsgraben entlang der Rückseite des Hügels zu graben. Wie üblich war von den alten Schützengräben nur noch wenig übrig, und zum Glück hatte ich eine beträchtliche Anzahl von Säcken im Regimentsdepot gelagert, bereit für solche Notfälle.

Um Mitternacht machte ich einen Rundgang um die linke Brustwehr und andere Befestigungen. Die erstere war bis auf die linke Seite völlig zerstört, und der innere Graben war mit Leichen gefüllt. Glücklicherweise war alles ruhig, also gab ich den Befehl, sie wegzubringen. Von der zentralen Batterie mit ihren flankierenden Geschützen blieben nur Schutthaufen und zerrissene Sandsäcke übrig.

Die rechte Brustwehr war nicht so stark beschädigt und konnte durchaus verteidigt werden. Die Japaner verzichteten auf einen Angriff, da das Feuer von Akasaka Yama den Weg versperrte. Ein Versuch, diesen Teil des 203 Meter hohen Hügels anzugreifen, hatte sie mehr als tausend Mann gekostet, und ihre Zugänge waren noch weit vom Gipfel entfernt.

Die linke Flanke des unteren runden Grabens war völlig intakt, und die Männer fühlten sich dort vollkommen wohl. Sie hatten eine dicke, solide Mauer zwischen sich und dem zerstörten Teil des Grabens errichtet und beschlossen, in dieser Nacht einen kleinen Ausfall zu machen.

Am Morgen des 4. Dezember kam es aufgrund des Misserfolgs dieses Ausfalls zu heftigen Querschüssen und Granatwürfen. Die Batterie bei Shui-shih-ying machte uns immer noch erhebliche Schwierigkeiten, und drei Offiziere und mehrere Mannschaften wurden verwundet.

Gegen 8 Uhr waren auf der linken Brustwehr schweres Gewehrfeuer und mehrere Explosionen zu hören – ein unheilvolles Zeichen.

Ich ging nach draußen und rief die Reserve an. Man meldete mir, dass die Japaner angriffen, und der Kommandant forderte Verstärkung an. Um sie zu ermutigen, schickte ich ein paar Männer nach oben.

Zu meiner Überraschung hörte ich Rufe von der angegriffenen Stellung und sah unsere Männer den Hügel hinunter rennen. Sie waren vertrieben worden und befanden sich auf dem Rückzug. Mit den anderen Offizieren und der Reserve eilte ich ihnen entgegen, in der Hoffnung, die Flüchtigen aufzuhalten, aber es war bereits zu spät und ich wurde von den Füßen gerissen. Die Männer der Brustwehr flohen bis zu den unteren Hängen des Hügels hinunter. Die Reserve hielt jedoch stand. Ich rief nach dem Kommandanten der letzteren, aber er war nicht zu finden und ich musste seinen Platz einnehmen.

Zum Glück bestand die Reserve aus einer meiner eigenen Kompanien. Wir stürmten den Hügel hinauf und vertrieben die Japaner mit unseren Handgranaten aus der Brustwehr, doch die des Feindes fügten uns schwere Verluste zu. Auf meinen Befehl hin wurde die Brustwehr dann von der Reserve besetzt.

Zu diesem Zeitpunkt war der Kommandant gerade unterwegs, um die linke Flanke des Hügels zu inspizieren, und sah daher nicht, was vor sich ging. Die Arbeiter, die die zentrale Batterie zwischen den Brustwehren erneuerten, trugen wesentlich zur Niederlage der Japaner bei, indem sie deren linke Flanke angriffen. Ich weiß nicht, wer der Offizier war, der sie zum Angriff führte.

Ich habe während dieser Panik einige schlimme Momente erlebt und war dankbar, dass der Feind nicht in Überzahl war. Später erfuhr ich, dass die Japaner unbemerkt herangekrochen waren und mehrere Granaten mitten unter unsere Männer geworfen hatten. Ein Offizier wurde getötet und viele Männer wurden entweder mit dem Bajonett erstochen oder in Stücke gerissen; der Rest brach zusammen und rannte davon.

STRASSE HINTER EINEM 203 METER HÖHEN HÜGEL NACH
DEN KÄMPFEN AM 28. NOVEMBER.

Alle meine Reserven waren nun aufgebraucht, also schickte ich eine Anfrage nach so vielen Matrosen wie möglich. Da nun ein entschlossener Angriff unmittelbar bevorzustehen schien, ging ich früher als gewöhnlich zu meinem Beobachtungsposten. In der linken Brustwehr brach erneut Gewehrfeuer aus, ein Zeichen dafür, dass die Japaner sich in ihren Parallelen sammelten.

Die Batterie bei Shui-shih-ying bereitete uns unaufhörlich Ärger. Um ihre Aufmerksamkeit nicht zu erregen, gab ich den Befehl, den Verbandsplatz an einen Punkt nahe dem Fuß des Hügels zu verlegen. Ich zog die Hälfte der Männer aus der rechten Brustwehr zurück, um eine Reserve zu bilden. Aber sie schickten mir nur zehn Mann und sagten, sie seien eine halbe Kompanie. Die Männer in der linken Brustwehr hielten stand.

Das Gewehr- und Granatenduell dauerte sehr lange.

Offensichtlich hatten die Japaner beschlossen, nicht anzugreifen, da sie durch unsere Handgranaten abgeschreckt worden waren, und der Beschuss ging unvermindert weiter. Die 11-Zoll-„Portmanteaus" [117] (wie die Männer die 11-Zoll-Granaten nannten) explodierten unaufhörlich in der rechten Brustwehr. Die rechte Flanke des Hügels wurde von ihnen völlig zerstört, und das einzige Zeichen der ehemaligen Befestigungen war die mit Splittern und Bruchstücken von Balken bedeckte Kammlinie. Aber wie ich bereits sagte, griffen sie diese Flanke nicht gern an, da sie von dem Flankenfeuer aus den Schützengräben auf Akasaka Yama überrollt wurde, vor dem die Japaner aufgrund ihrer früheren furchtbaren Verluste große Angst hatten.

Viele Verwundete kamen von der linken Brustwehr, und einige, die nicht laufen konnten, rollten langsam hinunter. Der Anblick dieser Männer, die sich mühsam den steilen Abhang hinunterschleppten, berührte mich immer zutiefst. Von Zeit zu Zeit wurden mehrere Ordonnanzen zu mir geschickt, die um Verstärkung und Handgranaten baten. Ich konnte ihnen nicht viel helfen, schickte aber fünf Männer aus der Reserve mit Granaten hinauf, was ihnen hoffentlich etwas Mut machen würde.

Endlich, Gott sei Dank! trafen einige Matrosen und mit ihnen eine Anzahl Offiziere ein. Ich schickte sofort eine Abteilung unter einem Marine-Fähnrich in die Brustwehr. Sie erreichten sie ohne Verluste und kletterten über die Brustwehr, da der Eingang zerstört worden war. Plötzlich sah ich den Fähnrich mit etwa zwanzig Matrosen und Schützen im Gefolge aus der Brustwehr rennen. Mir sank das Herz. Während ich ihnen zusah, legte sich der Fähnrich hin, und die Matrosen taten dasselbe und begannen zu schießen. Da sie sich jedoch genau an der Stelle befanden, wo ständig die 11-Zoll-Granaten einschlugen, schickte ich dem Fähnrich den Befehl, zur Brustwehr zurückzukehren. Ich sah, wie der Ordonnanzoffizier ihn erreichte und ihm meinen Befehl gab, aber trotzdem blieben sie alle liegen, wo sie waren.

Mein Zorn stieg, und ich schickte zum Fähnrich, um ihm zu sagen, wenn er dort bliebe, würde ich ihn wie einen Hund erschießen. Im nächsten Moment fühlte ich, dass ich zu voreilig gewesen war, aber der Ordonnanzoffizier war bereits weg. Etwa eine Viertelstunde später erhielt ich als Antwort die Nachricht, dass ein Teil des Grabens eingestürzt und die Brustwehr zerstört worden war, so dass es unmöglich war, länger dort zu bleiben. Also schickte ich ihm eine Entschuldigung für meine voreilige Rüge und dankte ihm für seine Unternehmungslust und Tapferkeit. Ein Unteroffizier, der zurückgekommen war, um Handgranaten zu holen, überbrachte ihm diese Nachricht.

Obwohl viele Granaten um die kleine Gruppe von Matrosen und den Marinefähnrich, der mit gezogenem Schwert in der Hand auf einem Knie verharrte, einschlugen, gab es keine Verluste. Viele wurden verwundet, sogar in der Nähe der bombensicheren Stellen und auf der Straße, aber diese Männer schienen ein Leben wie im Traum zu führen, und alle Offiziere, die in meiner Nähe standen, staunten über ihr außergewöhnliches Glück.

Dann ertönte plötzlich der Knall einer 11-Zoll-Granate. Mit ohrenbetäubendem Getöse explodierte sie direkt über ihnen, und dichter schwarzer Rauch verdeckte das schreckliche Bild, während wir alle den Atem anhielten. Der Rauch verzog sich, und wir sahen die Matrosen noch immer da liegen und den Fähnrich, der wie zuvor kniete. Wieder einmal atmeten wir frei. Leider habe ich vergessen, den Namen dieses Offiziers herauszufinden.

Das Feuer ließ allmählich nach – ein sicheres Zeichen für einen bevorstehenden Angriff. Unsere Handgranaten explodierten in noch größerer Zahl über der Brustwehr. Ich schickte eine Gruppe Matrosen zur Brustwehr und eine weitere in den Mittelgraben, um im Bedarfsfall bereit zu sein, mit dem Bajonett von der Flanke anzugreifen. Aber es kam zu keinem Angriff. Die Japaner konnten sich anscheinend nicht dazu durchringen, dem Granatenhagel standzuhalten.

Der Abend brach an und wir warteten noch immer auf den Angriff. Dann ereignete sich ein alarmierender Vorfall. Eine Abteilung unserer 3. Kompanie unter dem stellvertretenden Fähnrich Moskvin war in Reserve in einer Geschützstellung stationiert. Die Männer saßen ganz unten in der Stellung, aber der Kopf des stellvertretenden Fähnrichs war oben zu sehen. Plötzlich explodierte, wie es mir schien, direkt über ihm eine große Granate. Als sich der Rauch verzogen hatte, lag er regungslos auf den Stufen der Stellung. Er wurde sofort auf die Straße getragen und war betäubt, aber anscheinend unverletzt. Wie es dazu kam, dass er nicht in Stücke gerissen wurde, ist mir schleierhaft.

Später stellte sich heraus, dass Moskvin innere Verletzungen an Brust und Kopf erlitten hatte, die ihn völlig taub und sprachlos machten und ihn auf der rechten Seite gelähmt hatten. Er war ein tapferer Junge und ich hatte großes Mitleid mit ihm. Etwa einen Monat später erlangte er seine Sprache und seine Bewegungsfähigkeit zurück. Später wurde er Kriegsgefangener und starb schließlich hier in Kiew. Ich konnte nicht persönlich an seiner Beerdigung teilnehmen, aber meine Frau folgte seinen sterblichen Überresten zu ihrer letzten Ruhestätte.

Der Tag war nun vorbei und es hatte keinen Angriff gegeben. Es war fast unglaublich. Hatte ich mich hinsichtlich der Absichten der Japaner tatsächlich geirrt?

Meter hohen Hügel versammelt und um eine Überfüllung zu vermeiden, schickte ich die Hälfte von ihnen dorthin hinunter, wo sich die Küchen befanden.

Jeder, der diese Zeilen aufmerksam liest, könnte sich durchaus fragen: „Wie ist das? Ständig werden Männer auf den Berg geschickt, aber keiner scheint ihn zu verlassen?" Man darf jedoch nicht vergessen, dass uns 203 Meter Hill 4.000 Mann gekostet hat. [118] Die Einheiten kamen in guter Ordnung an, aber sobald schwere Verluste auftraten, wurden sie normalerweise mit später Angekommenen vermischt.

BOMBENSICHER IN DER SCHANZE AUF DEM GIPFEL DES 203 METER HÖHEN HÜGELS.

Die Ältesten der Überlebenden kamen zu mir und berichteten, dass die oder die Kompanie oder Abteilung praktisch ausgelöscht worden sei, dass nur noch eine bestimmte Anzahl von Männern übrig sei und sie sich ausruhen könnten.

Ich habe diese Abteilungen stets für ihr heldenhaftes Verhalten gelobt und der Bitte stattgegeben, sofern sich auf dem Hügel frische Einheiten befanden, die Zeit gehabt hatten, sich gründlich mit den Befestigungen und deren Anordnung vertraut zu machen.

Bald nach Moskvins unglücklichem Erlebnis beruhigten wir uns wieder und versammelten uns im bombensicheren [119] Zelt des Kommandanten , um Tee zu trinken. Auf dem Tisch, an dem der Kommandant und ich saßen, sang der Samowar. Er gab jedem der Reihe nach Tee, denn wir hatten nur noch zwei Gläser [120] übrig. Die gerade eingetroffenen Marinesoldaten erzählten uns von allem, was im Zentrum geschehen war , wo wir alle japanischen Angriffe glänzend zurückgeschlagen hatten. Alle waren überzeugt, dass es keine weiteren großen Angriffe dieser Art mehr geben würde, da der Feind mehr als 10.000 Mann verloren hatte.

Sie erzählten uns von Losev, der, als er den Befehl erhielt, die Japaner aus einem von ihnen eroberten Graben unter dem Glacis von Fort Erh -lung zu vertreiben, eine sehr einfache Methode zur Ausführung des Befehls gewählt hatte. In Begleitung einiger Männer nahm er mehrere Granaten in die Arme, kletterte direkt auf das Glacis und warf die Granaten in den Graben. Die Japaner waren in Verwirrung geraten, sprangen aus dem Graben und zogen sich zurück, woraufhin unsere Männer ihn sofort wieder besetzten.

Hauptmann Sirotko , der Kommandant unserer 9. Kompanie, berichtete alles, was in den letzten Tagen auf Akasaka Yama passiert war.

Wie man sich erinnern wird, wurde dieser wichtige Hügel durch einen Schützengraben und eine große Redoute auf dem Gipfel verteidigt, die wir Karmenny (die Steinerne Redoute) nennen. Diese Redoute wurde zusätzlich durch Abattis verstärkt. Kompanien des 5. und 27. Regiments hielten den Hügel unter dem Kommando von Oberstleutnant Boudiarnski , einem auffallend unternehmungslustigen und wagemutigen Offizier.

Gleichzeitig mit den Angriffen auf den 203 Meter hohen Hügel griffen die Japaner Akasaka Yama an, nachdem sie zunächst die Schützengräben vor dem Stone Redoubt durch Artilleriefeuer zerstört hatten.

Am 27. November stürmten sie, nachdem sie den geplanten Angriffspunkt mit einem gewaltigen Artilleriefeuer überzogen hatten, die Schützengräben vor dem Stone Redoubt und vertrieben eine Aufklärungsabteilung und die 4. Kompanie des 27. Regiments. Oberstleutnant Boudiarnski holte die linke Hälfte unserer 9. Kompanie aus den Schützengräben, die nicht angegriffen wurden, und befahl ihr, ihren in Bedrängnis geratenen Kameraden zu Hilfe zu eilen.

Um 19 Uhr erreichte diese halbe Kompanie die angegebene Position und fand dort bereits eine Aufklärungsabteilung vor, zu deren Linken sich die Japaner niedergelassen hatten. Sie besetzten sofort diesen Graben links von der Aufklärungsabteilung des 27. Regiments, trieben die Japaner vor sich her und schnitten so denjenigen den Rückzug ab, die sich in der Nähe des Stone Redoubt befanden und bereits Handgranaten hineinwarfen.

Die geraden Zahlen der linken Halbkompanie erhielten den Befehl, aufzustehen und nach vorne zu schießen, während die ungeraden Zahlen umkehren und auf die Japaner in der Nähe des Stone Redoubt schießen sollten. Dieses unerwartete Feuer von hinten, zusammen mit dem Ansturm unserer 12. Kompanie und der 7. Kompanie des 14. Regiments von vorne aus dem Stone Redoubt, löste Panik unter den Feinden aus, die sich in den von der 9. Kompanie besetzten Graben zurückzogen, wo sie bis auf den letzten Mann mit Bajonetten durchbohrt wurden. Die verschiedenen Einheiten nahmen nun ihre früheren Positionen ein und die Männer der linken Hälfte unserer 9. Kompanie kehrten in ihre eigenen Gräben zurück.

Am 28. November um 13 Uhr wurde die rechte Hälfte der 9. Kompanie zum Stone Redoubt geschickt, um der 8. Kompanie des 27. Regiments zu helfen, die von den Japanern hart bedrängt wurde. Um 14 Uhr erreichte diese halbe Kompanie unter dem Kommando von Sergeant Major Platonov die 8. Kompanie, deren Kommandant ihnen sofort den Befehl gab, sich entlang der linken Flanke des Stone Redoubt auszudehnen und dort hinter den Felsblöcken in Deckung zu gehen. Zu dieser Zeit strömten die Japaner auf den 203 Meter Hill und hatten einen Teil der 4. und 8. Kompanie des 27. Regiments vom Pass zwischen dem 203 Meter Hill und Akasaka Yama zurückgedrängt. Die Männer dieser Kompanien zogen sich zurück, aber die rechte Hälfte der 9. Kompanie eröffnete das Feuer auf die angreifenden Japaner und zwang sie, in den Schützengräben Schutz zu suchen. Dann stürmten sie mit Unterstützung der sich zurückziehenden Kompanien mit dem Bajonett hinein, vertrieben den Feind aus den von ihm besetzten Schützengräben und nahmen diejenigen auf ihrer linken Flanke ein.

Um 18 Uhr griffen die Japaner erneut an und nahmen die Schützengräben ein, die von der 4. und 5. Kompanie und der Kundschafterabteilung des 27. Regiments sowie der 12. Kompanie des 5. Regiments besetzt waren. Die Kompanien zogen sich ungeordnet zurück, doch die linke Hälfte der 9. Kompanie unter Hauptmann Sirotko selbst wurde in diesem Moment nach vorn geschickt und erreichte sie rechtzeitig. Hauptmann Sirotko verlängerte die 4. Abteilung, versperrte den Flüchtlingen den Rückzug und ließ sie zurückschlagen, während sich die Männer der 3. Abteilung auf die eroberten Schützengräben stürzten, nach links auswichen und die Japaner vertrieben. Schritt für Schritt nahmen die anderen Kompanien dann ihre früheren Positionen wieder ein. Die Männer kämpften nicht nur mit Bajonetten, sondern sogar mit bloßen Fäusten.

Nach dieser entscheidenden Zurückschlag der Japaner wurde die Gefahrenzone von der 9., 10. und 12. Kompanie des 5. Regiments gehalten, die während der Nacht mehr als vier Angriffe abwehrten.

Am 29. November wurde der 9. Kompanie eine wohlverdiente Ruhepause gewährt und sie wurde in die Reserve verbannt.

Am 30. wurde die Scout-Abteilung des 27. Regiments aus ihren Schützengräben vertrieben. Der Feind griff Akasaka Yama heftig an, und da der Kommandant befürchtete, dass ihr lokaler Erfolg gegen die Scout-Abteilung zu einem allgemeinen werden könnte, schickte er die 9. Kompanie, um die Höhen im Rücken zu besetzen, [121] wo sie bis 12 Uhr mittags blieb.

Als jedoch die 3., 10. und 12. Kompanie des 5. Regiments den japanischen Angriffen erfolgreich widerstanden hatten und der Angriff abgebrochen wurde, wurde die 9. Kompanie geschickt, um die linke Flanke zu verstärken und Kontakt mit 203 Meter Hill zu halten.

Am Abend erhielt die linke Hälfte dieser Kompanie den Befehl, die 3. Kompanie des 5. Regiments abzulösen. Etwa zur gleichen Zeit schlug die rechte Hälfte der 9. Kompanie, die die untere Schützengrabenlinie auf der linken Flanke von Akasaka Yama hielt, einen weiteren Angriff auf den Pass zwischen diesem und dem 203 Meter hohen Hügel zurück.

An diesem Tag kehrten drei Männer der 9. Kompanie, die verwundet worden waren, zu ihrer Kompanie zurück, sobald ihre Wunden versorgt worden waren. General Stessel empfing sie und belohnte sie alle mit Georgskreuzen. Hauptmann Sirotko erklärte, dass dies die einzigen Belohnungen waren, die die 9. Kompanie nach neun Tagen unaufhörlichen Kämpfens erhalten hatte. Viele erhielten Belohnungen erst später, aber es ist besser, sie entweder während des eigentlichen Kampfes zu vergeben – das Recht dazu wurde den Kompaniekommandeuren im Voraus eingeräumt – oder direkt danach. Eine solche unmittelbare Anerkennung trägt wesentlich dazu bei, die Moral der verschiedenen Einheiten zu heben. General Kondratenko verlieh unseren Soldaten mit General Stessels Erlaubnis häufig Kreuze und drückte sein Bedauern darüber aus, dass er nicht mehr zu verteilen hatte.

Am 1. Dezember erklommen die Japaner den 203 Meter hohen Hügel und begannen, unterhalb der steilen Klippe auf der rechten Flanke liegend, die Schützengräben auf Akasaka Yama unter Beschuss zu nehmen, wurden jedoch von der 9. Kompanie mit ihrem Feuer zurückgedrängt.

Die Gräben in der Nähe der Klippe zu besetzen, war die gefährlichste Aufgabe überhaupt. Der Feind stürmte sie ständig von seinen Fronten aus, und die Männer besetzten sie nur sehr widerwillig. Auch die Beobachtung war äußerst schwierig, und der Ort blieb oft völlig unverteidigt.

Hauptmann Sirotko machte den Kommandanten hierauf aufmerksam, sobald er durch von ihm dorthin geschickte Männer vom Sachverhalt erfuhr.

Am 2. Dezember erhielt die 9. Kompanie den Befehl, die praktisch zerstörten Schützengräben auf dem Plateau vor dem Stone Redoubt zu besetzen, einer äußerst gefährlichen Position. Sie waren voller Leichen, sowohl unserer Männer als auch der Japaner, das Ergebnis dreier Angriffe der 9. und 10. Kompanie des 5. Regiments am 27. und 28. November.

Die japanischen Pioniere waren nur 20 bis 30 Schritte von diesen Schützengräben entfernt.

Die 9. Kompanie verblieb in dieser Stellung bis zum 4. Dezember, 14:00 Uhr.

Während der gesamten Kampfhandlungen widerstanden die Kompanien zahllosen Angriffen mit Hilfe von Pyroxylin-Granaten, die von speziell zu diesem Zweck abkommandierten Männern an die Schusslinie gebracht wurden.

Am 4. Dezember um 14 Uhr, nach neun Tagen unaufhörlicher Kämpfe, wurde die 9. Kompanie abgezogen, nachdem sie 60 Prozent ihrer Stärke an Toten und Verwundeten verloren hatte. Während dieser neun Tage hielten die Männer der Kompanie, schlaflos und erschöpft, die Schützengräben unter höllischem Artilleriefeuer, vertrieben die Japaner mit Gewehrfeuer, Handgranaten und Bajonettangriffen aus den eingenommenen Stellungen und schlugen jeden Angriff ihres hartnäckigen Feindes zurück, ohne auch nur für einen Moment das geringste Anzeichen zu zeigen, dass sie unter dieser schrecklichen Tortur nachgaben.

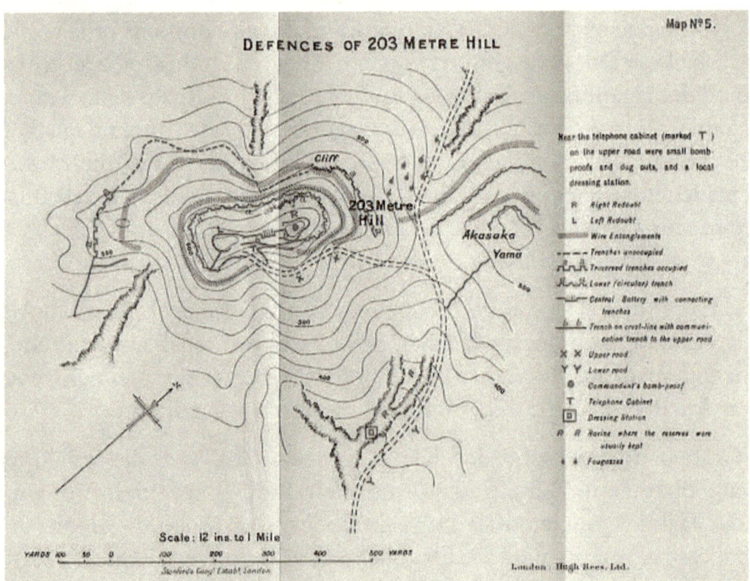

VERTEIDIGUNGSEINRICHTUNGEN DES 203 METER HÜGELS
Karte Nr. 5.

London: Hugh Rees, Ltd.

Stanford's Geog¹. Estab¹., London.

KAPITEL XII

Der Autor schwer verwundet – Letzter Angriff und Einnahme des 203 Meter hohen Hügels am 5. Dezember – Die Krankenhäuser – Tod von General Kondratenko am 15. Dezember – Rückzug vom Interval Hill am 25. Dezember – Evakuierung des Forts Erh -lung und eines Teils der Chinesischen Mauer am 28. Dezember – Japanischer Angriff auf die Chinesische Mauer am 30. Dezember – Zerstörung des Forts Sungshu am 31. Dezember – Einnahme von Wang-tai am 31. Dezember – Übergabe der Festung am 2. Januar 1905.

Nachdem wir unseren Tee ausgetrunken und uns nicht mehr unterhalten hatten, beschlossen wir, uns auszuruhen, doch Geschrei und Schüsse ließen uns schnell aus dem bombensicheren Bereich entkommen. Es stellte sich heraus, dass es sich um einen Fehlalarm handelte. Ich kletterte in den Verbindungsgraben und vergewisserte mich, dass alles in Ordnung war, obwohl die Männer unruhig zu sein schienen und offensichtlich ernsthafte Kämpfe erwarteten. Ich ging zurück zur Straße und schloss mich dort einer Gruppe von Offizieren an.

Wir alle bemerkten, wie die japanischen Batterien bei Shui-shih-ying uns ganz im Rücken belagerten. Gerade als ich über diese ominöse Tatsache nachdachte, erklang ein gewaltiges Brüllen ... Ich spürte einen furchtbaren Schlag auf die linke Seite meines Kopfes und wurde in den Graben geschleudert.

Benommen und beinahe bewusstlos war ich nicht in der Lage, wieder auf die Beine zu kommen. Ich war jedoch froh, dass ich nicht sofort tot war. Jemand half mir auf die Beine und hielt mich hoch, und dann sah ich Major Veselovski und mehrere andere Offiziere tot neben mir liegen, wobei dem ersteren der halbe Kopf weggesprengt worden war. Zu meiner Linken lagen die meisten Männer des Verbandsplatzes übereinander gestapelt, und die übrigen waren bereits mit ihren gefallenen Kameraden beschäftigt. Leutnant Rofalovski , ein sehr tapferer Kerl, der früher mein Ordonnanzoffizier gewesen war, erschien plötzlich auf der Bildfläche und half, mich nach unten zu tragen. Ich dachte, ich könnte gehen, aber ich war kaum in der Verfassung, das zu beurteilen.

also zum unteren Verbandsplatz hinuntergetragen und spürte, wie mir ein Strom warmen Blutes den Hals hinablief. Als ich dort ankam, wurde mein Kopf verbunden. An das, was danach geschah, kann ich mich nicht mehr gut erinnern, aber ich erinnere mich, dass die Leute von Zeit zu Zeit miteinander sprachen, während ich halb bewusstlos dalag. Schließlich verlor ich das Bewusstsein, bis ich jemanden sagen hörte: „Das ist Oberst Tretjakow." Dann öffnete ich die Augen und spürte im selben Moment einen scharfen, stechenden Schmerz auf der linken Seite meines Gesichts und Kopfes. Ich wurde auf einer Bahre getragen. Jemand ritt hinter mir her, und das Geräusch von Hufen auf der harten Straße hämmerte schmerzhaft in meinen Kopf. „Wer reitet?", fragte ich. Sie sagten mir, ich hätte meine eigenen Pferde gehört, die immer unter einem Schutz in der Nähe der Küche standen, wenn ich auf dem Berg war. Als wir die Stadt erreichten, war mein Bewusstsein vollständig zurückgekehrt, aber der Schmerz in meinem Kopf und Nacken nahm zu, und eines meiner Augen pochte heftig. Ich dachte, es müsse ausgeleiert worden sein, und berührte es mit der Hand, aber es schien in Ordnung zu sein. Ich konnte damit nichts sehen, weil mein Kopf und diese Seite meines Gesichts mit Verbänden bedeckt waren.

Ein paar Minuten später wurde meine Bahre abgestellt und ein Arzt beugte sich über mich. „Wie fühlen Sie sich?", fragte er. „Mein Kopf tut sehr weh." Der Arzt untersuchte mich und sagte, dass es mir gut ginge. Ich fühlte mich dadurch etwas ermutigt und setzte mich auf der Bahre auf, aber mein Kopf schmerzte furchtbar und mir war schwindelig. Ich hörte jemanden flüsternd sagen : „Also, es gibt keine Hoffnung, das Gehirn ist schwer verletzt."

Ich betastete unwillkürlich meinen Kopf, aber er schien in Ordnung zu sein. Dann dämmerte mir, dass sie den unglücklichen Kommandanten Veselovski meinten . Bald darauf wurde ich ins Krankenhaus des Roten Kreuzes gebracht und dort bequem untergebracht.

Bei der Untersuchung fanden die Chirurgen mehrere kleine Splitter in meinem Kopf und Hals sowie einen sehr großen Splitter in meinem Auge, die sie sofort entfernten. In meinem Hals befand sich ein großer Splitter, der in der Nähe der Wirbelsäule feststeckte und mich daran hinderte, meinen Kopf zu drehen. Ich konnte ihn sogar mit der Hand fühlen. Dann wendeten sie Röntgenstrahlen an und entfernten ihn, aber ein Stückchen gesplitterter Knochen blieb zurück, den ich sogar jetzt noch fühlen kann.

Drei Tage lang lag ich unter quälenden Schmerzen da, doch danach ließen die Schmerzen nach und ich begann, mich für das zu interessieren, was um mich herum geschah.

Aber ich gehe zu schnell vor.

Oberstleutnant Saifoolin nahm meinen Platz auf dem Hügel ein, aber er wurde am selben Arm und fast an derselben Stelle verwundet, an der er während der Schlacht am Nan Shan schon einmal verwundet worden war.

Am Abend des 6. Dezember hörte ich ein Gerücht , dass 203 Metre Hill eingenommen worden sei, und am 7. traf mein Adjutant ein und bestätigte diese verheerende Nachricht.

Beim Fall von 203 Meter Hill gaben wir Akasaka Yama auf, ebenso wie Division und False Hills. Division Hill war für uns ein unwiederbringlicher Verlust, da er nicht nur Schritt für Schritt verteidigt werden konnte, sondern darüber hinaus das Ta-an-tzu Shan Fort schützte. Ohne Zweifel hätten die Verteidiger noch eine Zeit lang standhalten können. Oberst Irman selbst versuchte, ihn zurückzuerobern, konnte jedoch nicht genügend Männer für diesen Zweck zusammenbekommen. Ich hörte auch, dass die folgenden Männer im bombensicheren Lager des Kommandanten blieben: Lossev , ein Telefonist , Leutnant Goudkov , der verwundete Kommandant unserer 6. Kompanie, und ein Teil unseres 1. Scout Detachment, der sich weigerte, den Hügel zu verlassen und auf ihrem Posten in der rechten Brustwehr blieb.

Mit diesen Männern im Einsatz wäre es vielleicht möglich gewesen, die Japaner erneut zu vertreiben, aber General Kondratenko hielt es offenbar für unzweckmäßig, den Hügel weiter zu halten, was möglicherweise 500 Mann pro Tag kosten würde, und dies war vielleicht ein ausreichender Grund, ihn zu räumen. Oberst Irman musste mehrere Männer zur Brustwehr schicken und der 1. Aufklärungsabteilung den direkten Befehl geben, den Hügel zu verlassen, bevor sie ihren Posten verlassen würden.

Es folgt der Bericht über den letzten Kampf um den 203 Meter hohen Hügel, wie ich ihn von Kapitän Sirotko gehört habe .

Am 5. Dezember gegen 13 Uhr wurde die 9. Kompanie [122] vom Stabsquartier auf den 203 Meter hohen Hügel verlegt. Sie war gerade um 36 Sanitätsoffiziere verstärkt worden, so dass sie nun aus einem Kompanieoffizier, zwei stellvertretenden Fähnrichen und 102 einfachen Soldaten bestand. General Kondratenko persönlich gab der Kompanie den Befehl, den Hügel so schnell wie möglich zu erreichen.

Unter schwerem Gewehrfeuer, das mehrere Opfer forderte, erreichte die Kompanie gegen 14 Uhr den Fuß des 203 Meter hohen Hügels. Gerade als sie den Hügel erreichten, eroberten die Japaner den gesamten Kamm und begannen, die Straße hinter ihnen mit Gewehrfeuer und Steinen und Handgranaten zu beschießen. Unsere 6. Kompanie, die auf den gegenüberliegenden Hängen postiert war, erlitt schwere Verluste durch diese Geschosse.

Der Schützengraben oberhalb der Straße war voller Schützen verschiedener Kompanien und Einheiten, die jedoch nicht dazu bewegt werden konnten, ihre Deckung zu verlassen.

Daher befahl Oberstleutnant Saifoolin der 9. Kompanie, über das offene Feld links vom Graben vorzurücken. Unter einem Kugelhagel, Steinen und Granaten griff die Kompanie mit dem Bajonett an und vertrieb den Feind aus dem zerstörten Graben auf dem Kamm. Dann stürmten die übrigen Männer, ermutigt durch den Erfolg ihrer Kameraden, auf den Gipfel.

Die Kompanie, angeführt von Hauptmann Sirotko , den stellvertretenden Fähnrichen Lesenkov und Grouzdev sowie den Trupp- und Abschnittskommandeuren, verließ daraufhin die soeben eingenommene Stellung und stürmte über den Kamm, wobei sie auf der rechten Seite von der 6. Kompanie unter Hauptmann Sazonov und Leutnant Goudkov unterstützt wurde . Sie wurden jedoch von einem derartigen Kugelhagel, Schrapnells und Granaten empfangen, dass sie innerhalb weniger Augenblicke die Hälfte ihrer Männer verloren, wobei Leutnant Goudkov sehr schwer verwundet wurde.

Hauptmann Sirotko wurde schwer an Kopf und Arm verletzt, verlor das Bewusstsein und fiel rückwärts den Hügel hinunter. Als er wieder zu sich kam, hatten sich alle Männer wieder in den Schützengraben zurückgezogen, der an seiner linken Seite, wo das bombensichere Telefon stand, in Flammen stand. Alle Offiziere waren jetzt *außer Gefecht* , außer auf der rechten Seite, wo Oberstleutnant Pokrovski , der Oberstleutnant Saifoolin abgelöst hatte , der als Kommandant des Hügels schwer verwundet worden war , noch immer unverletzt war. Zwei weitere Angriffe – einer von Oberstleutnant Pokrovski , der andere von Oberst Irman – waren ebenfalls erfolglos und kosteten uns viel. Trotzdem hielten sich unsere Männer noch an den hinteren Hängen des Hügels fest.

Gegen Mitternacht, als Kapitän Sirotko versorgt worden war und sich einigermaßen erholt hatte, schickte General Kondratenko, der sich im Stabshauptquartier befand, ihm vier Fähnriche und einen stellvertretenden Fähnrich des 27. Regiments, unter denen ein weiterer Angriff auf die Japaner weiter oben erfolgen könnte. Inzwischen war es dem Feind jedoch gelungen, einige Maschinengewehre auf die Spitze des Hügels zu bringen, die nun fest besetzt war. Als Oberst Irman dies erkannte und wusste, dass bei weiteren Angriffen enorme Verluste entstehen würden, beschloss er, den Hügel zu räumen, und gab den Befehl zum allgemeinen Rückzug.

Es ist schade, dass wir nicht die japanische Taktik übernommen haben, den Feind mit Gewehrfeuer zu überwältigen und dann den Hügel ohne Verluste einzunehmen.

∗ ∗ ∗ ∗ ∗

Während dieser Kämpfe verlor die 9. Kompanie alle ihre Offiziere und 60 Prozent ihrer Männer wurden getötet oder verwundet. Vom 6. September bis zum 22. Dezember verlor diese Kompanie 253 Mann an Toten und Verwundeten, *also* 60 Prozent mehr als ihre tatsächliche Kriegsstärke von 155 Mann. Sie hatte folgende Aufgaben zu erfüllen: Deckung des Rückzugs von

Namako Yama; drei Bajonettangriffe auf den Feind, der die Schützengräben
auf der linken Flanke von Akasaka Yama besetzt hielt – allesamt erfolgreich;
Abwehr zahlreicher Angriffe auf die linke Flanke von Akasaka Yama; und
die drei letzten tapferen, wenn auch erfolglosen Versuche, 203 Meter Hill
zurückzuerobern .

*****

Das Rotkreuz-Hospital war reichlich mit allem ausgestattet, was eine
derartige Einrichtung in einer belagerten Festung benötigt.

Dank der zahlreichen Krankenschwestern und ihrer liebevollen Pflege der
Verwundeten war das Krankenhaus mehr oder weniger wie ein eigenes
Zuhause und die Patienten fühlten sich nach dem Leben in den
Schützengräben dort sehr wohl.

Am Abend kamen zahlreiche Offiziere aus den Kampflinien, um ihre
Wunden versorgen zu lassen, und sie hatten uns viele interessante
Neuigkeiten zu erzählen. Die Geschichten, die ich von ihnen und von den
Verwundeten hörte, waren so interessant und detailliert, dass ich, wenn ich
sie hätte aufschreiben können, einen vollständigen und lehrreichen Bericht
über die gesamte Belagerung hätte verfassen können. Aber so war ich zu
schwach, um diese Aufgabe zu bewältigen.

Was mich und alle anderen deprimierte, war der Gedanke, dass wir
geschlagen wurden, ohne uns wehren zu können.

Wenn man die enorme Waffenüberlegenheit des Feindes und den Skorbut
in Betracht zog, der in der Festung wütete, konnte man fast mit Sicherheit
den Zeitraum bestimmen, innerhalb dessen der endgültige Widerstand
geleistet werden musste. Ich rechnete mit etwa zwei Monaten. Die
Nachrichten von der Mandschurischen Armee waren alles andere als
beruhigend und gaben uns keine Hoffnung auf Erleichterung.

Drei Tage lang nach dem Fall des 203 Meter hohen Hügels bombardierten
die Japaner unsere Schiffe. Die Marinesoldaten, die eintrafen, sagten, dass die
Flotte nun dem Untergang geweiht sei. Sie würde bald auf dem Meeresgrund
liegen, und ohne sie wäre das von zu Hause kommende Geschwader
angesichts der Stärke des Feindes nutzlos.

Ich kann nicht verstehen, wie sich einer von uns mit der Hoffnung trösten
konnte, unsere fernöstliche Flotte sei den Japanern gewachsen.

War es denn wirklich unmöglich vorherzusehen, dass sie früher oder später
ihre eigenen Interessen durchsetzen würden? Hätten wir die Situation
erkannt und drei oder vier weitere Schlachtschiffe [123] nach Fernost

geschickt, dann hätte es keinen Krieg und vor allem keinen Triumph für die Japaner gegeben.

ALLGEMEINER BLICK NACH SÜDEN VOM 203 METER HÖHEN HÜGEL. ZEIGT DIE NEUSTADT UND DEN HAFEN.

Unseren *Misserfolg schreibe ich* unseren eigenen Fehlern, unserer eigenen Blindheit und nicht der Tapferkeit des Feindes zu. Wenn wir unsere Fehler behoben haben, wird der Sieg uns gehören. Dessen bin ich mir sicher, denn ich kenne die Charaktereigenschaften der Japaner, ich kenne ihre Armee und ich kenne ihre Männer.

Eine Niedergeschlagenheit konnte ich bei unseren Offizieren nicht feststellen, aber die guten wurden immer seltener.

Ein Offizier des Forts Chikuan erzählte uns, dass die Japaner den Graben seit einiger Zeit unter Kontrolle gehabt hätten, sich aber aus Angst vor einem Angriff auf uns auf dieser Seite der Brustwehr aufgehalten hätten.

Unsere Männer warfen 10-Pfund-Seeminen in den Graben, und ich kann mir vorstellen, welche Wirkung die Explosion dieser Zerstörungswerkzeuge hatte. Die Japaner versuchten, uns aus der Kaponniere dieses Forts zu vertreiben, indem sie darin mit Arsen getränktes Material verbrannten . Unsere Männer erstickten an den Dämpfen, und die Wachen in den Kasematten mussten alle paar Minuten abgelöst werden. Fort Erh -lung befand sich in einer ähnlichen Lage.

Am Abend des 16. Dezember erreichte uns die Meldung, dass General Kondratenko getötet worden sei. Ich wollte es nicht glauben, aber wenige Minuten später wurden einige verwundete Augenzeugen hereingebracht –

ein junger Artillerieoffizier und ein Fähnrich einer Reservepionierkompanie namens Schmidt –, die das Gerücht bestätigten .

Am 15. soll sich General Kondratenko gegen 20.00 Uhr zum Fort Chikuan begeben haben , wo sich fast alle ranghohen Offiziere dieses Verteidigungsabschnitts bereits aufgehalten haben, darunter auch Oberstleutnant Raschewski , Major Zedginidzi und Oberstleutnant Naoomenko . Sie waren einberufen worden, um die Frage weiterer Verteidigungsmaßnahmen zu besprechen, da die Verteidiger aufgrund der giftigen Gase, denen sie bei den Minenarbeiten ausgesetzt waren, in verzweifelter Lage waren.

Die Kasematte, in der die Konferenz stattfand, war mehr als einmal von 11-Zoll-Granaten getroffen worden. Der zerstörte Teil war durch eine robuste Trennwand aus Balken abgetrennt worden, und ein von einer Granate verursachtes Loch im Gewölbe war mit losen Steinen aufgefüllt worden, die auf einem Mörtelhaufen und schweren Balkenfragmenten lagen, mit denen das Innere der Kasematte übersät war. Dies war mir selbst bei gelegentlichen Besuchen dieser unheilvollen Festung aufgefallen.

General Kondratenko saß mit dem Rücken zur Trennwand am Tisch, während andere Offiziere auf Bänken saßen. Die übrigen standen in der Nähe des Eingangs zur Kasematte. Plötzlich gab es eine gewaltige Explosion, und die letzteren, die als einzige lebend entkamen, wurden durch den Eingang geschleudert, während das gesamte Innere einstürzte. Als sie wieder zu sich kamen, waren Soldaten bereits in der Kasematte und räumten die Toten weg. Mit dem General starb die Blüte der Offiziere dieser Abteilung. [124]

Der Tod General Kondratenkos hinterließ in der Garnison einen bleibenden Eindruck. Alle verloren den Mut, da wir wussten, dass es niemanden gab, der seinen Platz einnehmen konnte.

Wenige Tage später hörte unsere Flotte auf zu existieren, und obwohl die Besatzungen unsere Reserven verstärkten, verfolgte uns von diesem Moment an das Unglück.

Am 18. Dezember sprengten die Japaner eine Mine unter der Brustwehr des Forts Chikuan . Sie hinterließ keine sehr große Bresche, und die Garnison zog sich von der Brustwehr in die dahinterliegende Verschanzung zurück und verhinderte so, dass der Feind die Brustwehr einnehmen konnte. Trotzdem räumten wir das Fort um 23 Uhr. Kapitän Kvatz , der Kommandant, erzählte mir, als er ins Krankenhaus kam, dass er seine Männer auf Befehl von General Fock zurückgezogen hatte und dass er selbst der Ansicht war, dass weiterer Widerstand nicht gerechtfertigt war. Obwohl seiner Aussage zufolge täglich 100 Menschenleben bei dem Versuch, diese Position zu halten, geopfert wurden, konnte ich seine Schlussfolgerung nicht akzeptieren, da es im Fort noch eine Kasematte gab, die völlig unberührt war. Der Verlust dieses Forts war jedoch nicht so schwerwiegend, da es sehr tief lag und sich dahinter und darüber die Chinesische Mauer befand, die uns bereits bei zahllosen Angriffen große Dienste geleistet hatte.

Am 24. Dezember hatte ich mich vollständig erholt und mein Auge schmerzte nicht mehr. Dr. Mirotvoretz hatte erfolgreich operiert und einen Splitter aus meinem Hals entfernt.

Während meiner Krankheit war in meiner Abteilung alles ruhig, da sich die Japaner auf die Ostfront konzentrierten und keine weiteren Maßnahmen gegen uns ergriffen.

Ich wurde am 25. Dezember aus dem Krankenhaus entlassen. Als ich meine Abteilung erreichte, stellte ich fest, dass das Stabsquartier verlegt worden war und sich nun hinter dem Kamm eines Hügels in der Nähe der Batterie Nr. 4 befand, wo es vollständig geschützt war. Bei Oberst Irmans Stab traf ich viele der Stadtbeamten, darunter Oberst Vershinin, den Leiter des Bezirks der Halbinsel Kuan-tung. Es waren Vorbereitungen für die Mahlzeiten getroffen worden, und es gab von allem reichlich, aber da die Kosten außerordentlich hoch waren, zogen es unsere Offiziere vor, getrennt zu speisen. Am Abend fühlte ich mich sehr wohl, aber die Wunde an meinem Hals schmerzte in dieser Nacht so sehr, dass ich am Morgen Fieber hatte und für drei Tage wieder ins Krankenhaus musste.

Nachdem ich meine Wunde desinfiziert hatte, kehrte ich zu meinem Regiment zurück.

Während dieser Zeit hatten die Japaner Interval Hill angegriffen, wo unsere 2. und 3. Kompanie unter Leutnant Ivanov stationiert waren. Die Angriffe begannen am 25. Dezember um 2 Uhr morgens, wurden aber alle durch unser Feuer aus den Schützengräben und einer von der 7. Kompanie besetzten Lünette zurückgeschlagen. Ungefähr zehn Feinden gelang es jedoch, irgendwo im Hinterland einen Hügel hinaufzuklettern, wo sie sich eingruben. Leutnant Ivanov meldete dies Oberst Irman und sagte, er würde sie hinauswerfen. Dies war völlig unnötig, da sie sich wahrscheinlich später von selbst zurückgezogen hätten; dennoch befahl Oberst Irman den Kompanien, Interval Hill zu verlassen und eine Position hinter unserer Linie einzunehmen, in Kontakt mit unserer 11. Kompanie.

Am 26. Dezember evakuierten wir Solovev Hill in der Nähe von Pigeon Bay.

Das 5. Regiment war nun auf unsere innere Hauptposition konzentriert und besetzte den Raum zwischen zwei festen Festungen, wodurch es eine erheblich stärkere Front als zuvor darstellte; es war außerdem zum dritten

Mal in voller Stärke herangezogen worden. Die Japaner standen nun vor einem ähnlichen Problem wie zuvor bei 174 Meter Hill, das jedoch durch die Existenz fester Befestigungen noch zusätzlich erschwert wurde.

KUROPATKINS LÜNETTE.

Sie beschlossen klugerweise, ihre überstürzten Angriffe der Vergangenheit nicht zu wiederholen und begnügten sich damit, in ihren bisherigen Positionen zu bleiben. So war alles ziemlich friedlich, und ich nutzte diese Zeit der Ruhe voll aus, da ich das Gefühl hatte, dass es sicher war, das Stabsquartier gelegentlich zu verlassen.

Zuerst suchte ich Oberst Grigorenko auf, konnte sein Haus aber nicht finden und ging weiter zum Kommandanten. Dort traf ich Oberst Chwostow , der gerade mit einem Bericht eingetroffen war. Wir sprachen lange über die Lage und ich hatte den Eindruck, dass uns in nächster Zeit keine Katastrophe drohte.

* * * * *

Es schien, dass der Kommandant im Falle der Einnahme von Fort Erhlung über eine zweite Verteidigungslinie verfügte , die er hoffentlich für längere Zeit gegen den Feind halten könnte.

Man hätte meinen können, dass der felsige Boden den Feind daran hindern würde, unterhalb der Forts Erh -lung und Sungs- hu zu schürfen , aber trotzdem machten sie dort inzwischen rasche Fortschritte. Wir konnten an diesen Stellen keinen hartnäckigen Widerstand leisten, da wir keine Bergleute und folglich kein System zur Gegenverminung hatten. Die Kontereskarpen-

Galerien wurden lediglich mit Steinen und Zement blockiert, was so hart wurde, dass es etwa drei Tage gedauert hätte, sie zu zerstören, wie es sich bei Fort Chi- kuan als der Fall erwies .

Einige Zeit zuvor hatte mich General Kondratenko gebeten, zu kommen und Nachforschungen anzustellen. Eines Nachts (ich erinnere mich nicht an das Datum) ging ich mit Oberst Grigorenko zum Fort Erh -lung, wo ich General Kondratenko in der Kontereskarpe fand. Nachdem wir den Japanern aufmerksam zugehört hatten, die auf der anderen Seite arbeiteten, kamen wir zu dem Schluss, dass sie in drei getrennten Teilen der Außenmauer der Galerie einen Tunnel gruben. Sie wollten offensichtlich durch die Explosion mehrerer kleiner Sprengladungen Breschen in diese Mauer schlagen und so in die Galerie gelangen. Da wir nur passiven Widerstand leisten konnten, beschlossen wir, die Galerie mit einem großen Felsbrocken zu blockieren und ihn fest gegen die Teile der Mauer zu zementieren, an denen die Japaner arbeiteten. Dieser Plan wurde sofort in die Tat umgesetzt.

einige Zeit zuvor abgespielt , und der Feind befand sich nun direkt unter der Brustwehr des Forts und war bereit, mehrere Sprengladungen zu zünden. In Erwartung dessen wurde das Fort bis auf die Wachposten auf den Brustwehren evakuiert. Stellen Sie sich die Gemütsverfassung eines Wachpostens vor, der weiß, dass er jeden Moment in Stücke gerissen werden könnte! Der Kommandant, der für den Fall der Zerstörung des Forts und eines anschließenden japanischen Angriffs Vorkehrungen für weiteren Widerstand getroffen hatte, wartete ruhig auf die Ereignisse.

* * * * *

Nachdem ich mit dem Kommandanten gefrühstückt und mir den Zustand unserer Verteidigung genau erklärt hatte, kehrte ich zum Hauptquartier des Regiments zurück. Die Japaner richteten ein ziemlich schweres Feuer auf die Straße entlang der Küste, aber die Granaten fielen größtenteils ins Wasser dahinter.

KUROPATKINS LÜNETTE.

Am 28. Dezember ritt ich wieder in die Stadt. Als ich die Brücke über den Lun-ho überquerte, spürte ich, wie die Erde leicht bebte, und dann hörte ich in der Ferne ein lautes Grollen. Als ich aufblickte, sah ich eine riesige schwarze Rauchsäule über Fort Erh -lung hängen. „Nun", dachte ich mir, „das Fort ist gesprengt und möglicherweise eingenommen, aber es ist nicht viel Schaden angerichtet, da sich dahinter die Chinesische Mauer befindet."

Als ich den Stab erreichte, waren alle Einzelheiten bekannt. Es stellte sich heraus, dass die Explosion nicht ganz erfolgreich gewesen war, da wir immer noch die Kontrolle über die Verschanzung hatten, aber wir hatten durch den Granatenhagel auf das Fort schwere Verluste erlitten. Gerüchten zufolge hatten die Japaner selbst durch die Explosion schwere Verluste erlitten, der gesamte Schützengraben in der Nähe des Forts war zerstört worden und die Männer der angreifenden Truppe, die dort warteten, waren in den Ruinen umgekommen. [125]

Verteidigung des Forts nicht durchbrochen hatten , was ihnen möglich gewesen wäre, wenn sie ihre 150-Pfund-Pyroxylin-Ladungen unter den Brustwehren zur Explosion gebracht hätten.

Doch unsere Freude war verfrüht. Am nächsten Tag erfuhren wir, dass Fort Ehrlung in der Nacht geräumt worden war; alles *Material* , Patronen und Granaten waren vorher entfernt worden. Außer dem Fort hatten wir auch den Teil der Chinesischen Mauer aufgegeben, der von beiden Flanken gerade nach hinten verlief, und hatten eine Stellung auf einem felsigen Grat dahinter und auf einer Höhe links davon bezogen.

Unsere gefährliche Lage im Zentrum der Front, das tödliche Artilleriefeuer, die ständig wiederholten Angriffe und die endlose Wachsamkeit erschöpften unsere Männer, und ihre Moral begann merklich zu sinken.

In einer großen Schlacht können Soldaten hartnäckig kämpfen, besonders wenn der Sieg noch zu erringen ist oder ein großer Preis für das Vaterland gewonnen werden kann. Aber wenn nach ständigem Kämpfen kein sichtbarer Gewinn erkennbar ist; wenn sie jeden Moment tödlicher Gefahr ausgesetzt sind; wenn von jedem Einzelnen heroische Anstrengung verlangt wird, nicht nur für einen einzigen ergreifenden Moment, sondern unaufhörlich, wobei der sichere Tod die einzige Belohnung ist – dann ist es verzeihlich, wenn die Herzen schwach werden, wenn es den Männern manchmal an Energie mangelt und sie Befehle nur langsam ausführen.

Dann ist es Zeit für Erleichterungen, aber für uns gab es keine.

Darüber hinaus forderte der Skorbut seine Opfer und brachte Leiden und Schwäche mit sich. Eine nahrhafte Ernährung war notwendig, und ich weiß nicht, warum wir die Artilleriepferde verschonten. Wir hatten schon vor langer Zeit jede Hoffnung auf eine Offensive aufgegeben, und so hätten die Geschützpferde die Männer auch vorher einmal am Tag mit Fleisch versorgen können. Sie wurden vielleicht auch auf andere Weise eingesetzt, aber Tatsache ist, dass wir auf diese Weise mehr als tausend weitere Männer in den Schützengräben gesund und munter hätten halten können!

Am 30. Dezember speisten wir gerade friedlich, als plötzlich aus allen unseren Batterien gewaltiges Feuer losging und das Knallen der Musketen an der Front uns verriet, dass die Japaner einen entschlossenen Angriff starteten.

GEWEHR IN KUROPATKINS LÜNETTE.

Wir stürmten alle auf den Hügel, aber außer dem Rauch unserer eigenen Batterien und explodierenden Granatsplittern war nichts zu sehen. Alle unsere Forts waren mit Granaten übersät, aber die feindliche Infanterie konnten wir nicht sehen. Ich versuchte, über das Telefon Nachrichten zu bekommen, aber es war bereits überlastet und ständig in Gebrauch.

Erst am Abend erfuhren wir, dass die Japaner einen heftigen Angriff auf die Chinesische Mauer und den dahinter liegenden Naval Ridge gestartet hatten. Dieser Angriff war unter enormen Verlusten für den Feind zurückgeschlagen worden, dem es jedoch gelungen war, sich am Fuße des Naval Ridge zu befestigen und so die Chinesische Mauer zu besetzen. Doch selbst das war nicht von größter Bedeutung, da die Chinesische Mauer über eine Reihe von Querriegeln und Splitterschutzvorrichtungen verfügte.

In meinem Abschnitt war alles ruhig. Wir hatten keinen einzigen Mann in Reserve, aber trotzdem glaubten wir, jeden Angriff abwehren zu können. Dies war jedoch am Laotieh Shan nicht der Fall , wo Major Romanovski praktisch nur unsere berittenen Kundschafterabteilungen hatte. Der Feind griff sie ständig an und eroberte einen weiteren Hügel in der Nähe von Pigeon Bay. Das war ausgesprochen ernst, denn jetzt hatten die Japaner nur noch diese Kundschafter zwischen sich und der anderen Hälfte der Westfront, wo nur noch ein Rest des 27. Regiments übrig war, da der Hauptteil davon an der angegriffenen Front benötigt wurde, die nur von wenigen Männern gehalten wurde.

Glücklicherweise schienen die Japaner mit dem bereits erzielten Erfolg zufrieden zu sein und legten ihre übliche lange Ruhepause ein, oder vielleicht wurden ihre Männer auch an der Angriffsfront benötigt.

Am 31. Dezember, nach dem Tee, erhielten wir die Nachricht von einer weiteren Katastrophe. Wieder einmal war das Glück in diesem verheerenden Krieg den Japanern hold . Fort Sungshu war in die Luft gesprengt worden, und was noch schlimmer war, die ganze Garnison war auf einen Schlag vernichtet worden. Folgendes war geschehen: Ungefähr tausend Handgranaten waren in einer Grube gelagert worden, die der Garnison auch als Unterschlupf diente. Eine japanische Granate explodierte und brachte diese Granaten zur Detonation, und der ganze Ort stürzte auf die Garnison ein. Das war ein furchtbarer Schlag für uns, und wir bedauerten zutiefst den Tod unserer tapferen Kameraden und ihres Kommandanten. [126]

Das Schicksal hatte uns tatsächlich einen bösen Streich gespielt!

Wir waren alle entmutigt und nur wenige hatten an diesem Abend Lust, am Abendessen teilzunehmen.

Am Abend des 31. räumten wir die Chinesische Mauer [127] und bezogen Stellungen bei Wang-tai und auf den Mitrofanievski- , Vladimirski- und

Laperovski- Bergen. [128] Es wurde nun sehr schwierig für uns, an der angreifbaren Front standzuhalten. Wir hätten mit der Befestigung der Neustadt auf der der Altstadt zugewandten Seite beginnen sollen, aber es gab keinen entsprechenden Befehl. Was taten unsere Kommandeure?

GRUBE EXPLOSION IN KUROPATKINS LÜNETTE.

In dieser Nacht waren wir alle sehr niedergeschlagen. Jeder diskutierte Pläne zur Fortsetzung der Verteidigung , und sei es nur bis zum neuen Jahr. [129] Dies war der allgemeine Wunsch und hätte sicherlich verwirklicht werden können. Wir zerstreuten uns zu später Stunde, um am Morgen durch schweres Feuer geweckt zu werden. Als wir den Hügel hinaufstiegen, sahen wir, dass Wang-tai buchstäblich von Granaten überzogen und so mit Rauch bedeckt war, dass man seinen Gipfel nicht sehen konnte. Der Beschuss dauerte lange an. Wir konnten nicht genau verfolgen, was vor sich ging, erfuhren aber am Abend, dass die Japaner ihn eingenommen hatten. Unsere Reserven hatten den Feind zunächst schnell zurückgedrängt und danach fünf weitere Angriffe abgewehrt, aber gegen Abend, als nur noch drei oder vier Verteidiger übrig waren, war der sechste Angriff erfolgreich.

An diesem Abend wurde auf Befehl von General Fock unsere gesamte Front von Wang-tai bis zur Chikuan- Batterie evakuiert.

In derselben Nacht griffen die Japaner Signal Hill in der Nähe der Takhe- Bucht an, wurden jedoch zurückgeschlagen.

Am 2. Januar 1905 versammelte sich der Großteil der Offiziere im Stabsquartier, um die neuesten Berichte zu hören. Plötzlich kam ein Offizier aus der Stadt galoppiert und teilte uns mit, er habe selbst zwei Offiziere mit einer weißen Fahne hinter unseren Linien reiten sehen.

Bei dieser Nachricht erstarrte mir das Herz. Wir schwiegen eine Zeit lang und versuchten, unsere Bestürzung zu verbergen.

„Kann das Kapitulation bedeuten?", sagte schließlich jemand .

„Zweifellos", antwortete ein anderer.

Nach einer ganzen Minute Schweigen brach auf allen Seiten lautes Gespräch aus. Jeder fragte, was unter diesen Umständen zu tun sei, und da alle durcheinander redeten, war es unmöglich, etwas zu verstehen. Aber die allgemeine Empörung über General Fock war deutlich zu spüren, und man häufte alle möglichen Anschuldigungen auf ihn. Ich weiß nicht mehr, wie lange das anhielt, aber ich weiß, dass wir uns noch nicht zum Abendessen gesetzt hatten, als wir die schicksalshafte Nachricht telefonisch erhielten: „Arthur hat kapituliert. Die Offiziere dürfen ihre Schwerter behalten und nach Russland zurückkehren, nachdem sie ihr Ehrenwort gegeben haben, sich nicht mehr am gegenwärtigen Krieg zu beteiligen."

Als diese Nachricht eintraf, herrschte große Aufregung. Die Mehrheit wollte sich nicht ergeben und griff unsere Vorgesetzten heftig an, weil sie die Festung ohne die Zustimmung aller Offiziere aufgaben. Einige von ihnen wollten sofort nach Laotieh Shan aufbrechen und dort die Verteidigung fortsetzen ; andere schlugen vor, chinesische Dschunken zu mieten und die Festung zu verlassen, um nicht in Kriegsgefangenschaft zu geraten; nur wenige beschlossen, sich dem Willen ihrer Kommandeure zu beugen. Da jeder darauf bestand, dass seine Meinung akzeptiert würde, wurde die Diskussion bald sehr hitzig und es bestand die Gefahr unerwünschter Ergebnisse.

Laotieh Shan verteidigen wollten, die Idee auf, da es aufgrund des Mangels an Wasser und Befestigungen jeglicher Art unmöglich war, diese Position zu halten. Diejenigen, die daran gedacht hatten, in Dschunken zu fliehen, konnten dies aufgrund widriger Winde nicht tun.

Ich weiß nicht mehr, wie lange diese stürmische Szene dauerte, aber auf dem Höhepunkt kam jemand angeritten und teilte uns mit, dass die höheren Offiziere ein Telegramm an den Zaren geschickt hätten, in dem sie fragten, ob die von den Behörden für die Offiziere erwirkten Befreiungen akzeptiert werden sollten oder nicht. Diese Nachricht schien eine beruhigende Wirkung zu haben, aber einmütig beschloss jeder, seine Missbilligung des Vorgehens der Behörden durch eine strikte Ablehnung aller Befreiungen zum Ausdruck zu bringen, die als Preis für die Kapitulation der Festung gewährt worden waren. Alle waren entschlossen, das Schicksal der Männer zu teilen und mit ihnen die Demütigung zu ertragen, Kriegsgefangene zu werden. Es war eine lobenswerte Entscheidung, und ich brachte meine Zustimmung zum Ausdruck, aber gleichzeitig brachten sich mehrere Argumente dagegen. Viele davon blieben ungehört, da es viel laute Diskussion gab. Die beiden Hauptpunkte waren:

(1) Als Kriegsgefangene würden die einfachen Soldaten von ihren Offizieren getrennt und über ganz Japan verteilt, so dass die Anwesenheit der Offiziere für sie weder eine Hilfe noch eine Linderung ihrer Not wäre.

(2) Da eine enorme Zahl von Offizieren aus Russland abgezogen worden war, um die in der Mandschurei erlittenen Verluste auszugleichen, wurden sie zu Hause dringend benötigt, und im Falle eines Krieges in Turkestan, der mehr als wahrscheinlich war, würden wir uns in einer äußerst kritischen Lage befinden. Selbst ohne Krieg würde der Mangel an Offizieren die Leistungsfähigkeit der verbliebenen Regimenter und Reservebataillone gefährden. Es handelte sich um etwa 500 Offiziere, und diese in japanischen Gefängnissen konnten ihrem Land in der Stunde der Not keinen Dienst leisten.

Außerdem fügte ich hinzu: „Meine Herren, in Russland könnte man meinen, wir Offiziere seien in Kriegsgefangenschaft geraten, um eine angenehme Zeit im schönen Japan zu verbringen, frei von allen Pflichten und Strapazen, und das zu einer Zeit, da es im Herzen unseres eigenen Landes zu Unruhen kommt und unser Land all jene dringend braucht, die sich um sein Wohlergehen sorgen."
Die Offiziere meines Regiments schlossen sich mir an und beschlossen, nach Russland zurückzukehren. Ich kann jetzt hinzufügen, dass sie hier in der Heimat keineswegs nutzlos waren, da die Regimenter im Süden fast ohne Offiziere waren, ein Mangel, der, wie allgemein bekannt ist, zu ernsthaften Störungen in den Reservebataillonen führte; so dass ihre Ankunft äußerst rechtzeitig erfolgte.
Als die Kapitulation von Port Arthur feststand, hatten wir große Schwierigkeiten, die Ordnung in der Festung aufrechtzuerhalten.
Die Soldaten hatten das Gefühl, dass etwas Unglaubliches geschehen war, etwas, das der tapferen russischen Armee und dem gesamten Russischen Reich Schande bereitete .
„Müssen wir kapitulieren, Sir?", riefen meine Männer, als ich die Kompanien zum letzten Mal inspizierte.
„Ja, meine Jungs", antwortete ich. „Wir haben den Befehl, uns zu ergeben. Aber das 5. Regiment ist nicht schuld, und Sie können jedem mit gutem Gewissen sagen, dass das 5. Regiment dem Tod immer tapfer ins Auge geblickt hat und bereit war, ohne zu zögern für seinen Zaren und sein Land zu sterben. Jeder weiß das, und niemand wird es wagen, Ihnen ein Wort des Vorwurfs zuzuwerfen. So wie Sie es immer waren und bleiben, sind Sie wahre Helden, bekannt bei den Japanern, bei unserem großen und geliebten Vaterland und bei der ganzen Welt. Ihr Gewissen ist so rein wie der Himmel über Ihnen."

Viele von ihnen brachen in Tränen aus und ich konnte vor Schluchzen, das mich erstickte, kaum sprechen.

Ein runzliger alter Mann, der neben mir stand und der einzige Zeuge unserer Erregung war, riss seine Mütze vom Kopf, schwenkte sie triumphierend in der Luft und rief: „Zur Ehre des 5. Regiments, Hurra!" Aber es gab niemanden, der seinem Beispiel folgte.

Selbst jetzt bin ich überwältigt, wenn ich an diese traurigen Augenblicke zurückdenke, und ich kann nicht länger über eine so herzzerreißende Szene nachdenken.

ANMERKUNGEN

Nr. 1

ORGANISATION EINES OSTSIBIRISCHEN SCHÜTZENREGIMENTS

Jedes Regiment besteht nominell aus vier Bataillonen.
Jedes Bataillon besteht aus vier Kompanien, deren Kriegsstärke jeweils 240 Unteroffiziere und Mannschaften beträgt. Die Kriegsstärke eines Schützenregiments aus vier Bataillonen beträgt:

Offiziere	79
Beamte	7
Unteroffiziere und Mannschaften (Kämpfer)	3.855
Nichtkombattanten	442
———	
Gesamt	4.383 alle Ränge.

Nr. 2

ALLGEMEINE VERWEIS AUF DIE NAMEN DER KOMMANDANTEN IN DER SCHLACHT VON NAN SHAN (S. 41–61)

Kommandeur des 5. Regiments: Oberst TRETJAKOW .
„1. Bataillon: Oberstleutnant SAIFOOLIN .
„2. Bataillon: Oberstleutnant BIELOZOR (gefallen); ersetzt durch Major STEMPNEVSKI (jun.).
„3. Bataillon: Oberstleutnant DOUNIN .

Kompaniechefs

Nr. 4. Hauptmann SHASTIN .
„6. Major GOMSIAKOV (getötet); Hauptmann SICHEV (abgelöst); Leutnant POPOV .
„7. Major STEMPNEVSKI (jun.).
„8. Hauptmann MAKOVEIEV (getötet); Hauptmann SAKAROV .
„9. Major SOKOLOV .

„10. Major GOOSOV ; halbe Kompanie, Leutnant MERKOULEV .
„11. Hauptmann BOOCHATSKI .

Aufklärungsabteilungen

Nr. 1. Leutnant VASEELIEV .
„3. Hauptmann KOUDRIAVTSEV und Leutnant CHOULKOV .
Berittene Abteilung: Hauptmann ANDREIEVSKI und Leutnant SIETCHKO .

Waffen

Feldbatterien: Oberstleutnant ROMANOVSKI und PETROV .
Maschinengewehre: Leutnant LOBYREV .
Marinegeschütze: Fähnriche SHIMANSKI und DOUDKIN .
Gebirgsgeschütze: Leutnant NAOOMOV .
Bullock-Batterie: Leutnant SADYKOV .

13. Regiment

1. Kompanie (ohne Nummer): Hauptmann LUBEEMOV ; Hauptmann
TEEMOSHENKO .
2. Kompanie: Hauptmann ROTAISKI .
Aufklärungsabteilung: Leutnant BANDALETOV .

14. Regiment

Nr. 3. Kompanie: Hauptmann USCHAKOW .
1. Kompanie (ohne Nummer): Hauptmann KOUSMIN .
Aufklärungsabteilung: Leutnant ROOSOI .

Nr. 3

Laut unserer offiziellen Geschichte landete keine der japanischen Divisionen
in der Nähe von Terminal Point selbst, sondern nutzte zunächst Pi-tzu-wo
und Hou-ta-shih und danach Dalny . Es gibt zwei Ta- scha- Flüsse, 15 Meilen
voneinander entfernt, der nördlichste ist der im Text angegebene.

Nummer 4

Die Japaner gingen bei Ebbe auf der rechten Seite ins Wasser und blieben
dort, bis sie für ihren letzten Angriff bereit waren. Ihre Gegner hielten sie
offenbar für tot und wurden später von einem Angriff aus dieser Richtung
überrascht.

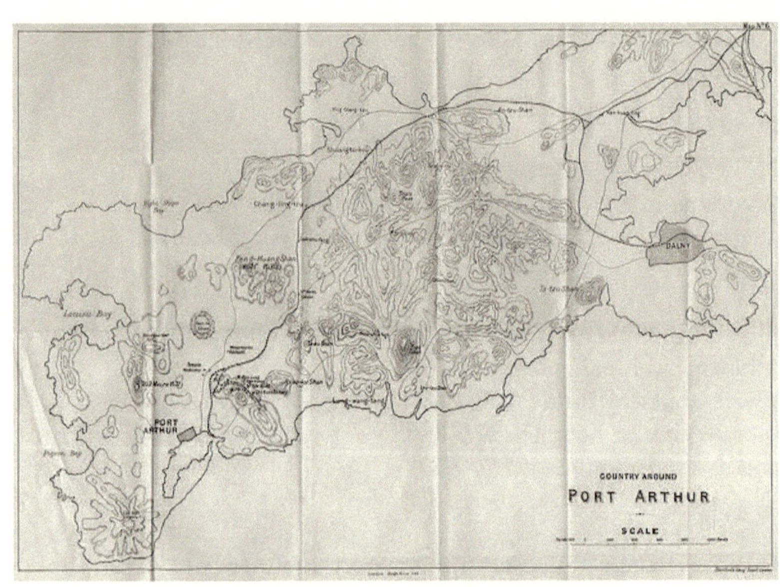

LAND UM PORT ARTHUR Karte Nr · 6.

London: Hugh Rees, Ltd.

Stanford's Geog ¹. Estab ¹., London.

Fußnoten

[1] Etwas weniger als 8 Pfund bei einem Wechselkurs von 9,5 Rubeln für ein Pfund Sterling.

[2] Der Begriff „Späherkommando" wird in allen offiziellen Berichten und in dieser Arbeit verwendet, um ein berittenes oder zu Fuß eingesetztes Kommando zu bezeichnen, das aus Freiwilligen („Ochotnik") bestand und verschiedenen Regimenten zugeteilt war. Alle russischen Freiwilligen waren so organisiert.

[3] Die Berichte über die Nan Shan-Position waren wahrscheinlich stark übertrieben, da beim ersten japanischen Torpedoangriff eine Art Panik ausbrach (siehe Offizielle Geschichte, Teil III, S. 10 *ff.*). Zwei Schlachtschiffe und ein Kreuzer wurden bei diesem Angriff beschädigt.

[4] Diese Kompanie war Teil der Legationswache in Peking.

[5] Ein „Acting Ensign" ist ein hochrangiger Unteroffizier, der seinen Dienst unter der Flagge abgeleistet hat und dem Ensign der Reserve im Rang nachsteht. Wie dieser trägt er eine Offiziersuniform.

[6] Obwohl der Dienstgrad eines Majors in der russischen Armee nicht existiert, wird er in dieser Übersetzung zur Bezeichnung des Hauptmanns verwendet, der eine Batterie, Kompanie oder Schwadron kommandiert, im Gegensatz zum Dienstgrad Hauptmann, der so verstanden werden muss, dass er sich auf einen russischen Stabskapitän bezieht, ein Dienstgrad, der dem Dienstgrad eines Zweiten Hauptmanns entspricht, der früher in der britischen Royal Artillery existierte.

[7] Sechzig Werst sind ungefähr vierzig Meilen, wobei ein Werst 1.166 Yards entspricht.

[8] Dies bezieht sich auf den Boxeraufstand (siehe Offizielle Geschichte, Teil II, S. 16).

[9] Dies scheint unterschätzt zu sein, da die offizielle Geschichte die Breite der Stellung mit 4.400 Yards angibt. Der Autor meint offensichtlich, dass bei Ebbe die *gesamte* Breite der Halbinsel 8 Werst betrug, was mit anderen Berichten übereinstimmt.

[10] Liegt an der Pi-tzu-wo-Straße, ist aber nicht auf der Karte verzeichnet.

[11] Offiziellen Berichten zufolge waren bis zu 5.000 chinesische Kulis im Einsatz.

[12] Tatsächlich war die Panzerung der in England gebauten japanischen Schiffe so gut wie die aller anderen Schiffe ihrer Zeit, da sie vollständig nach modernen Verfahren gehärtet wurde.

[13] General Tretjakow war offensichtlich noch immer der Meinung, drei russische Schlachtschiffe seien in die *Luft gesprengt worden* . In Wirklichkeit verfügten die Russen jedoch noch über vier unversehrte erstklassige Schlachtschiffe - *die Petropawlowsk* , *die Pobieda* , *die Poltawa* und *die Pereswet* .

[14] Das 13., 14. und 15. Regiment waren während der Schlacht zwar hinter dem 5. Regiment postiert, leisteten jedoch kaum Unterstützung.

[15] Siehe Anmerkung 3 am Ende des Buches.

[16] Siehe Offizielle Geschichte, Teil II, S. 11. Diese Nachricht muss von einem der Kosaken .

[17] Es ist unwahrscheinlich, dass eine dieser Plündererbanden den Japanern half. Man muss bedenken, dass die Russen zu dieser Zeit kein gutes Wort für die Japaner übrig hatten.

[18] Die russischen Soldaten singen ausnahmslos während des Marsches, wenn die Kapelle nicht spielt.

[19] Die Batterie Nr. 13 befindet sich hinter dem Zentrum der Nan Shan-Stellung.

[20] In unserer „Amtlichen Geschichte" (Teil II) wird diese Aktion kurz als ein Gefecht mit der Nachhut von General Nadyein beschrieben , aber es ist offensichtlich, dass am 8. und 16. Mai zwei getrennte Aufklärungsaktionen durchgeführt wurden und dass, wie in diesem Bericht angegeben, keine Nachhut zurückgelassen wurde.

[21] In Teil II der „Amtlichen Geschichte" (S. 43, Abs. 2) werden die Verluste auf 150 getötete und verwundete Offiziere und Mannschaften geschätzt. Die russische Schätzung finden Sie auf der nächsten Seite.

[22] In der offiziellen Geschichte wird General Nadyein als Kommandeur während der Schlacht angegeben, aber General Fock führte die Aktionen selbst durch, während General Nadyein das Kommando über den linken Flügel hatte.

[23] Der hier als 22. Mai erwähnte Angriff auf Chin-chou wird in keinem der offiziellen Berichte erwähnt. Der erste erwähnte Angriff ist der vom 25. Mai, der hier *auch* beschrieben wird. Diese beiden könnten jedoch aufgrund einer Datumsverwechslung ein und derselbe sein.

[24] Siehe Offizielle Geschichte (Teil II, S. 20).

[25] Siehe Karte I.

[26] Eine Fußnote in der Offiziellen Geschichte besagt, dass die Hälfte der 10. Kompanie von den Japanern abgeschnitten wurde. Dies war aber offensichtlich nicht der Fall.

[27] Siehe Anmerkung Nr. 4 am Ende des Buches.

[28] Übliche Anredeform für Verstorbene.

[29] Es wird nicht gesagt, was mit der anderen Kompanie des 13. Regiments geschah, die in Reserve war. Ein Blick in die offizielle Geschichte zeigt, dass auch dort nur eine dieser beiden Kompanien erwähnt wird.

[30] Zu diesem Zeitpunkt waren die Japaner in Khaki gekleidet.

[31] General Tretjakow scheint den Eindruck gehabt zu haben, dass die Japaner kein Pardon walten ließen.

[32] Siehe Karten II. und VI.

[33] 1 Pud = 38 Pfund.

[34] Die Einwohner von Dalny erhielten am Abend des 26. die Nachricht von der Schlacht am Nan Shan und wurden angewiesen, um elf Uhr abends nach Port Arthur aufzubrechen (siehe „Official History", Teil III, S. 12).

[35] Das zwischen Triple Peak und An-tzu Ling (siehe Karte VI.).

[36] Besser bekannt als Orphan Hill; auf offiziellen britischen Karten als Kan-ta Shan verzeichnet, was sein chinesischer Name ist.

[37] Von den Russen die Grünen Hügel genannt.

[38] Bei den Russen als Wolfshügel bekannt.

[39] Der russische Name ist Bokovi (Side) Hill.

[40] In der Nähe von Lieh - shu -fang.

[41] Wie der Name schon sagt, liegt die Station 11 Werst von Port Arthur entfernt.

[42] Unsere offizielle Geschichte gibt an, dass nur drei Kompanien des 5. Regiments diesem Abschnitt zugeteilt wurden, fügt aber später hinzu, dass die 5. und 6. Kompanie herangezogen und in die Kampflinie aufgenommen wurden. Sie werden hier als Reserve angegeben.

[43] Ein Dorf 1½ Meilen nordöstlich von Hou-chia-tun.

[44] Tatsächlich war Ta-po Shan am Vorabend gegen zehn Uhr von den Japanern eingenommen worden, nachdem zwei spätere Gegenangriffe fehlgeschlagen waren.

[45] Nicht zu verwechseln mit einem gleichnamigen Hügel an der Westfront der Verteidigungsanlagen von Port Arthur .

[46] Wahrscheinlich ein Hügel zwischen Vodymin und Hou-chia-tun.

[47] Ein Dorf auf halbem Weg zwischen Wodymin und der 11. Werststation.

[48] Siehe Fußnote , Seite 232.

[49] Hirse.

[50] „Je flacher die Flugbahn, desto besser.“

[51] Diese beiden Forts lagen an der *Ostfront* . Der Autor bezieht sich hier wahrscheinlich auf sie, da es sich um die einzigen beiden Punkte vor *der* Hauptverteidigungslinie handelt, die sich heute noch in russischer Hand befinden.

[52] Ein eindringliches Beispiel für die Folgen eines schlecht formulierten Befehls.

[53] Liegt am äußersten linken Rand der „Position der Pässe“.

[54] Dieser Vorwand der völligen Erschöpfung durch die ständigen Kämpfe scheint keine gute Entschuldigung für die Einnahme der Forts durch die Japaner zu sein. Der Widerstand war in Wirklichkeit *äußerst* hartnäckig.

[55] Es fällt auf, dass General Tretjakow den verheerenden Ausfall der russischen Flotte am 10. August mit keinem Wort erwähnt.

[56] Der russische Name für einen Hügel am nördlichen Ende des Headquarter Hill. Spätere Referenzen erfolgen unter dem Namen Advanced Hill.

[57] Unmittelbarer Vorgesetzter von General Tretjakow.

[58] Unsere offizielle Geschichte (Teil III) gibt an, dass der Hauptquartier-Hügel am 13. und die Höhe 426 (Bokovy) am 15. eingenommen wurden. Aus diesem Bericht geht hervor, dass ersterer ebenfalls erst am 15. besetzt wurde.

[59] Der russische Name für den Hauptquartier-Hügel.

[60] Die russische Bezeichnung für Höhe 426.

[61] Kommandant der Festungsartillerie.

[62] Unsere offizielle Geschichte besagt, dass „Nebel und Regen an diesem Tag einen wirksamen Beschuss verhinderten“ und kein wirklicher Angriff stattfand. Der Beschuss des 174 Meter hohen Hügels am 15. wurde offensichtlich nur durchgeführt, um den Angriff auf Höhe 426 (beschrieben im letzten Kapitel) abzudecken, da bis zum 19. kein ernsthafter Angriff auf den 174 Meter hohen Hügel stattfand .

[63] Diese Kompanie befand sich auf Connecting Ridge und war zur Verstärkung der 5. und 9. Kompanie auf 174 Metre Hill entsandt worden .

[64] Bedeutet „erloschener Vulkan"; liegt etwa auf halbem Weg zwischen 174 Metre und Division Hills.

[65] Eine Blindage ist ein überdachter Graben mit einer Überdachung, die mindestens ausreichend stark ist, um Schutz gegen Gewehr- und Granatsplittergeschosse zu bieten.

[66] Von Namako Yama heraufgeschickt, um den 174- Meter- Hügel zu verstärken.

[67] Beamte im Staatsdienst Russlands haben einen zivilen „Rang", während Offiziere in der Armee einen militärischen Rang haben. Daher der Begriff „General" hier.

[68] Bestehend aus 101 Mann.

[69] Diese Granaten müssen entweder von der Golden Hill Battery oder der No. 7 Battery auf der Tiger Peninsula stammen, die beide mit 11-Zoll-*Haubitzen ausgestattet waren* . (Siehe Karte III.)

[70] Der durchschnittliche russische Soldat der Linieninfanterie mit seiner weiten Jacke, den weiten Kniehosen, der verbeulten Schirmmütze und der zwangsläufigen lässigen Haltung sieht nicht gerade so aus, wie wir es als elegant bezeichnen würden, und darauf bezieht sich General Tretjakow wahrscheinlich.

[71] Gemeint ist Red Hill; liegt direkt hinter dem 203 Meter Hill.

[72] Vergleiche mit Official History, Teil III, S. 31.

[73] Gemeint ist False Hill (südöstlich von und direkt angrenzend an den 203 Metre Hill).

[74] Dies bezieht sich auf den nordöstlichen Abschnitt der Verteidigung . Die Japaner eroberten die östlichen und westlichen Panlung-Redouten, erlangten aber keinen weiteren Vorteil und verloren insgesamt 15.000 Mann. Daher die Bezeichnung „erfolgreich verteidigt". (Siehe Karte III.)

[75] Hinterer Teil der Arbeit.

[76] Ein Salbei ist etwa 7 Fuß lang.

[77] Hauptsächlich gegen die östlichen und westlichen Panlung-Schanzen gerichtet. (Siehe Karte III.)

[78] Diese Geschütze stammten von den Schiffen der Flotte und wurden von Marinekanonenschützen bemannt.

[79] Siehe S. 136 .

[80] Namako Yama wurde durch zwei Reihen von Schützengräben verteidigt, eine obere und eine untere, und diese waren Teil der unteren Linie, die erobert worden war (siehe S. 174 , auf der die obere Reihe erwähnt wird).

[81] Wahrscheinlich meint der Autor, dass ein Angriff notwendig war, um etwas zu bewirken, da die Verteidiger, die sicher in ihren jetzt gut ausgebauten Schützengräben verschanzt waren, von einem bloßen Bombardement nichts zu befürchten hatten.

[82] In zukünftigen Referenzen wird der Begriff „Saddle Hill" verwendet. Diese Position ist der Sattel, der das südliche Ende des 203 Metre Hill mit Connecting Ridge verbindet.

[83] In unserer Offiziellen Geschichte wird an diesem Tag (dem 19.) kein *Angriff erwähnt* ; dies war wahrscheinlich eine Vorbewegung zum für den nächsten Tag geplanten Hauptangriff.

[84] Die hier angegebenen Zahlen unterscheiden sich wiederum erheblich von denen in unserer offiziellen Geschichte. Hier ist 500 ungefähr die Gesamtzahl, und die offizielle Geschichte gibt 1.500 an (Amtliche Geschichte, Teil III., S. 61) - ein beträchtlicher Unterschied. Beachten Sie die Zahlen auf S. 181. Unter der Annahme, dass die Kompanien zu dieser Zeit nur etwa 140 Mann stark waren, beträgt die Gesamtzahl dieser fünf 714 (700 + 2 + 6 + 6), was mit Kanonenschützen eine Gesamtzahl von 764 ergibt.

[85] Alle diese Vorkämpfe werden in unserer „Amtlichen Geschichte" nicht beschrieben, wohl aber der Einmarsch der Japaner am 20. in den bombensicheren russischen Stellungen.

[86] Siehe S. 180 .

[87] Offensichtlich hatte er sein zuvor gegebenes Versprechen nicht eingehalten (vgl. Abs. 2, S. 181).

[88] Stabsoffizier von Oberst Irman.

[89] Ordonnanzoffizier des Oberst Tretjakow.

[90] Dies bezieht sich auf die japanischen Angriffe und die Eroberung der Wasserwerke und Tempelschanzen. (Siehe Karte III.)

[91] Die offizielle Geschichtsschreibung bestätigt, dass dies mit 15-Pfund-Ladungen geschah, aber unserer Darstellung zufolge versagten die schwereren Ladungen.

[92] Die japanischen Verluste beliefen sich auf etwa 2.500.

[93] Der Autor bezieht sich auf Männer seines eigenen Regiments, von dem zwei Kompanien einen Teil der Garnison von 203 Metre Hill bildeten.

[94] Der nordöstliche Abschnitt. Dies bezieht sich auf die vorbereitenden Bewegungen der Japaner gegen die Forts Erh -lung und Sungs- shu . (Siehe Karte III.)

[95] Teekannen.

[96] Die „Spur" oder der „Umriss" eines Werkes ist seine allgemeine Form im Plan.

[97] Die übliche Geschwindigkeit, mit der ein Grabungssap vorankommt, beträgt 2 bis 4 Fuß pro Stunde, je nach Bodenbeschaffenheit und erforderlicher Grabungsmenge. Letztere hängt natürlich von der Deckung der zu versorgenden Gruppe ab. Die offizielle Geschichte besagt, dass Brustwehren oder, genauer gesagt, „Brüstungen" mit Sandsäcken errichtet werden mussten, 5 Fuß hoch und 4 Fuß dick, da normale Grabungsarbeiten in der Felsformation des 203 Meter hohen Hügels unmöglich waren. Dies erklärt die langsame Geschwindigkeit des Vorankommens. Obwohl es aus dem Bericht nicht klar hervorgeht, handelte es sich bei dem Grabungssap wahrscheinlich um den sogenannten „Doppelsap".

[98] Man erinnert sich, dass während des Südafrikanischen Krieges normale Gewehrklammern zum Schießen bei Nacht verwendet wurden.

[99] Eine Linia ist eine russische Maßeinheit und entspricht 1/10 Zoll; das Kaliber des Geschützes betrug also 4,2 Zoll.

[100] General Fock schrieb während der Belagerung eine Anzahl von „Notizen", die von Zeit zu Zeit veröffentlicht und in der gesamten Garnison verteilt wurden. Da viele von ihnen scharfe Kritik an Regimentskommandeuren enthielten (die von jüngeren Offizieren gelesen wurden), wurde General Fock beim Kriegsgericht in St. Petersburg im Jahre 1908 des disziplinarischen Verhaltens angeklagt, und General Stessel wurde ebenfalls dafür getadelt, dass er die Veröffentlichung dieser Notizen zugelassen hatte. Vergleiche dazu Official History, Teil III., S. 144 (3).

[101] Siehe Karte V.

[102] Hiermit ist die Abwehr des zweiten japanischen Generalangriffs (26.– 31. Oktober) gemeint.

[103] Der letzte direkte Angriff auf dieses Fort war am 31. Oktober abgewehrt worden. Seitdem wurden die Bergbauarbeiten fortgesetzt.

[104] Kommandieren der Pioniere.

[105] Die Angreifer trennten jetzt nur noch 37 Meter (siehe Official History, Kap. xix, S. 81).

[106] Ungefähr 30 £.

[107] Der dritte japanische Generalangriff richtete sich hauptsächlich gegen
die Festungen Chi- kuan , Ehr-lung und Sungshu . (Siehe Karte III.)

[108] Damit sind wohl die Geschosse der hölzernen Mörser gemeint, die die
Japaner verwendeten. Diese japanischen hölzernen 5-Zoll- und 7-Zoll-
Mörser warfen „Minen" (wirklich große Handgranaten) mit einem Gewicht
von 4½ bzw. 16½ Pfund.

[109] In jedem Regiment gibt es eine bestimmte Anzahl von Männern, die
nicht mit Gewehren bewaffnet sind - Transportfahrer, Tischler,
Zimmerleute, Schreiber, Geschirrmacher, Radler und Hufschmiede - und zu
diesen kommen noch Assistenzärzte und Sanitäter unter Bataillons- und
Regimentsärzten hinzu. Die so gebildete Kompanie wird vom
Regimentsquartiermeister kommandiert.

Zu Inspektionszwecken werden diese Männer in einer Kompanie
zusammengefasst, doch bei ihrer Indienststellung bilden die Schreiber und
medizinischen Assistenten zwei getrennte Kompanien und agieren
unabhängig voneinander. Die erstere untersteht dem Kommando des
Adjutanten und die letztere dem Kommando einer Person, die das „
Okolodok " (d. h. den niedrigeren Standard der medizinischen
Ausbildungsschule) bestanden hat, so dass die Transportfahrer, Tischler usw.
in seiner Obhut bleiben.

Alle Männer der nicht kämpfenden Kompanien sind mit Revolvern
bewaffnet, mit Ausnahme der Transportfahrer, die unbewaffnet sind, aber
einen Schießübungs- und Einweisungskurs absolvieren müssen.

[110] Die hier beschriebenen Operationen waren offensichtlich
Voroperationen zum Hauptangriff, der unserer Offiziellen Geschichte
zufolge am 28. November um 8.30 Uhr begann.

[111] General Tretjakow spricht von „Redouten", aber unserer Offiziellen
Geschichte zufolge waren die Werke auf dem 203 Meter hohen Hügel in
Wirklichkeit weniger gewaltiger Art, nämlich Brustwehren. Aus diesem
Grund wird dieser Begriff in dieser Übersetzung durch diesen ersetzt.

[112] Unsere offizielle Geschichte (Teil III, S. 96) berichtet, dass die Japaner
den Gipfel (des südlichen Gipfels) einige Zeit lang hielten, aber um 15 Uhr
zurückgedrängt wurden. Aus dem vorliegenden Bericht geht hervor, dass
zumindest einige bis nach Einbruch der Dunkelheit dort blieben.

[113] Ein russischer Offizier wendet sich bei einer Parade stets an seine
Mannschaften, indem er zwei Worte verwendet, die „Guten Morgen,
Männer" bedeuten; und die Mannschaften antworten alle zusammen mit
zwei Worten, die bedeuten: „Wir freuen uns, Ihnen dienen zu können."

[114] Die Japaner verfügten schließlich über sechs Batterien, die aus der Umgebung dieses Dorfes auf die hinteren Hänge des 203 Meter hohen Hügels und Akasaka Yama feuerten. (Siehe Karte III.)

[115] Die Granaten wurden in drei Fabriken hergestellt, die in der Lage waren, bei den üblichen Arbeitszeiten täglich etwa 1.000 Stück und bei Tag- und Nachtarbeit etwa 2.500 Stück herzustellen. (A. Bortnovski , *Voenny Sbornik* , Januar 1910.)

[116] 3. Dezember.

[117] Dieser Name wurde wahrscheinlich von den Matrosen übernommen, die die 12-Zoll-Granaten der japanischen Schlachtschiffe „Portmanteaus" nannten. (Siehe „Schlacht von Tsu-Shima" von Semenov.)

[118] In unserer Offiziellen Geschichte ist „ungefähr 3.000" angegeben, doch der Autor sollte eher in der Lage sein, die genaue Zahl anzugeben.

[119] Liegt in der Mitte der rechten Brustwehr. (Siehe Karte V.)

[120] Die Russen trinken Tee immer aus Gläsern.

[121] Von Akasaka Yama.

[122] Diese Kompanie war am 4. um 14.00 Uhr in die Reserve zurückgezogen worden. Siehe vorhergehendes Kapitel .

[123] Admiral Wirenius war mit einem Geschwader aus einem Schlachtschiff und zwei Kreuzern tatsächlich auf dem Weg nach Port Arthur, als der Krieg ausbrach.

[124] Sieben wurden auf der Stelle getötet und sieben weitere verwundet.

[125] Dies erwies sich als Übertreibung. Die Angriffstrupps waren durch Dächer aus Brettern und Kantholz geschützt, und es gab nur wenige Opfer (siehe Offizielle Geschichte, Teil III, S. 116).

[126] Dieser Vorfall wird in der Offiziellen Geschichte (Teil III, S. 119) erwähnt. Dort wird deutlich, dass die Japaner ihre Minen bereits gezündet hatten, bevor es zu dieser zufälligen Explosion kam.

[127] Angegriffen von der 6. Brigade unter General Ichinohe. (Siehe Karte III.)

[128] Eminenzen, die die Wang-tai-Stellung flankieren, wahrscheinlich nach den Offizieren benannt, die mit ihrer Verteidigung beauftragt waren .

[129] Das entsprechende russische Datum war der 18. Dezember.

www.ingramcontent.com/pod-product-compliance
Lightning Source LLC
LaVergne TN
LVHW040008200726
843493LV00005B/1173